ISBN 9798367448788

Autore: ALESSANDRO CHIODO
Titolo: Scritti sull'arte e sulla letteratura vol. 1

Progetto artistico-culturale PONDERA VERBORUM

prima edizione: dicembre 2022
Concezione, ideazione e realizzazione grafica: Alessandro Chiodo
© 2022 Alessandro Chiodo

Tutti i diritti riservati. È assolutamente vietata la riproduzione totale o parziale di questo libro, così come l'inserimento in circuiti informatici, la trasmissione sotto qualsiasi forma o con qualsiasi mezzo elettronico, meccanico o altro, mediante fotocopie, registrazione o altri metodi, senza l'autorizzazione scritta dei titolari dei diritti d'autore (titolari del copyright) e del curatore del presente volume.

facebook.com/ilnuovoponderaverborum

Alessandro Chiodo

SCRITTI SULL'ARTE E SULLA LETTERATURA

primo volume

saggi

Pondera Verborum
A.D. MMXXII

Alessandro Chiodo

SCRITTI SULL'ARTE E SULLA LETTERATURA

primo volume

saggi

A Loris Erik
Ad Alexandra

INDICE

Nota dell'autore	pag. 11
Giuseppe Abbati	pag. 13
Giuseppe Agnello	pag. 15
Pietro Annigoni	pag. 18
Simonetta Baldini	pag. 36
Bellezza è dono, vita è mistero	pag. 40
Gian Lorenzo Bernini	pag. 42
Giovanni Camerana	pag. 44
Giovanni Camerana	pag. 49
Giosuè Carducci	pag. 52
Giosuè Carducci	pag. 56
Giosuè Carducci	pag. 58
Emanuele Cavalli	pag. 60
Manuel Cossu	pag. 70
Edmondo De Amicis	pag. 113
Ugo Foscolo	pag. 116
Giorgione, Perugino, Leonardo, Luini e altri	pag. 129
Riccardo Grazzi	pag. 135
Riccardo Grazzi	pag. 154
Mauro Manetti	pag. 157
Luciano Massari	pag. 159
Petrarca, Tasso, Sannazzaro e altri	pag. 162
Fabio Sciortino	pag. 164
Sullo stile e altre amenità	pag. 165
Beatrice Taponecco	pag. 166
Vaticinio	pag. 168
βάρβαρος	pag. 170

NOTA DELL'AUTORE

Gli scritti raccolti in questo volume, sono stati pubblicati tra l'anno 2020 e il 2022. Ti accorgerai subito, caro Lettore, che il tono, il piglio, la trama che tesse questi discorsi dedicati alle arti visive e alla letteratura, è di natura, forse non sempre ma nei più, lirica. Si tratta delle conversazioni interiori di un poeta, di un artista visivo, di uno sperimentatore che, sempre inquieto, ma anche sempre con la serena certezza della bellezza e perfezione della vita, mai cessa di porsi domande, mai si ritiene dall'indagare ... come un moderno Cristoforo Colombo, solcante i mari spirituali dell'esistenza. Non l'esattezza del calcolo; non la presunzione di sapere; non quella dell'insegnare: niente di tutto ciò, sostiene questo discorso narrativo.

Un discorso che si prova, nella e con la parola "poetica", di redimere la scienza, di mondare la psiche da quelle vaghezze che il suo animo sempre accarezza; quasi si fossero, queste, respiri misteriosi causati dal soffio divino che tutto crea, che pur i sassi anima; i venti di quella voce che è la luce del cuore, la voce dell'intelligenza. Quella voce che il cosmo tutto sostiene, a sé induce, da sé sospinge. Ti sia di guida, nel leggere queste prose d'arte, la consapevolezza dell'ignoranza del loro autore; ma ricorda sempre che l'ignoranza non è l'insipienza. Non la troverai, l'insipienza, tra queste parole; non la vedrai scorrere tra questi righi che si susseguono l'uno all'altro come i giorni alle ore. In tutto ciò, però, che il tempo segna e scandisce, una differenza contraddistingue questo mio narrare: la mia voce è fuori della storia perché questa cessa là dove principia, l'occhio della mente, il suo viaggio.

Alessandro Chiodo
nel settimo giorno del mese di dicembre, nell'anno 2022

GIUSEPPE ABBATI, PITTORE
escursione

Stradina al sole è il titolo di un dipinto del pittore napoletano Giuseppe Abbati. Per farla breve, vado a memoria: Abbati si formò dapprima presso il padre, anche lui pittore, e poi all'Accademia di Venezia. Fu in contatto con i pittori Macchiaioli che ruotavano intorno a Diego Martelli, intellettuale benestante, amante dell'arte e mecenate illuminato. Di più, in questa sede, non occorre sapere. La cosa migliore che potete fare, è quella di andare in una biblioteca ben fornita e sfogliare un volume dedicato alle sue opere, se lo trovate; altrimenti ripiegate sui volumi dedicati ai Macchiaioli o alla pittura della seconda metà dell'ottocento; a volte è possibile reperire sufficiente materiale iconografico anche nei volumi dedicati all'arte dell'Italia post-unitaria o più in generale a quella risorgimentale.

Comunque sia, procediamo: *Stradina al sole*, abbiamo scritto poco sopra. Dipinto meraviglioso che sbalordisce per la sua semplicità; semplicità in tutto e di tutto. Infatti, il dipinto mostra uno scorcio di paese o di periferia agreste – non è importante – Una figura di donna vista di schiena che indossa un abito turchese scuro e un cappello giallo dalle tese molto larghe, procede in profondità sulla diagonale che da sinistra va verso destra, accosta a un muraglione che nasconde un giardino o un orto. Con il braccio destro sostiene una cesta aperta, con quello sinistro (o forse a tracolla sulla spalla sinistra, come sembrerebbe dall'andatura) un cesto chiuso o una borsa rigida, una specie di bauletto. È un dipinto questo che senza fare sfoggio di mestizia ci conduce subito in un'atmosfera serena, di vita che segue ritmi forse ancora legati a quelli più naturali del levare e calare del sole. Modestia consapevole di un borgo sia contadino che borghese dalle case solide, ben costruite, mattone su mattone. Questo, Abbati lo esprime molto bene. È un pittore solido anche lui, come il muraglione che ha dipinto. È uno che al mestiere, di cui ha una conoscenza profonda, unisce per dote spontanea la capacità di trasmettere "realtà". Non l'impressione della realtà, come fanno gli impressionisti che tendono in verità a farcela dimenticare la realtà (che loro desiderano al più evocare); quella di Abbati è "una" realtà, e forse ogni volta che lui dipinge ci presenta un'altra realtà. Sono le sue realtà, queste che lui dipinge; le realtà delle sue idee, della sua sensibilità, del suo pensiero.
Il cielo rarefatto è di un ceruleo chiarissimo qua e là sbiancato da leggere nuvole diafane e da quegli addensamenti tipici delle giornate calde nei paesi e borghi di Toscana.
Abbati è un prosatore meraviglioso; uno scrittore non di novelle alla maniera di Giovanni Verga, piuttosto un pittore prosatore che trae dall'oggettività una realtà, o forse una adiacenza, al suo percepire la poe-

sia silente e leggermente dimessa insita nelle cose.

Il dipinto si presenta di una freschezza e originalità di veduta senza tempo; non invecchia, perché non è dipendente della moda e non è al soldo del gusto, sia questo quello borghese da salotto buono di commercianti arricchiti o quello degli speculatori di borsa.

Abbati è al di fuori di tutto questo; se non fosse per il vestimento della figura femminile, sarebbe difficile datare il dipinto: certamente, si penserebbe subito alla seconda metà dell'ottocento ma questo solo per via dei molti condizionamenti cui le nostri menti già deboli, malamente acculturate e mal raffazzonate di nozionistiche varie, non sanno o non vogliono opporre un'idea che sia di natura più privata, intima direi; possono solo, queste nostri menti indebolite dalla mancanza di esercizio, proporre una scorsa nell'archivio della memoria e delle citazioni d'immagini. Mostrassimo però questo dipinto a qualcuno che non sia specialista nell'ambito storico-artistico e che sia pure scevro di condizionamenti, potrebbe darsi che ci sentiremmo dire che è o potrebbe essere un dipinto recente, di un pittore forse di paese che si attiene a ciò che vede e agli affetti che i luoghi e le persone gli crescono nell'animo; quindi, un pittore distante dai dettati delle arti a lui (e a noi anche) contemporanee.

Dal e *nel* conversare (dialogare), si concretizza il frutto del pensiero; mai dal congetturare. Ebbene, il pittore Giuseppe Abbati conversa senza pausa nella vasta e ininterrotta via della grande arte.

PSICHE, SIMBOLO, REMINISCENZA: LO SGUARDO SULL'UMANO
L'opera plastica di Giuseppe Agnello

L'opera plastica di Giuseppe Agnello rientra nell'ambito del "simbolico". Scrivo "simbolico" e non "simbolismo" per significare qualcosa d'altro rispetto alla semplice appartenenza a un movimento artistico o a una corrente (tra l'altro, nel caso del simbolismo, difficilmente definibile nel suo sviluppo storico) o, ancora, all'aderenza ad uno stile. Il simbolismo è un mare vasto, tanto da doverlo considerare un oceano; in questo enorme bacino può rientrare di tutto, dato che l'arte, in qualunque sua forma, è sempre simbolica: si tratti di poesia, di pittura, di narrativa, di scultura, di musica... è difficile trovare una qualsiasi realtà artistica che non sia, di fatto, anche simbolica. Il nostro stesso "esserci", è sia simbolo sia simbolico. Cerchiamo però, prima di procedere in questo nostro racconto, di comprendere cosa s'intenda, qui, con "simbolo". Di frequente usiamo parole il cui significato o l'origine ci sfuggono, adoperandole nella loro accezione ultima e più accreditata dalla vulgata: quella che va per la maggiore, per dirla semplicemente. La lingua è un orto immenso, soltanto un buon ortolano può discernere e comprendere, unico, ciò che è buono e nutriente (commestibile) da ciò che non lo è.
Simbolo: dal latino *symbŏlus* e *symbŏlum*, dal greco σύμβολον "accostamento", "segno di riconoscimento", "simbolo", derivazione di συμβάλλω "mettere insieme, far coincidere" (composto di σύν "insieme" e βάλλω "gettare").
Per gli antichi greci, il simbolo era un segno di riconoscimento: il combaciare (corrispondere, comporre) di due parti, ottenute in origine spezzando l'intero, significava che il simbolo era completo e, quindi, lo era anche il riconoscimento, il controllo, la verifica. Il simbolo poteva essere, dunque, un modo per ottenere accesso a un luogo o a un gruppo ristretto di persone, per farsi riconoscere, a esempio, come l'inviato di qualcuno o appartenente a un gruppo, a una famiglia o come in possesso di un certo status.
Simbolo, però, è anche un segno che evoca, richiama alla mente qualcosa d'altro da sé. Io osservo una forma, un elemento oppure odo un suono... e questi mi conducono (o riconducono) a una situazione diversa da quella di partenza. Un sibmolo può anche essere reminiscenza: un qualcosa, cioè, che mi permette di ricordare vagamente accadimenti, visioni o suoni, di un vissuto parzialmente dimenticato o, comunque, non più presente nello stato di coscienza. Certe volte, ci capita che un semplice gesto ci conduca in territori altri rispetto a quelli del suo contesto più immediato; il voltare la testa da parte di una persona a noi sconosciuta, che ci mostra così involontariamente il suo volto, forse anche solo per un attimo... e questo semplice gesto di cui noi incidentalmente abbiamo colto l'attimo

più segreto, suscita in noi emozioni, associazioni, ricordi o, forse, evoca in noi un sentimento d'amicizia, d'amore, di gioia, di dolore, di tristezza.
È in questo senso o, meglio, in questi sensi da me ora esposti, che io ritengo si possa parlare di simbolo e di simbolico nell'arte di Giuseppe Agnello.

L'universo non è una semplice eccitazione dei sensi dovuta a qualche oppiaceo; è luogo di conoscenza e di appartenenza; un luogo in cui l'umano si ritrova e si riconosce... figlio di un Dio maggiore e unico, l'essere umano scruta l'abisso delle coscienze cosmiche e della sua interiorità, nel tentativo di trovare la metà della forma, del simbolo, che combaci con la sua. Questo combaciare di un coccio con un altro, è il bacio d'amore profondo che il divino ci ha offerto in dono continuo. Un bacio eterno da Dio all'umano.
Le coppie umane sovente rappresentate nelle opere di Giuseppe Agnello, sono un eterno ricreare la smarrita condizione che fu già di Adamo ed Eva: figli dell'amore in un mondo senza storia, perché (ancora) puro dalla crusca della nostra presunzione e arroganza. L'umano senza storia era felice, perché, inconsapevole, poteva godere dei doni della creazione senza disturbo alcuno della sua persona né della sua psiche. Psiche: dal greco ψυχή, connesso con ψύχω "soffiare, respirare". L'anima. La sua anima non era turbata né conturbata. Il suo polso pulsava, leggero, il soffio divino della vita che in lui, nell'umano, era eterna e che Dio gli aveva inalato dentro la forma ancora inerte, facendola umana nel significato più profondo del termine: umano, cioè figlio dell'amore. E così, da universo la creazione si fece cosmo e fiorì la vita come germoglio puro la cui bellezza era l'incanto stesso della vita e del vivere. Gioia assoluta priva d'ogni rumore e pervasa da risentimento alcuno. La donna fiorì il suo seno che fu bellezza e nutrimento, l'uomo scoprì la carezza e la profonda bellezza della carne che non conosce pornografia, ma è, invece, puro godimento del suono unisono che fu l'eco di Dio. E Dio diede all'uomo ogni bene e ogni piacere, facendo si che l'umano non li riconoscesse come tali bensì, semplicemente, ne godesse. E fu, questo, puro idillio e fioritura; orto grande su cui distendere la mano, per cogliere il bene succoso dell'abbondanza. L'umano, nelle opere di Giuseppe Agnello, mi riconduce, improvvisamente, a questa realtà perduta... e per questo, la sua opera, in me si fa simbolo che cadenza il passo della sua forma; come scrigno colmo di bellezze la cui chiave fu smarrita nei vasti deserti della solitudine. Una luce, di tanto in tanto, emana da quei misteri che sono umani e che sono corpi e sembianti e parvenze. Il mistero più grande, racchiuso nelle selve che sono boschi che sono labirinti e sostanze d'illusione... e immagino di aggirarmi, viandante vago e di vaghezze colmo, negli orti oricellari di un segreto palazzo la cui chiave, io, ho ritrovata e che conservo serenamente nel riposto più chiaro della mia mente. E mi

induce una foglia al suo mistero dorato che trafigge il cuore come fosse adamantina luce, di verità e sapienza... Tra selve di rami che sono steli che sono lance, indugia il mio sguardo un vapore di memoria che gli accade innanzi come fosse pura rimembranza... e così mi scorgo, io, riflesso in quelle opere che sono un giardino di flora e fauna ricco; che sono l'orto aperto della speranza e della fertilità di una vita che, lo senti nel tuo cuore, è eterna nel suo nucleo più puro. Così ritorno con la mente a Titus Lucretius Carus, e discende in me la notte del giorno più solatìo, dove mi affaccio, io, al balcone della memoria e mi distendo, corpo senza peso, sulla rena di un inusitato volto... ed è il mio riflesso, l'ombra di quelle sculture che si allungano al calar del sole, nella notte celeste che discende come un manto lieve e incorporeo sulle nostre vite diurne... breve saluto di un Sole che è già là, pronto a risorgere nell'eternità dell'amore, tra le fronde dei nostri giorni, tra le selve del nostro cuore.

CANTO DELLE LIBERTÀ PROFONDE ovvero l'effigie del sé
l'opera e le concezioni artistiche di Pietro Annigoni

Ancora oggi, un sereno dibattito sull'opera e sulle concezioni artistiche di Pietro Annigoni (Milano 1910 - Firenze 1988) sembra difficile; eppure, un affrancamento con le posizioni non allineate al corso principale, a quel "dettato ufficiale" che ha pervaso di sé le vicende artistiche in ambito modernista e postmodernista, sembrerebbe ormai, se non nell'ordine delle cose, quantomeno necessario.

L'ordine delle cose: questo misterioso "impero" evanescente, impalpabile eppure così presente da permeare di sé ogni cosa, marchia la realtà con modalità e pratiche non dissimili da quelle, non novelle, della cosiddetta "marcatura dei torelli".

Marchiare l'arte, i suoi processi storici, le sue pratiche e le sue teorizzazioni a guisa di merce e, direi proprio, di merce "vivente" (da qui l'esempio, la metafora della "marcatura dei torelli") – perché l'opera d'arte e il suo artefice sono "viventi" anche post mortem – è prassi, e imposizione, sia autoritaria sia arbitraria. Non a caso ho interpolato, nel dettato del mio discorso, quel "non novelle"; ragioniamo: se l'ufficialità dell'arte, con i suoi codici di diritto, pari, sempre in metafora, a quelli civile e penale, si arroga la possibilità (rendendola quindi possibilità unica e inderogabile) di sancire il dritto e lo storto nelle vicende (per loro stessa natura, spurie) delle arti, ecco che ci troviamo confrontati con un "accadere", con un divenire "fatto" (quindi realtà per decretazione di un ordine costituito), sicuramente non progressista e non tollerante (quella famosa tolleranza dei governi migliori di cui Spinoza discorre). Diventando le prassi, le pratiche e le modalità delle arti quel "codice" imprescindibile, per (quasi) decreto (pur quando non definitivamente trasposto nella lettera della legge), per cui le cose "possono" (hanno il permesso) essere (esistere) solo e unicamente in una forma (di concetto e di espressione), assumono queste, inevitabilmente, i toni, i modi e le mosse dell'autoritarismo e del conservatorismo (inteso, quest'ultimo, come mancanza di movimento o, se volete, di libertà di movimento).

Tutto ciò qui sopra descritto, ci ricorda le vicende di Galielo Galilei, di Giordano Bruno e di tutti quei messi (inviati) della "libertà" a favore del primato umano nel consorzio terrestre, che subirono (non altro "potendo") le vessazioni di sistemi autoproclamatisi promulgatori di verità, se non assolute, di accertata, certificata e imposta bontà.

Le arti, per loro stessa natura (natura che è "artificio"; dal lat. *artificium*, derivazione di *artifex* «artefice») sono preposte al progresso in quanto, per loro necessità interiore, sempre tese alla ricerca di "nuove" soluzioni che siano in grado di porre in essere un "nuovo" modo di intendere e di "vedere". Pietro Annigoni, con Gregorio Sciltiàn, Xavier e Antonio Bueno, redige e firma il manifesto *Pittori moderni della realtà*. Non è in questo scritto il luogo dove prendere in esame il manifesto, ne sia quindi citato solo il titolo essendo questo quanto basta al nostro assunto; quindi, ripetiamolo, scandendolo: Pittori *moderni* della realtà. Bene, abbiamo messo in corsivo, per evidenziarlo, l'aggettivo "moderni"; procediamo e ripetiamo, quindi, il titolo: Pittori moderni della *realtà*. Ora, avendo evidenziato, con il corsivo, il sostantivo "realtà", possiamo procedere. Gli artisti firmatari di quel manifesto (1947) d'intenzioni, di intendimenti e di programma, ci rivelano subito qual è la loro urgenza principe: La "realtà", ma non una realtà qualsiasi bensì una realtà intesa tale da quegli stessi pittori che si considerano "moderni". Non, pertanto, di passatismo, di antimodernismo spiccio, di opposizione frivola e manierata qui si tratta, quanto piuttosto di una "diversa" concezione dell'aggettivo "moderno" così come della sua forma sostantivata "il Moderno" e "la Modernità". Perché si può essere in disaccordo sulle pratiche, i metodi e le concezioni di un discorso che ha posto se stesso quale argomento di riferimento, in sostanza, globale; senza rigettare, però, il fatto stesso, l'accadere quindi, della "modernità". La Modernità è un carattere, non una verità; non possiamo decretare la giustezza o meno di una idea di modernità sulla base della sua divulgazione e accettazione numerica: equivale a dire che non possiamo determinare la qualità e legittimità di una concezione esclusivamente sulla base del numero dei suoi adepti, dei suoi gregari. Non a caso mi sono qui servito dell'aggettivo (che è anche un sostantivo) "gregario": cos'è un gregario oppure, altrimenti detto e basandoci non sul sostantivo ma sull'aggettivo, cosa qualifica la "gregarietà" di un soggetto? Vediamo: "gregàrio", dal latino *gregarius*, derivazione di *grex gregis* «gregge»; quindi, potremmo significare gregario come segue: ciò che è del gregge, che ne fa parte. È evidente che non è possibile, sulla base della gregarietà, giudicare sulla bontà di una qualsiasi cosa. La gregarietà testimonia esclusivamente della partecipazione al gregge, quindi all'idea, al concetto, alla pratica e quant'altro. Per cui, se è vero che Pietro Annigoni e gli altri suoi colleghi si siano sospinti fuori del gregge della concezione di modernità fornita di un maggior numero di adepti, non è (non ne consegue) però vero che il fatto in sé, cioè quello di essersi sospinti al di fuori del gregge, certifichi la loro "non-modernità" se non addirittura il loro "passatismo". Come nella lotta per la libertà dalle diverse dittature, nel corso della storia, molti gruppi tra loro distanti si sono uniti per raggiungere l'obiettivo comune e, una volta raggiunto quell'obiettivo, destituito quindi il tiranno e la tirannia, sono tornati alle loro differenze di vedute, di intendimenti, di concezioni, di pratiche e a tutto ciò che li differenziava e che ancora, dopo la caduta della dittatura, li differenzia, così anche in quell'altro aspetto della vita, quello che noi chiamiamo arte (perché degli artefici), si può partecipare al processo della modernità, per rinnovarne, quindi, sì la forma e la sostanza della cosa in sé (le arti) e renderla consona alla condi-

zione storica attuale dell'essere umano, senza però mai perdere quelle peculiarità proprie che sempre, prima cioè dell'unione temporanea tesa al raggiungimento dell'obiettivo comune, ci sono state tra personalità o gruppi dalle diverse sensibilità.
Come si intende bene da quanto sinora esposto, nella questione Annigoni (e in riferimento a tutti quegli altri artisti che vivono, o hanno vissuto, assumendo posizioni altre rispetto alla vulgata di maggioranza) si tratterebbe semplicemente di applicare quei principî democratici impliciti, e insiti, nel nostro sistema di governo: la Democrazia. Seguendo i principî democratici, infatti, a essi attenendosi, ci risulta poco praticabile la via da molti oggi perseguita, di accanimento, offesa e insulto nei confronti di coloro che hanno concezioni e sensibilità altre rispetto alla maggioranza (oppure: sensibilità altre rispetto a una minoranza la quale ha però saputo imporre le sue idee e le sue visioni alla maggioranza degli esseri umani, disponendo quella dei mezzi di persuasione atti a tale raggiungimento).

Il *Museo Annigoni*, nella notevole sede di Villa Bardini, è un esempio di cultura democratica notevole posta in essere anche grazie all'impegno della *Fondazione CR Firenze* e *Fondazione Parchi Monumentali Bardini e Peyron*. La presenza sul territorio italiano di un museo monografico dedicato all'opera di Pietro Annigoni era una realtà necessaria che, prima dell'anno duemilaotto, prima cioè dell'apertura del museo in Villa Bardini, lasciava soffrire a causa della sua assenza. Il museo raccoglie una notevole quantità di opere di diverso genere, tecnica e periodi a testimonianza della lunga e proficua attività artistica dell'artista milanese che approdò in Firenze nell'anno millenovecentoventicinque; in questa città, dopo il conseguimento della maturità classica presso il *Collegio dei Padri Scolopi*, a partire, quindi, dal millenovecentoventisette, frequenta la *Scuola Libera di Nudo* dell'*Accademia delle Belle Arti*; suoi insegnanti sono: Felice Carena (pittura), Giuseppe Graziosi (scultura), Celestino Celestini (grafica).
Firenze, come tutta la Toscana, sarà un luogo d'importanza eccezionale per l'artista dedito alla ricerca, e al loro perfezionamento per i suoi scopi, di antiche tecniche pittoriche rinascimentali (ma non solo rinascimentali). Il capoluogo toscano ha un indubbio rilievo sia nelle vicende biografiche sia in quelle artistiche (che sono poi strettamente correlate) di Pietro Annigoni; eppure, una chiara, evidente origine della sua arte è da ritrovarsi in area lombarda: certamente quella Lombardia rinascimentale dove Leonardo seminò molto del suo sapere che germogliò poi, conoscendo una splendida fioritura, negli animi e nelle opere di Gian Giacomo Caprotti, Ambrogio de Predis, Francesco Melzi, Bernardino Luini, Bernardino da Treviglio, Giovanni Antonio Boltraffio e Cesare da Sesto per nominarne alcuni tra i suoi innumerevoli discepoli diretti o indiretti. La toscanità di Leonardo, infatti, poté emanciparsi e trovare ammiratori e seguaci soprattutto nella città di Milano, ai tempi di Ludovico Maria

Sforza (conosciuto anche come Ludovico *il* Moro). Da Milano, le sue ricerche si diffusero celermente nei centri delle pianure lombardo-venete, portando l'arte del più tardo rinascimento settentrionale a esiti di altissima qualità sia per la ricerca artistica sia per lo sviluppo di una nuova visione del mondo carica di conseguenze anche per gli anni a venire. Pietro Annigoni, infatti, milanese d'origine e toscano d'adozione, sembra proprio volgere un viaggio ideale dal luogo della sua provenienza, quello stesso luogo in cui Leonardo magnificamente operò, alla sua "città ideale" (Firenze e gli altri centri toscani), per poi ritornare, con i raggiungimenti più maturi della sua arte, proprio alla cultura figurativa lombarda, padana. Opere quali *Anacoreti nel deserto*, *Ritratto del Cinciarda* (1945), *Ritratto della principessa Elena Corsini* (in ambiente paesistico), alcuni ritratti femminili e molti autoritratti così come diverse pitture murali di scene tratte dall'Evangelo (εὐαγγέλιον), ci mostrano chiaramente questa ascendenza settentrionale, lombarda e leonardesca dell'operato di Annigoni; da prendere in considerazione sono anche le migliaia di schizzi e disegni più compiuti che il Maestro eseguiva a seppia, sanguigna e carboncino: in questi, le influenze dei pittori leonardeschi di ambito lombardo sono evidenti. Nell'opera succitata, *Anacoreti nel deserto*, s'intravedono, inoltre, chiare ascendenze del secondo Quattrocento veneto che possiamo identificare provenienti dall'opera di Giovanni Bellini; restando nell'ambito di ascendenza belliniana, possiamo facilmente edificare un ponte che ci porti all'opera del mantovano Andrea Mantegna, il quale sposò Nicolosia, figlia di Iacopo Bellini, entrando così in parentela con l'importante famiglia di pittori veneti: Giovanni dovette ammirare molto la pittura del mantovano rielaborandone, nella sua, alcuni modi e pratiche della rappresentazione. In questo caso, mi sembra, si possa ipotizzare un ulteriore viaggio a ritroso da parte di Pietro Annigoni, il quale, probabilmente, percepì la lezione del Mantegna mediata dall'arte di Giovanni Bellini. Questa digressione ha il solo scopo di porre più solide basi a quella poetica annigoniana che io ipotizzo avere il suo fondamento nella geograficamente vasta, e ampia per cultura umanistica, regione lombardo-veneta. Questo non vuole altresì significare che non vi siano chiari rimandi alla toscanità di Annigoni: il primo lo abbiamo già indicato nei leonardeschi lombardi, quindi nell'acquisizione delle pratiche leonardesche di orgini toscane mediate dalla cultura figurativa del settentrione d'Italia; un altro riferimento alle pratiche e ai modi dell'arte toscana del primo e del secondo rinascimento, lo troviamo nelle opere di Piero di Lorenzo di Chimenti, ossia Piero di Cosimo (1462 ca. - 1521) che fu allievo di Cosimo Rosselli. Nel dipinto intitolato Maria Maddalena (custodito nelle Gallerie Nazionali Barberini Corsini in Roma), eseguito tra il 1490 e il 1495 ca., mi sembra chiaro il collegamento sia con la pittura di certuni leonardeschi del settentrione sia con molti ritratti femminili dell'Annigoni. Come si arguisce, Annigoni respira, tramite la Toscana, aria lombarda e, tramite la

Lombradia, aria di toscana. Non è un semplice giochetto atto a rimpiere due paginette di scrittura a sollazzo del Lettore; è una "evidenza", cioè una constatazione di argomenti che trovano la loro colonna prima nei fatti: "evidenza", dal latino *evidentia*, derivazione di *evĭdens -entis*. Per quanto mi riguarda, confermando il Tommaseo, direi che l'evidenzia è una "qualità" di ciò che noi, per solito, chiamiamo "stile". È, dunque, nell'evidenza dei fatti che noi troviamo questo viaggio che comincia da due punti di origine ciascuno terminante e principiante sia nell'altro sia in se stesso.

Menzionando "evidenze", mi sembra edificante spendere ancora due righi di concetti, senza infioriment bensì tenaci e veraci, sulla questione della modernità o anti-modernità dell'Annigoni: cioè sulla questione se il suo operato fosse o non fosse attinente, pertinente e corrispondente al suo tempo.

Il nodo è più semplice di quel che a prima vista sembrerebbe: sul punto "corrispondenze", diciamo subito che non è requisito necessario a un'opera d'arte per essere considerata tale; intendo, con questo, non necessario che la vulgata – cioè il pensiero critico e il gusto che vanno per la maggiore in un determinato ambito sociale e/o nazionale (e il relativo consenso che questi comportano e dai quali il consenso stesso o, forse, l'assenso, deriva) – approvi una scelta (indifferentemente dall'ambito: artistico, scientifico...) affinché questa possa essere considerata da altri quale "buona e giusta" (e qui si riapre il discorso sulla democrazia ma sia apre anche, sempre rinnovato, quello sull'etica).

Per quanto riguarda l'attinenza, o le attinenze, il discorso non è per niente complicato, forse potremmo dirlo appena più complesso di quel che sia l'ordito comune a ogni asserzione nella media: se intendiamo il termine nella sua accezione di "compartecipazione", direi che siamo nell'aleatorio più puro perché incerta cosa è sicuramente il voler spulciare tra le relazioni, correlazioni, avvicendamenti ecc. di un'opera nella sua recezione e restituzione o allargamento da parte di un'utenza; se, diversamente, vogliamo intendere il termine nel suo significare una relazione di fatto, o logica, tra due o più soggetti ("relazione" non è sposabile con, cioè non è la stessa cosa di, "affinità"), direi che questa sussiste – indipendentemente dalle volontà, dalle ideologie e dalle consapevolezze – tra tutte le "cose" create (date), visibili e non visibili (leggi anche: percepibili e non percepibili): tutto, ma proprio tutto "è" (e si trova) in una relazione (tanto obbligatoria quanto, forse, in taluni casi inconsapevole) logica o di fatto.

Quanto all'ultimo quesito, quello sulla presenza di una pertinenza, direi che la domanda nemmeno si possa porre; giacché è chiaro verbo (discorso, concetto) che una pertinenza, nell'ambito artistico (come in altri), non sia in pertinenza con se stessa: cioè che non è pertinente porre una domanda sulla pertinenza, perché tra l'arte e la pertinenza non c'è relazione alcuna: sia questa nella logica o nelle affinità. La domanda sulla pertinenza, pertanto, non è pertinente.

Pietro Annigoni è moderno, cioè persona del suo tempo, indipendentemente da qualsivoglia "relazione", sia questa di attinenza, di pertinenza o di corrispondenza: Annigoni è moderno perché si è posto un problema del suo tempo, e cioè la percezione della "realtà" e la domanda sul significato stesso della "realtà" e delle sue concezioni. Questa domanda è sempre moderna, indifferentemente dall'epoca: è una domanda fondamentale, insita nell'umano, o meglio parte stessa di questo. Il problema sostanziale, per cui un'opera d'arte sia tale, o meno, è, così argomentando, come nel caso dei detrattori di Annigoni, iniquo, insufficiente, nullo; l'unica, o, comunque, la più rilevante domanda da porsi per rispondere a un quesito simile, è questa: è l'opera (o l'artista stesso, come questi risulta nella e dalla sua opera) di qualità negli ambiti tecnici, inventivi, formali e ricettivi che costituiscono la sua sostanza visibile e non visibile? Hanno queste qualità, così come la loro somma, una loro precipua originalità? O sono, invece, pedissequa copia, imitazione di un modello preconcetto? A una siffatta e così posta domanda, possiamo offrire una risposta (che non sarà l'unica ma che potrà ciò nonostante essere vera e utile); una delle mie risposte è questa: sì, l'opera, l'operato e l'artista stesso (Pietro Annigoni) sono stati moderni; ancor più, affermo, sono "classici" intendendo con questo termine il loro valore vigente fuori d'ogni particolare "gusto" di una qualsiasi epoca. Essendo in questo senso classico, Pietro Annigoni è sempre moderno, perché i valori da lui posti in essere e le ricerche da lui conseguite "sono" (rappresentano) un'esigenza intellettuale del genere umano; aggiungo: in quanto queste sue ricerche, aneliti, dubbi, domande e, infine, opere, operato e operatore, sono universali. È l'universalità il segno di riconoscimento, il "simbolo" quindi, dell'artista Pietro Annigoni; è l'universalità, ciò che lui, con la sua ricerca, ricompone (mette insieme), così come è ciò che ricompone la sua stessa persona: in questo senso, Annigoni stesso è simbolo. "Sìmbolo", dal latino *symbŏlus*, *symbŏlum*, in greco σύμβολον cioè "accostamento"; è un segno di riconoscimento: derivazione di συμβάλλω cioè ricomporre, mettere insieme, far coincidere; composto di σύν "insieme" e βάλλω "gettare".

ANALISI DI UN DIPINTO
autoritratto con pennello, 1940 (Villa Bardini)
Tempera grassa su tela, cm. 43 x 33
Restaurato nell'anno duemilatre

Un dipinto di piccole dimensioni ci mostra l'effige dell'artista trentenne. Cos'è, precisamente, una effige? "Effigie", dal latino *effigies*, derivazione di *effingĕre* cioè "rappresentare" o "riprodurre", composto di *ex-* e *fingĕre*, quindi "foggiare" "modellare" o "plasmare" (nel senso più semplice,

immediato, di "dare forma"). Nella norma, una effigie rappresenta una persona: la raffigura, per solito, offrendocene il volto, lo sguardo, i lineamenti; col capo volto di tre quarti e lo sguardo che cerca il dialogo, oppure con il profilo puro, la linea semplice che dalla fronte discende al mento delineando il carattere e il temperamento quasi fossero questi lontani accadimenti, remoti pensieri sorti alla vaghezza di una memoria; ne abbiamo diversi esemplari nella numismàtica: monete, medaglie, recanti l'effigie di un principe rinascimentale, di un imperatore romano.
L'effigie offertaci da Pietro Annigoni, è quella del suo volto in un bello e sapiente scorcio rinascimentale. Non è una visione di sé narcisistica, intendendo cioè una visione di chi vacuo di pensieri s'incanta a fronte della bellezza della sua immagine riflessa, della quale s'innamora o ne resta incantato; Annigoni ci offre una analisi, uno studio di sé, una esplorazione severa della psiche e delle fattezze del suo volto, come a scrutarne le grotte più profonde, quelle dove si annidano i pensieri e le idee più proficue ma che bisogna saper portare a intensa e lavorata luce. Proprio la luce è, infatti, uno dei tratti distintivi di questo dipinto: il volto, inteso quale "faccia", è velato da un'ombra lieve che ne abbassa i toni nulla togliendo, del resto, al modellato somatico, il quale per vero ci restituisce in bella plasticità tutto ciò che occorre alla percezione per vivificarsi il viso nello sguardo della mente; tutto ciò che occorre, dicevo, e non di meno, e non di più. Una luce più intensa ne illumina il lato destro (il sinistro per l'osservatore) della testa e parte del volto, una testa, un volto, che potremmo definire nella cornice dei "volti virili" quali la storia delle arti ce li offre e conserva. È una luce forte, a tratti macchiaiola: si osservino il collo, la mandibola (la testa del condilo, l'incisura e il ramo), il lobo dell'orecchio, l'osso zigomatico (particolarmente il processo temporale e l'arcata zigomatica), lo sfenoide, l'arcata sopraccigliare e, più in su, un lembo dell'osso frontale (della fronte); e ancora, spostandoci verso la zona del viso meno volto alla luce, troviamo lievi accenni di luminosità diretta sulla cartilagine alare maggiore e, più precisamente, sulla branca laterale di questa; anche sul tessuto fibro-adiposo dell'ala del naso, come sul muscolo mentale (il mento) ne troviamo un cenno ma, in quest'ultima zona, molto debole e non di maggiore rilievo di altre zone facciali in minore o maggiore grado interessate da un lieve fenomeno di riflessione o captazione della luminosità maggiore.
Nel dipinto della sua effigie, l'artista accompagna al volto, caratterizzandolo, un gesto della mano, quella sinistra, che sembrerebbe il gesto che accompagni una esclamazione di qualche rilievo ma che, diversamente, tiene tra le dita un pennello: il pennello è la penna, la lingua, la grammatica e la poesia del pittore. È interessante notare, procedendo sull'analisi delle luminosità inerenti al dipinto, che, oltre al volto, la sola mano mostri guizzi di luce a dimensionarne nello spazio la valenza: quella intima, quella delle evidenze visive. Nella realtà, il motivo potrebbe essere quello

delle tonalità: la pelle è l'unica presenza "chiara" in tutto il dipinto, a cui si potrebbe aggiungere il tono ribassato della tavolozza, mente il resto del dipinto ha toni più scuri, meno atti, quindi, alla restituzione della luce che questi (i toni, il colore, insomma), invece, tendono ad assorbire e a celare alla nostra ricezione visiva.

Questo piccolo dipinto di Pietro Annigoni è, a mio intendere, veramente straordinario, nel senso proprio di *extraordinarius* (dal latino), composto di *extra*, cioè "fuori", e *ordo -dĭnis*, cioè "ordine"; si faccia un confronto con *ordinarius*, cioè "ordinario".

Il Maestro è riuscito, in questo come in pochi altri suoi lavori, a condensare un grado veramente elevato di scienza pittorica e fisiognomica; grazie a quest'ultima mettendoci, peraltro, nella condizione di meglio comprendere l'indole sua: quella del pittore stesso, dell'effigiato. L'atto di effigiare se stessi richiede, per approdare al buon porto sulle ali sicure della scienza, grandi qualità che siano composite sia di acume e profondità sia di capacità le quali, sebbene innate, siano state coltivate con grande pazienza e volontà: non si giunge al capolavoro altrimenti, ma solo passando dalla porta stretta, la più stretta tra quelle che ci siano offerte nel corso di nostra vita.

In millequattrocentodiciannove (1.419) centimetri quadrati, l'artista pose uno sforzo di contrazione congiunto alla grazia dell'arte, da lui faticosamente e sapientemente acquisita, che trovano esempi solo in brevi e fortunati momenti della storia delle arti. Ci troviamo a un dipresso da un'altra primizia dell'arte ritrattistica: mi riferisco qui (e te ne prego, caro Lettore, non sussultare, non rovesciarti dalla sedia), al "possibile" autoritratto di Masaccio nelle pitture parietali a fresco della *Cappella Brancacci*, nella bella chiesa di Santa Maria del Carmine in Firenze. Il ritratto a cui mi riferisco è contenuto nella raffigurazione della *Resurrezione del figlio di Teofilo e San Pietro in cattedra*. Gli autori sono, allo stato attuale della ricerca, Tommaso di Ser Giovanni di Mòne di Andreuccio Cassài nominato *Masaccio* (1401 - 1428) e Filippino Lippi (1457 ca. - 1504). La pittura da intendersi per mano di Massaccio fu eseguita intorno al 1427; quella per mano di Filippino Lippi verso 1482-1485, o forse prima.

Perché azzardo, io, tale riguardo in fronte alla parentela tra queste due opere? Tra la piccola tempera grassa su tela di Pietro Annigoni e il volto a fresco ritratto (da sé medesimo?) del nominato Masaccio? C'è un discrimine, un distinguo da porre a freno della fantasia di chi, come io stesso oso, nelle sue vaghezze tesse rivoli di nuove storie? Inaudito, forse, sarà il grido unanime, non di meno il solco va tracciato e la mano che lo traccia se ne carichi le responsabilità intellettuali. Sì, dunque: c'è veramente questa parentela che io tesso. La luminosità cromatica, il tono ombroso sul viso dell'effigiato che va digradando sino a dissolversi in piena luce sul lato del capo; lo sguardo perso in un altrove suo privato ma presente e fisso allo spettatore. Lo sguardo di una scienza interiore che sa di non potersi esternare se non con il mezzo della figurazione, della trasposizione pittorica, *imaginifica*, della realtà percepita che vuole, però, al contempo, essere oggettivata: ed ecco il dramma volgersi di latino nuovamente in greco e ridursi all'antico; come di greco, prima di lui, la pittura si mutò in latino e ridusse al moderno: ciò che accadde con Giotto, secondo quanto il Cennino Cennini (1370 – 1440 ca.) scrisse in data imprecisata tra la fine del Trecento e il millequattrocentoquaranta, presunto anno della sua morte. È pure da precisare che non la pittura, intendo io, bensì il "dramma": dal latino tardo *drama -ătis*, in greco δρᾶμα -ατος, propriamente significante "azione", derivazione di δράω, cioè "agire"; in sintesi: la capacità di agire sui sentimenti del pubblico mediante rappresentazione o raffigurazione.

È qui, caro Lettore, che noi troviamo l'arte, per mano di Annigoni, rimutata di latino in greco, operando un processo inverso a quello che, secondo Cennini, fu l'operato di Giotto di Bondone. Giotto fu così visto, inteso, quale novatore nei confronti del suo più anziano contemporaneo: Cenni di Pepo (Cimabue); in tal guisa, io penso di poter asserire che Pietro Annigoni possa intendersi novatore dell'arte dei tempi suoi, nella profondità dello spirito, se posto dirimpetto all'operato di Pablo Picasso, il quale ebbe il grande merito di scarnificare il dramma per porcelo nudo di mistero. L'uno non nega l'altro, stiamo bene attenti alle faziosità, alla fretta di trovare il"vero", il "meglio", il più grande, dacché la vera grandezza solo quella dell'animo può essere e questa resta, ai più, celata. Sì, caro Lettore, l'ammirazione che tu porti a uno o all'altro artefice di questo mondo non può cambiare un solo iota della verità sconosciuta (cioè l'origine, la sostanza e il senso dell'universo). Il nostro, quello di qualsiasi essere umano, anche degli eccelsi, altro non può essere che mero giudizio: dal latino *iudicium*, derivazione di *iudex -dĭcis* , cioè "giudice". Giudichiamo, quindi, per prima la nostra stessa sostanza, la nostra virtù e la nostra capacità; parliamo, allora, poi che questo avremo fatto, dunque, con voce sommessa: la voce di chi ha compreso la piccolezza del suo giudizio, del suo intendimento.

È, quindi, il dramma, la cifra più alta dell'opera di Pietro Annigoni; e lo è, soprattutto, in quelle opere, dove il Maestro riesce a condensare il suo sentire e le sue esigenze interiori, dimenticando il "gusto" degli ammiratori e le maldicenze dei detrattori. È presente solo a se stesso, nel ritrarre il suo volto; a se stesso, così come a quei grandi che gli abitano, costantemente, il pensiero.

Volendo ora redigere una notarella più pittorica, volgendo lo sguardo alla superficie sospesa (senza tempo) dell'autoritratto, poniamo subito il guardo sull'indaco della camiciola che tra collo e petto si porge a noi, timida eppur con squillo di lieve e silenziata tromba e sonorità di ottavino. Mi riferisco, quindi, all'indaco audace e sapiente che congiunge le tonalità caput mortuum del manto (cappotto, giubbotto che sia) con quelle terre e quelle ocre, stemperate di rosa e giallo di Napoli, dell'epidermide.

ANALISI DI UN DIPINTO
la baronessa Stefania von Kories zu Goetzen, 1958 – 1959 (Villa Bardini)

Non sempre, sia detto chiaramente, l'arte di Annigoni raggiunge queste altezze: ed è chiaro che sia così; nessuno può sostenersi a lungo ritto sulla cima ventosa della propria scienza. Pietro Annigoni ha dipinto anche opere meno riuscite: cioè opere delle quali, durante la loro esecuzione, perse il controllo, smarrendo la concentrazione più elevata. In alcuni ritratti ufficiali, la sua opera soffre di quei manierismi indotti in lui da quel già citato "gusto" del pubblico ma, soprattutto, della committenza: riducendosi, così, di grado, diminuendo se stesso per soddisfare le attese della clientela, in particolar modo di quella regale. Non fu così per tutti i ritratti mondani che Annigoni dipinse; nel caso del ritratto della nobildonna angloamericana di origine tedesca, baronessa Stefania von Kories zu Goetzen (1939 – 2013), dipinto verosimilmente tra il millenovecentocinquantotto e il millenovecentocinquantanove (1958 e il 1959), l'artista mostrò passione e volontà spinte sino all'accanimento per la buona riuscita dell'opera (a chi volesse approfondire la storia del dipinto, consiglio la lettura di questo catalogo: *La baronessa, Palmiro e il maestro: due storie annigoniane*; 2016, Polistampa, Firenze).
A un primo sguardo, l'opera appare poco simpatica; piace molto a quell'osservatore che sia scevro di conoscenze pittoriche, perché soddisfa alcuni dei requisiti romantico-realistici molto ammirati, per solito, dal più vasto pubblico. Osservando meglio, ci si accorge che, nonostante le dimensioni insolite, il Maestro è riuscito, in alcune parti, a mantenere alcuni dei suoi migliori temperamenti tecnici: nel volto, seppure levigato con troppa attenzione, forse esagerando in virtù del bel viso che intendeva restituire, riconosciamo un chiaroscuro di buon livello e nei modi consoni al miglior Annigoni. La figura, il corpo vestito elegantemente, pur essendo dipinto con maestria, non reca in sé niente di particolare né di avvincente per l'occhio avvezzo alle cose dell'arte: non dona momenti di indagine; è nel paesaggio, invece, dove l'occhio attento potrebbe trovare di che stupire: la prima nota, è che la casa e la natura vegetale circostante sembrano entrambe appartenere a un'altra dimensione, quasi che lì il pittore fosse riuscito a liberarsi della tensione e del timore di non fare "cosa grande". Osservando l'incarnato e le belle prospere forme della nobildonna sbracciata, e osservando il volto fiero, quasi superbo, non privo di durezze quasi metalliche e dallo sguardo tagliente, quasi fosse incuneato tra le lunghe ciglia e gli zigomi prominenti e larghi, ci si accorge di una vera e propria dicotomia riguardo al paesaggio: questi mostra,

infatti, estro pittorico, coloristico e compositivo; la figura, forse per voluto contrasto, per esaltarne l'enigmatica o distante bellezza, ne emerge ancor più rigida, quasi forzata in un atteggiamento innaturale.

SALVATOR ROSA, GOYA E PIETRO ANNIGONI
Lumi e fiaccole: visioni notturne e macabre

Proseguendo il nostro discorso, è giunto il momento di occuparsi di Goya (Francisco José de Goya y Lucientes, 1756 – 1828). Ci sono, al riguardo, alcune evidenze che sono da illustrare o, almeno, da indicare, accennare: i molti ritratti della duchessa de Alba del pittore spagnolo hanno, infatti, alcune parentele con il ritratto della baronessa Stefania von Kories. Partiamo dall'ambientazione, dalla sistemazione della figura ritratta nello spazio circostante; è innegabile, la concezione spaziale dei due pittori sembra non solo avere delle parentele ma, in molti punti, addirittura coincidere: soprattutto che concentriamo il nostro sguardo sul suolo, il luogo dove la figura posa, sta. La spazialità, l'illusionistico effetto di un ampio spazio che evade dal reale assumendo una valenza metafisica, è lampante. Il Lettore non potrà notare questo particolare di cui io sto discorrendo, perché nella foto qui pubblicata non è visibile; potrà, comunque, trovare l'immagine in questione senza alcuna difficoltà e porla a confronto con le immagini dei ritratti a figura intera che Goya dipinse della duchessa de Alba. Una visita al Museo Annigoni, sito nella splendida Villa Bardini è, a mio avviso, consigliabile per ammirare dal vero questa e molte altre opere del Maestro, tra cui il bellissimo *Autoritratto con pennello* su cui ho argomentato in precedenza.
Non si esauriscono qui, le mie intenzioni e questa che hai appena letto, caro Lettore, non è altro se non una premessa, un appunto. A questa nota, seguono ora altre intuizioni, altri schizzi. Mi sembra possa interessarti, a questo punto del nostro percorso insieme, il mio modo di procedere: affinché l'arte ti sia come materia viva, io, nello scrivere, adopero quasi esclusivamente la mia memoria nel tracciare il solco del discorso; desidero, infatti, che la lettura sia avvincente e sempre articolata, proprio come accade in una conversazione. Evito la finzione, cioè la struttura del saggio classico che ci riporta molte nozioni da enciclopedia, o poco più, ma nulla di nuovo ci racconta: io desidero suscitare in te l'amore per la materia di cui tu ora stai leggendo.
Ricominciamo da Goya:
Un fugace sguardo è sufficiente per rendersi conto della vicinanza spirituale tra alcune opere del pittore spagnolo e alcune altre di Pietro Annigoni. Per meglio intendere il discorso che sto introducendo, è utile, però, completare la triade (vedi titolo del paragrafo) presentando Salvatore Rosa (1615 – 1673), pittore e poeta tra i più interessanti del suo tempo;

sicuramente, quello con il temperamento artistico più vivace e complesso nel panorama dell'arte italiana di quegli anni. Le vicinanze tra Salvator Rosa e il più tardo pittore spagnolo, sono effettivamente evidenti, quantomeno per ciò che concerne la trama narrativa delle loro opere e lo scenario in cui "accadono": in entrambi gli artisti, i lati più oscuri del consorzio umano trovano ampio spazio rappresentativo; streghe, misteriosi incontri notturni, folli convegni, ossessioni, paure... e luce. Sì! Luce... ed è proprio questa presenza inestinguibile, quasi fosse evasa dalla lontana origine dell'universo per raggiungere il tempo definito della storia umana, e penetrarvi per concepire nuovi lumi, nuova vita: come il pene penetra la vagina e feconda il ventre della donna.

Sul piano stilistico, tecnico e coloristico, mi sembra che la vicinanza tra il Rosa e l'Annigoni sia notevole; anche con il Goya abbiamo una forte intesa, seppure il pittore spagnolo risolva le sue visioni con una pittura più pastosa e diretta; sul piano dei contenuti, le rappresentazioni di questi tre artisti hanno molto in comune, nonostante la distanza temporale se misurata nel corso della storia (l'arte, caro Lettore, è calata nella storia, ma la visione dei grandi artisti, è metastorica: proviene e/o si proietta oltre la storia). In ciascuno di loro, ritroviamo una natura che può essere in parte aspra, in parte selvaggia ma che, sicuramente, è arcana, misteriosa, oscurantista o teatro di un oscurantismo sempre in corso, che mai riposa nel proseguire delle vicende umane. In questo scenario le figure stesse, a volte, non sono distinguibili dai rami torti degli alberi e dal folto della vegetazione più varia; sia questa rada o densa di fronde, settentrionale o meridionale. Là dove il Rosa popola selvagge, ma neoclassiche, porzioni di paesaggio, radure, foreste e macchie distese e brulle, l'Annigoni riduce all'essenziale restringendo il campo visivo come se il suo occhio fosse uno zoom che tutto gli ravvicina; il Goya, diversamente, richiude il campo scenico paesistico come se fosse questi sul palcoscenico di un teatro: Goya produce "finzione" allo stesso modo in cui l'hanno prodotta i pittori cosiddetti "Bamboccianti" e come la intendevano le genti di teatro farsesco e macabro. Il paesaggio, in Goya, non è apertura, non è frammento di veduta: è volume, è cubico; Goya racchiude le sue scene in scatole che ci danno l'illusione di un'ampiezza che, di fatto, non hanno; pone, cioè, sulla superficie dipinta illusione di seconda natura, o di natura altra, rispetto a quella già nota delle diverse prospettive. Io sono tentato di dire, e lo dico, che Goya, nelle sue rappresentazioni, più che prospettico e assonometrico. Annigoni, si muove in entrambe le direzioni: anche nelle sue opere, infatti, di volta in volta la scena sembra ricondurre l'occhio attraverso spazialità vaste, indefinite nei loro confini ottici e percepibili, oppure in spazî più angusti anche quando paesistici, cioè non in "stanze" racchiusi. La qualità della rappresentazione spaziale, del "sentimento" dello spazio, è enorme in ciascuno di questi tre Maestri, con le dovute differenze di attitudine, temperamento e carattere pittorico;

la narrazione, proveniente da società storiche e locali così diverse tra loro, offre una continuità nell'oltrestorico, nella metastoria: cioè in quel limbo compresso tra verità (sconosciuta) dell'universo, e verità congetturale della psiche. In Pietro Annigoni io intravedo una maggiore serenità, avvolta, però, da un manto di drammaticità interiore più alta: intendo dire che il dramma in Goya è allucinazione; un vaticinio derivato dalla consapevolezza della brutalità dell'agire umano che trasforma l'esistenza in un inferno fatto di punizioni, torture corporali, spirituali e psicologiche e che, al contempo, non sembra trovare il conforto di nessun credo, di nessuna redenzione che sia veramente possibile. Per Goya, così mi sembra, l'unica isola di pace è la donna amata, nella sua ristoratrice assenza di tempo che, illusoriamente, sembra offrire all'artista. Notiamo, infatti, che le versioni delle due *Maja* sono entrambe avvolte in una luce scaturente da e in un ambiente privo di qualsiasi segno temporale-storico: il vestito stesso dell'una assume su di sé, o comunque diventa, la nudità dell'altra. Ciò che, personalmente, mi ha sempre impressionato, è il fatto (evidente) che la testa della donna raffigurata restituisca, o faccia sorgere nello spettatore, l'impressione di essere ritagliata, incollata: alla maniera di un fotomontaggio o di un collage. Questi dipinti delle Maja, è dal tempo della mia infanzia che, per me, rappresentano un mistero, un enigma, un piacevole e seducente invito a entrare nel dipinto e avvicinarmi alla donna per verificarne la presenza carnale nella sua verità fatua e sognante in cui Goya a noi l'ha proposta. È uno dei dipinti più erotici dell'intera storia dell'arte, eppure non vi è traccia di una sessualità (quasi pornografica) come la intendiamo, noi, oggi. Per Goya, la Maja è il sublime carnale immerso nell'anima più vera dell'esistenza: quella non tangibile, che ci possiamo unicamente raffigurare nella nostra mente, in una poesia, in un dipinto. Anche i nudi di Annigoni, soprattutto nei molti disegni, sono sensuali quanto erotici, pur offrendo pose quasi caste per il nostro intendimento attuale riguardo all'immagine erotica o di nudo. In comune, Goya e Annigoni, hanno il fatto (semplicissimo da constatare) che i loro nudi femminili mai siano abitati da perversità, da esplicite libidini trasposte dal maschio sulla donna, la modella, ritratta. La carnalità nei nudi per mano di Annigoni, è sicuramente più presente, tangibile pur nell'evanescenza delle seppie e delle sanguigne e dello schizzo; Pietro Annigoni è sensibile alla bellezza, ed è attratto fatalmente da ogni donna che rechi in sé la fievole sfumatura di un arcano; anche nelle altre sue tematiche narrative, Annigoni ci dimostra di essere un sensuale: in tutta la sua opera, dal macabro al solare, dal ritratto di un volto al nudo femminile, ciò che veramente trionfa è la sensualità primitiva di un occhio, di uno sguardo, della cute. Per Salvator Rosa, la donna è l'arcano per eccellenza, sempre inafferrabile e sempre allegoria di un qualcosa, forse allegoria del "vivente". Salvator Rosa intende la vita come dramma continuo senza vera luce che possa restituirle la chiarezza forse in un lontano tempo avuta, ma ora sicuramente perduta, tranne la luce dell'enigma femminile: per lui, è la donna, la luce allegorica e reale nel mondo; anche nel suo aspetto più indecifrabile, che, nelle sue visioni, finisce quasi sempre con l'identificazione della donna con il mondo esoterico; un mondo fatto di misteri insoluti, e insolubili, se non nel solo accoppiamento, inteso questo come rito purificatore della totalità dell'essere carnale (anima e corpo).

ANNIGONI E L'ARTE DEGLI ANNI VENTI E TRENTA DEL NOVECENTO
Osservazioni

È interessante notare come Annigoni si sia lasciata alle spalle, quasi non fosse mai stata, tutta la concezione figurativa italiana degli anni Venti e Trenta del Novecento: dalla nuova figurazione realista di Cagnaccio di San Pietro, alle morbide atmosfere meridiane di Baccio Maria Bacci; dal privato e rustico intimismo del periodo lirico di Carlo Carrà alle figurazioni prima dure e taglienti, poi diafane e soffici, di Felice Casorati; dalla rivalutazione e ripresa dell'antico e, soprattutto, del Seicento italiano da parte di Giorgio de Chirico alle realtà oniriche e magiche di Antonio Donghi; dalle realtà allucinate di Gian Emilio Malerba e Cesare Sofianopulo alle realtà veraci e popolari di Carlo Socrate. Sono numerosi, molto numerosi, gli artisti che tra gli anni Venti e Trenta del secolo scorso hanno ricondotto le arti figurative a uno sguardo più vicino alla sfera intima, familiare, popolare, onirica, incantata e, in certi casi noti, legata alla ripresa di un sentimento vivo della grandezza di Roma antica (Achille Funi valga qui a esempio per tutti); tutti cercavano, ciascuno a modo suo, un affrancamento dalle fatiche talvolta forzate dell'arte moderna, del post Cézanne e del Cubismo ormai ammanierato; ma anche un prendere le distanze dall'aggressività rampante del Surrealismo non più imminente quanto piuttosto realtà in fieri e, per molti artisti italiani, inquietante perché non votato al bello interiore. Il futurismo, poi, aveva creato entusiasmi e correnti ma aveva finito con esacerbare gli animi di quegli artisti e di quella parte della società italiana che credeva ancora nella bellezza della poesia: non è un caso che il primo Montale, quello degli *Ossi di seppia*, pur se considerato dirompente, fosse in realtà in perfetta sintonia con ciò che nelle altre arti si era già consolidato. Il più anziano Camillo Sbarbaro si era rivolto al mondo delle piccole cose, come pure aveva fatto il più giovane Filippo de Pisis cercando la modernità nel tepore dei frammenti di una vita svanita o, quantomeno, evanescente. Il tempo non si era fermato, in quell'Italia così bene ritratta nei romanzi di Angelo Gatti (*Ilia e Alberto* del 1923 e *Il mercante di sole* del 1942): il tempo si era incantato restituendo agli esseri umani – in quell'incanto tra natura e storia, tra piccole vicende di vita quotidiana e grandi eventi capaci di sconvolgere una società intera – il semplice quanto spontaneo desiderio di tenerezza; in taluni, questo sentimento era commisto a un desiderio di grandezza, le vestigia di una Roma che sembrava presto poter ritornare, diversa da quella antica ma importante come quella. È il sogno della vita che mai smarrisce se stessa nel gorgo degli eventi, indifferentemente dalla loro portata. La prima guerra mondiale aveva sconvolto le nazioni d'Europa; l'Italia era sfinita, esaurita, gli animi esacerbati da uno squilibrio internazionale di cui tutti temevano l'apoteosi: una apoteosi che non si fece molto aspettare, giungendo dirompente su quel mondo d'incanti in parte artificiali in parte genuini, cui gli artisti italiani seppero dare vita in quel ventennio magico, veramente magico, dell'arte italiana.

Pietro Annigoni ha vissuto quegli anni da adolescente e da giovane artista in erba; in talune sue prime opere si vedono squarci di interesse, di studio che sembrano poter fare intendere non un distacco bensì un cauto guardarsi intorno. Fuori d'ogni ideologia, il tempo sembra essersi dimenticato di scorrere anche sulla vita di Pietro Annigoni, e questi si è trovato unico e solo, con un ideale che era una certezza, e una certezza che era un ideale. Scelse, forse per innata disposizione, una porta ben stretta, il giovane Annigoni: nell'epoca del trionfo di tutto e di nulla, di tutto e il suo contrario; in un'epoca dove l'astrazione materica e polimaterica dominava lo scenario postcubista e post surrealista, il giovane artista si immerse sempre più deciso nella ricerca di ciò che solo poteva soddisfarlo: comprendere la realtà attraverso il mezzo della pittura; la visione come ricerca di perfezionamento dell'occhio interiore che intorno a sé sempre guarda, osserva e scruta. Tutto ciò lo ritroviamo soprattutto nei numerosi ritratti a tempera grassa e negli altrettanto, se non più, numerosi disegni a matita seppia e sanguigna: e proprio in questi disegni di volti tra il naturale e il visionario, Annigoni svolge l'intera gamma delle sue concezioni artistiche. I disegni ci mostrano l'autenticità del suo pensiero e della sua idea di arte. L'arte di Annigoni, diciamolo per sfatare ogni ombra, è sempre stata "moderna", ma non solo questo: è stata classica, perché completa; classica, perché la gamma dei suoi movimenti esaurisce lo spettro dei sentimenti umani dal tragico al riflessivo, da questo alla commedia (amara, dolce, agrodolce: si pensi al già citato *Ritratto del Cinciarda*, opera esaustiva di tutta la sapienza pittorica e umana dell'artista. Il realismo di Annigoni non nega il sogno, mai; molte sue opere, come i numerosi dipinti, schizzi e disegni raffiguranti manichini nello studio, riversi o accasciati, oppure il già menzionato dipinto *Anacoreti nel deserto* così come tante altre opere, ci mostrano chiaramente di quanto profonda e consapevole fosse la sua tensione metafisica: quell'oltrefisica che lui andava cercando proprio tra le pieghe della realtà fisica e biologica, mai discinta da quella psicologica e spirituale. La metafisica di Annigoni, che io chiamerò, qui, oltrefisica, è una ricerca della realtà più verace e non la sua evasione da questa: Anni-

goni non evade dalla realtà, la intensifica, la porta al punto di non riconoscimento; da soggettiva la sua realtà, attraversando il naturalismo, diventa una soggettiva entità: perché l'arte è esperienza e l'esperienza, per quanto possa essere collettiva, sarà sempre in massimo grado una vicenda personale.
Il realismo di Annigoni non è realistico, semmai è "vero", ma non certo il vero del verismo verghiano o capuanesco. Dovissimo cercare un compagno spirituale nel mondo delle belle lettere, non avremmo vita facile ma troveremmo comunque dei validi parallelismi: con l'opera di Luigi Malerba o quella di Vincenzo Consolo, per esempio, oppure alcune esperienze vivaci e profonde di Tommaso Landolfi; le ambientazioni eteree, naturali e vere quanto oniriche di Giuseppe Bonaviri e, forse, spingendoci ancora più avanti nel XX secolo, alcune storie di Alberto Bevilacqua. Incanto; cognizione del vero; natura ricreata a seguito di un'attenta osservazione, non subita come un "dato naturale" in sé; oltrefisica: immersione nel profondo delle verità psichiche e fisiche della realtà o di ciò che questa "possa" essere: perché la "realtà", di fatto, non esiste; non per l'essere umano, che deve sempre conciliare la sua realtà particolare con quelle degli "altri": questi "altri" che poi, a ben vedere, pare volerci dire l'artista, siamo noi stessi (e qui si guardi l'alto grado di immedesimazione di cui ci testimonia la già menzionata tela raffigurante il mendicante Cinciarda, in verità quasi un autoritratto psicologico del suo autore.

Altre affinità: brevi note

In alcuni dipinti e disegni (a carboncino, sanguigna e seppia), sono visibili delle parentele con l'opera grafica di Giacomo Manzù, Francesco Messina, Emilio Greco, Antonio e Xavier Bueno: tutti questi artisti hanno perseguito un avvicinamento costante con i modi e le pratiche dell'arte della seconda metà del Novecento, nei loro esordî, però, e nelle fasi mediane della loro attività, si possono trovare dei momenti di sensibilità che sono prossime le une alle altre. In nessuno degli artisti ora menzionati troviamo, però, se non, forse, nel solo Xavier Bueno, quel tipo di attenzione verso il "vero" dell'esistenza che contraddistingue l'opera di Annigoni. Xavier Bueno, un artista di altissimo livello che poi si ammanierà sull'onda di un mercato per lui sicuramente seducente, dimostra, soprattutto nelle prime opere e in quelle mediane, una notevole profondità nell'osservazione dei sentimenti (o movimenti) umani, oltre il mero dato psicologico: presumo che si possa parlare, nel suo caso, di una rara quanto immediata e sincera empatia nei confronti del "prossimo". Questa empatia la ritroviamo anche in molte opere di Annigoni, soprattutto quelle in cui l'artista non sia vincolato da un rapporto artista-committente dalle maglie troppo strette. L'empatia – così come la comprensione per le condizioni e le vicende altrui – la ritroviamo chiaramente leggibile nel già più volte nominato *Ritratto del Cinciarda*.

C'è un dipinto di Pietro Annigoni molto noto ma forse altrettanto sottovalutato che desidero ora prendere in esame; è un ritratto: *Mr. Rydy* (1949). In questo volto, che grossolanamente si potrebbe liquidare come una semplice e valida prova di realismo, di ritratto psicologico e delle capacità del maestro, non è, questo è il mio parere, così frettolosamente da accantonare. Vediamo il perché: l'opera, nell'insieme, appare molto misurata, non c'è abuso di virtuosismo o di tecnicismi vuoti e fini a se stessi; l'autore non ha cercato di restituire un'immagine oleografica della persona ritratta. Con questo ritratto, Annigoni si distanzia dalla cultura figurativa italiana che l'ha preceduto, ricollegandosi semmai, idealmente, a quella pittura rinascimentale nordica (nord europea: tedesca e fiamminga) che attecchì nel sud d'Europa, tra gli altri, anche grazie alla diffusione che ne fece Antonello da Messina (1430 ca. - 1479) con l'opera sua.

Jan van Eyck (1390 ca. - 1441), Rogier van der Weyden (1399 ca. - 1464), Petrus Christus (1410 ca. - 1472 ca.) come anche Leonardo da Vinci (1452 – 1519), quest'ultimo soprattutto nel suo *Ritratto di musico* e in quello de *La belle Ferronnière (*per quanto non unanimi siano le attribuzioni), e Albrecht Dürer (1471 – 1528) sono artisti molto vicini alla sensibilità di Annigoni.

Di Albrecht Dürer si veda il *Ritratto di giovane veneziana* (del 1505). Ciò che differenzia il *Ritratto di Mr. Rydy* dalle opere dei pittori qui citati, è la maggiore attenzione di Pietro Annigoni al dato realistico e psicologico. Mentre nei ritratti di Leonardo l'attenzione è volta solo apparentemente al soggetto ritratto, poiché il da Vinci ritrae soprattutto la luce che rende visibile il soggetto così come la luminosità diffusa nell'ambiente che lo circonda, in Annigoni è la fisiognomica che determina tutto l'ambiente. Nei ritratti fiamminghi del van Eyck, del van der Weyden e di Petrus Christus, come anche in Antonello da Messina e in Colantonio (Niccolò Antonio, attivo tra il 1440 e il 1470), all'attenzione per il dato realistico si accosta, molto marcata, l'intenzione di restituire all'effigiata o effigiato una qualità altra rispetto a quella della psicologia naturale: è come se questi artisti volessero indurre a riconoscere la persona effigiata con certezza, ma anche a darne un'idea differenziata, quando non falsata, della sua più autentica personalità.

In Leonardo, il soggetto ritratto è pervaso dall'idea che della realtà e della sua rappresentazione l'artista si è fatto; ci troviamo difronte, nel suo caso, alla trasposizione non di un dato visivo/oggettivo, quanto piuttosto dell'idea di ciò che è realtà e di come questa abbia da essere percepita.

In Antonello da Messina, il realismo è perspicace, acuto, esalta la personalità del ritratto pur restando nella cornice dei suoi connotati reali (sia psicologici, del carattere e degli impulsi, sia fisiognomici): si prendano a esempio il *Ritratto d'uomo* (noto anche come *Il condottiere*, Louvre), il *Ritratto di giovane* (New York) e il *Ritratto d'ignoto* (o *Ritratto d'ignoto marinaio*, Cefalù). Nel presunto autoritratto, invece, Antonello mostra un'attenzione particolare per il dato naturalistico, attentissimo nel catturare l'autenticità dello sguardo dell'artista che osserva se stesso; troviamo, in questo ritratto, una rilassatezza, una spontaneità percettiva e di sentimento, che nelle altre sue opere ritrattistiche (di committenza) non perviene. È (anche) in conformità a queste osservazioni, che io ritengo possibile identificare in questo dipinto l'autentico autoritratto di Antonello. Chiunque dipinga e si sia provato ad eseguire un autoritratto osservando la sua immagine riflessa su una superficie specchiante sa benissimo quale sia l'attenzione dello sguardo e sa altrettanto bene riconoscere quella postura un po' forzata del capo e del collo, con l'iride che scivola completamente sulla coda e la pupilla che restituisce allo sguardo una fissità altrimenti non presente nella maggior parte della ritrattistica a noi nota. Pensi il mio Lettore all'*Autoritratto* di Vincent van Gogh del 1889 custodito nelle sale del Musée d'Orsay: ritroviamo la stessa forzatura del collo irrigidito e dei muscoli facciali contratti e accentuati nella tensione proprio tra mandibola e orecchio.

Tornando, ora, al *Ritratto di Mr. Rydy* direi che Annigoni abbia tenuto insieme le caratteristiche tipiche del ritratto, quindi lo scorcio a tre quarti e lo sguardo "perso" avanti a sé, e quelle tipiche dell'autoritratto: cioè la tensione muscolare leggermente innaturale e un'attenzione particolare al dato psicologico, il quale sembra "dominare" lo spazio circostante informando di sé l'intera plasticità del dipinto. Mi sembra possa così intendersi la grande qualità del dipinto che alcuni potrebbero, troppo frettolosamente liquidare, se detrattori, come una prova accademica e niente più, oppure, se ammiratori e sostenitori, come un esempio rarissimo di realismo e delle grandi capacità tecniche del Maestro. Né l'uno né l'altro avrebbe la ragione piena: perché è l'intensità con cui l'artista si è dedicato a cogliere quegli aspetti più nascosti della personalità dell'effigiato, ciò che veramente costituisce la qualità dell'opera; a questa intensità percettiva si adeguano tutti gli altri aspetti plastico-pittorico-costruttivi. Intendo dire che le più coltivate qualità della tecnica così come quelle di una innata predisposizione, entrambe non sono sufficienti a raggiungere tale livelo artistico; qualcos'altro entra in gioco: la sensibilità più riposta dell'artista, la sua "anima", il suo pneuma, il suo "fiato" vitale.

LA PASSEGGIATRICE
Sull'opera genitrice di Simonetta Baldini

Una passeggiatrice (o un passeggiatore) che si trovasse a transitare con lo sguardo su un rivolo di paesaggio – frammento di luce, forme e colori – dove s'erge e s'innalza verso il cielo, o sta stesa sulla terra erbosa o forse brulla, un'opera scultoria cangiante nelle sue tinte con il variare del tempo e sospesa come se del vento fosse la figlia più antica, non esiterebbe a rompere l'indugio distratto di un pensiero smarritosi alla memoria per fermare entrambi, pensiero e memoria, e ritrovarli come d'incanto in quel brulicare e sfavillare di idee che ha nome Arte.

È, questo nome, pura follia degli sguardi amanti persi nella verità sconosciuta e invisibile dell'universo che si accinge alla sua metamorfosi prima: assurgere a cosmo, ordine delle inquietudini e delle passioni che abitano l'umano.

Come questa passeggiatrice, anch'io non esito. Nella mia profonda, amata, coccolata e aulente ignoranza di poeta e artista visivo o dello sguardo, s'innalza, nel profondo, il ciglio che dell'opera e dell'autrice l'essenza coglie; non per mia intelligenza, meno ancora per la cadenza intuitiva del mio intendere la natura delle cose, quanto piuttosto per un capriccio di quel logos (traslitt. del gr. λόγος, dal tema di λέγω «dire»; λόγος «parola, discorso, ragione») da cui tutto proviene e in cui niente va perduto. Mi trovo, quindi, a contemplare e forse addirittura lodare (nel senso di "lauda" o "laude" poetica; dal lat. *laus, laudis*) ciò che è il "mistero" nella sua completa visibilità, sia oggettiva sia soggettiva (relativa, opinabile). Comprendo, dunque; colgo, intendo infine, pur nulla sapendo. E il ciglio che nella sua curva la mano distende, disegna nell'aria colma della sua trasparente visibilità una carezza. E di nuovo è il vento, chi sospinge il mistero sui lidi della memoria e di un pensiero dissoltosi per ritrovarsi, intero, nell'opera.

È, dunque, *lauda* poetica ciò che scaturisce in quell'osservatore che penetri la natura stessa delle cose che in lui e fuori di lui, per istanza genitrice, scaturiscono contemplando l'opera. L'osservatore è quindi figlio dell'arte, così come lo è l'artista. Le loro realtà filiali, però – quella dell'artista e quella dell'osservatore – non sono gemelle, si differenziano nell'attitudine creatrice: l'artista genera in sé (a sua volta genitore, quindi) e dona ciò che dall'arte ha avuto; l'osservatore, differentemente, accoglie in sé ciò che (dall'arte) non ha avuto e, attraverso questo dono indiretto, crea e ricrea in sé le condizioni dell'arte. Genitore "è", infatti, l'arte; che altro? (dal lat. *genĭtrix* (o *genĕtrix*) -icis; v. genitore). L'artista – quindi l'artefice (dal lat. *artĭfex -fĭcis*, comp. di *ars, artis* «arte» e tema di *facĕre* «fare») figlia e figlio dell'arte – "è" il dono stesso; perché, se l'artista può ricevere dall'arte il dono della creazione, questo è possibile soltanto comprendendo che questo dono può essere ricevuto unicamente da chi, prima ancora di

essere generato, era già nell'arte (nell'artificio creatore, nel logos).
Il lavoro dell'artista è un "dire", è un "discorso" (dal lat. *discursus -us*, der. di *discurrĕre* discorrere); il suo "dire", è reso possibile da una "parola" che è altra rispetto a quella del linguaggio comune: la parola con cui l'artista compone il suo discorso, è il logos: cioè il "luogo d'origine". Dal logos, come dall'arte, hanno origine le "cose".

Posando lo sguardo sull'insieme dell'opera di Simonetta Baldini (quella a me nota, chiaramente), mi sembra che quanto qui sopra esposto (con riferimento implicito alle "tendine" e a *don't stop*, ma non solo) ci consenta, per estensione, di cogliere un aspetto comune a tutte le singole opere: e cioè quel rapporto con la luce (riflessa, emanata, scaturente, sorgiva...) intesa quale risanamento e unione di tutti gli elementi della vita, sia quelli interiori (invisibili, intuibili, empirici) sia quelli esteriori (visibili, tangibili, dimostrabili, accertabili, razionali e sistematici).
Luce e vento, mi sembra questo il binomio più originale e autentico dell'opera di Simonetta Baldini. Un binomio che testimonia (e ne è metafora) di una ricerca che è sguardo profondo sulle differenze degli stati d'animo della materia: duro e morbido; dïafano e opaco; ruvido e lucido; affioramento e inabissamento; innalzamento e abbassamento; increspamento e distensione.
Indifferentemente dall'opera di Simonetta che osserviamo, avremo sempre la chiara percezione di una comunione tra cielo e terra, tra consistenza e inconsistenza; una aspirazione a porre in essere un "oltre in Terra"; gioia e mistero, ma anche gioia del mistero. E, ancora: mistero svelato, ma anche mistero voluto e insoluto. Perché, in ultimo, nel nostro percorso umano, ciò che resta avvolto nel mistero – un mistero che può risultare dolce o aspro, a seconda del nostro atteggiamento – è proprio la vita. E, mi sembra, che proprio la vita sia l'essenza stessa dell'opera di Simonetta Baldini. Come se lei avesse voluto non realizzare un'opera, una scultura, un dipinto o una scenografia con un valore per sé, a sé stante e dall'opera stessa inscindibile, quanto piuttosto che avesse voluto dare visibilità alla vita nel suo complesso quasi a prescindere dall'opera intesa quale oggetto; non, cioè, la vita intesa come l'esserci (il nostro) nel mondo, bensì l'esserci stesso del mondo. Un'opera che va oltre l'opera, in quanto sia semantica (dal fr. *sémantique*, che deriva dal lat. tardo *semantĭcus*, gr. σημαντικός «significativo», der. di σημαίνω "segnalare", "significare"), cioè tesa a determinare un sistema predefinito di simboli, sia asemantica, priva, quindi, di riferimento a un sistema di simboli semantici precostituito. Questa completezza, derivata dall'unione degli opposti (semantico, asemantico), dà origine a quel cosmo (cioè l'universo uscito dal caos che ha trovato un suo ordine) a cui accennavo al principio di questo mio breve discorso.
La sospensione della tendina nel pieno/vuoto dell'esistenza, mi sembra

emblematica di tutta l'opera di Simonetta Baldini. Talvolta, questa tendina è una grossa tenda riconoscibile, seppure in assenza di questa, come posta dinanzi a una finestra; questa finestra, però, non è immaginaria: è, appunto, assente. Simonetta non intende, m'immagino io, raccontarci di una figurazione "a telaio" che da un luogo chiuso si apra al visibile esterno, bensì, così mi sembra, di un coesistere dell'interiorità (non visibile, non dimostrabile sistematicamente) con la concretezza visibile delle cose: non una tenda che sia preludio a una finestra su ciò che sta fuori di noi, quanto piuttosto una tenda che è immersa (e parte) di ciò che sta fuori di noi. L'interiorità, però, "è" parte del mondo; l'io più riposto, segreto, è già nel mondo e manifesta se stesso quale tenda che sia "non" separatrice di realtà, bensì "nella realtà". La tenda non separa, dunque, ma nemmeno unisce, con la sua presenza; il suo significato, il suo valore semantico consiste proprio nell'esserci "con"; nell'esserci insieme, e non separatamente. A ben vedere, questo vale per tutte le relazioni tra interiorità e realtà/natura "esterna": vale per le relazioni umane; vale per relazioni tra gli elementi; vale nel più vasto contesto dell'universo. Tutto, sia questo nascosto o evidente, "è" nell'altro e "non" lo separa. Inoltre, la tenda – questa riflessione ci sovviene osservando la più piccola delle tendine sospese di Simonetta – è l'individualità, la "persona". Persona: dal lat. *Persōna;* probabilmente di origine etrusca, forse con il significato di "maschera teatrale"; successivamente assunse il significato di "individuo" (dal sesso non specificato), e di "corpo". Simonetta dilegua, dissolve o, meglio, risolve il dilemma umano della maschera; giungendo con la sua opera a un'individualità senza schermaglie; e questa, è un'operazione sia semantica sia asemantica.

L'esserci, per Simonetta Baldini, sembra, inoltre, essere una condizione di "sospensione"; la nostra stessa vita, sembra volerci dire Simonetta, è sospesa tra un prima e un dopo di cui non abbiamo memoria né veggenza... ma che "è" in noi.

Concludo con una poesia (che scrissi anni or sono), perché avverto in questi miei versi una vicinanza con alcuni aspetti dell'opera di Simonetta.

BIANCA LA LUCE DELLA SERA[1] (2014)

Bianca la luce della sera
tra le maglie della tenda
in un docile chiaroscuro

---

[1] Bianca la luce della sera, in *Alessandro Chiodo L'IGNORANZA DEL POETA poesie 2018 – 1994*, a cura di Delfo Cecchi, 2018, p. 25

s'avanza sulle cose della vita

cose di cenere e luce.

S'attarda lieve un pensiero
si dilunga una memoria vaga
sul tavolo gli oggetti consueti
si animano d'una sera eterna

nella luce senz'ombra.

BELLEZZA È DONO, VITA È MISTERO *in mancanza dell'uno non si avvera l'altro* DISCREPANZA POETICA

Il sorso che induce alla luce del giorno è un lieve gemito di gioia dell'etere che sui nostri occhi riposa. Bellezza è parola estraniante dalle qualità apparenti della vita e che ci guida ignari verso quelle autentiche e alla vita stessa essenziali.

La bellezza è invisibile a molti; in molti di coloro che non la percepiscono, ho notato gli stessi sintomi: costipazione degli affetti, avidità congiunta a una attenzione estrema per gli aspetti più opportunistici, materiali, e però anche superflui, dell'esistenza; un pervicace accanimento (a me inaudito) nello sforzo di conseguire vantaggi futili e privi di alcun reale significato.

La qualità tra le peggiori che spicca in queste persone è la compiacenza verso se stessi, che non è da confondersi con un sentimento di amor proprio; si tratta di vera e propria compiacenza illusionistica che rasenta il delirio, la percezione di sé quali persone superiori ad altre e, peggio del peggio, con "diritto" ai privilegi acquisiti. L'esistenza di queste persone è, per l'appunto, una *esistenza*, di certo non è "vita". Qualunque cosa o organismo esiste ma il fatto che esista, e sussista, non è prova dell'effettività della sua vita. Da vita passiamo a vitalità, cioè a quell'attitudine che rende l'uomo consapevole della propria vita nell'armonia del tutto: attitudine ormai rara tra gli esseri umani, per quel che posso vedere io nel mio limitato e circoscritto orizzonte se confrontato con le molte persone – alcuni miliardi – che popolano il pianeta. L'essere umano che vive in assenza di armonia, può difficilmente accedere alla bellezza. Per questo non la scorge quasi mai là dove questa, secondo alcuni presupposti culturali e paradigmatici della cultura stessa, non è da aspettarsi. La bellezza non si può sancire per decreto, neanche per decreto culturale; questa è una illusione: pensare di porre la bellezza nel limitato mondo delle "decisioni" e pretenderla figlia della legislazione.

Una cosa tra tutte è quella che sfugge certamente a tali ordinamenti e vi si sottrae: la bellezza.

La bellezza può essere percepita nel suo verace manifestarsi e nella sua pienezza esclusivamente da chi sia riuscito prima di tutto a concepirla in se stesso, farla crescere fino al punto di espansione al di fuori del *sé*. Costui avrà sicuramente tutti i benefici della bellezza, corre però il rischio di essere attaccato con feroce violenza da alcuni membri del consorzio umano, in quanto incapaci di redimere l'invidia che scaturisce in loro come pure perché inetti alla comprensione e alla accettazione della bellezza (la di lei percezione e visione, la sua stessa intimità) quale dono che sorge unicamente in quegli spiriti che non hanno tradito il mandato principe della vita: la gioia e il rispetto profondi nei confronti del suo mistero.

La bellezza, così come la vita, è mistero: non rientra in una categoria; proprio come non vi rientra il suo ricettore, cioè colui che la comprende restituendola così alla vita dei sensi.

La bellezza è dunque mistero che si manifesta *alla*, e *nella*, vita dei sensi, laddove quest'ultima sia presente e in continuo divenire. Questo ha luogo a seguito (o forse a causa) della natura cinetica della bellezza. Una statua, poniamo a esempio il gruppo marmoreo *Apollo e Dafne* di Gian Lorenzo Bernini, può assurgere a bellezza e venire da lei abitata in quanto mobile nello spazio-tempo.

Infatti, mentre colui che ammirò la scultura del Bernini poniamo quattrocento anni or sono è *nel mio momento di esistenza* ormai da lungo periodo estinto, non lo è la bellezza insita all'opera o che vi abita, sempre pronta e disponibile quindi per il ricettore che saprà sprigionarla dalla scultura consentendole (alla bellezza) espansione in nuova vita.

La bellezza si nutre, forse come un buco nero, di tutto ciò che le si avvicina ed entra nel suo campo di attrazione; il ricettore è fagocitato e non vive che *per*, *in* e *di* lei.

QUIS TE CASUS EXCIPIT?
Apollo e Dafne di Bernini

Bellezza è parola estraniante che risuona nella vôlta della mente, non circoscritta in un pensiero ma libera di vagare in quell'anima che sia altrettanto libera; è difficile coglierla nel suo assunto interiore, così come lo è renderla visibile allo sguardo dell'occhio nella realtà percepita.
Non si ha bellezza, là dove la qualità del visibile non assurga a forma nella qualità *alta* del pensiero, degli affetti e dei sentimenti percettivi.

In principio era il verbo,
e il verbo era presso Dio
e il verbo era Dio.

Questi versi di Giovanni Evangelista *sono* (coniugo qui intenzionalmente il verbo *essere*, preferendolo al più consueto *esprimere*) *bellezza*. Sono, questi versi, dunque, *bellezza*; lo sono indipendentemente dalla lingua in cui sono recitati o letti nel segreto suono degli occhi.

La vôlta della mente è spazio; spazio adiacente a un *infinito della coscienza* capace di bellezza.

Bernini nel gruppo marmoreo "Apollo e Dafne" inclina il verbo alla sua ragione sensuale tendendolo in un arco la cui tensione è limite diluito in un tempo immemore di sé, suscitando – non evocando – bellezza.
Scrivessi io, improvvisando, questi versi che ancora, nell'attimo in cui scrivo queste parole, io non conosco

La mente disorienta
sul limitare d'infinito
tremolio di foglia
avvolta in vaghezza
di sguardo eluso

e che adesso, dopo averli qui sopra scritti, posso leggere, posso farne esperienza, susciterei io bellezza?

Ora conosco questi versi che innanzi pensarli e scriverli non conoscevo perché non ancora evoluti nel cogito, non ancora suscitati a vita nel mondo infinito e inestinguibile delle possibilità di esistenza.
L'esistenza si avvera in un continuo di realtà; la resistenza si annienta o riduce se stessa (e questo progressivamente) nell'attrito tra elementi e forze.

Una resistenza non è mai *vita*; non suscita vita così come non la contiene.

Fosse la vaghezza una stravaganza, non condurrebbe a bellezza. Vaghezza è interiorità e unità nella libertà degli intenti.

Apollo e Dafne nell'immaginazione di Gian Lorenzo Bernini sono interiorità e unità nella libertà degli intenti.
Dafne è bella perché colta in un attimo di vita che è prima e dopo il momento. La sua bellezza è anche la fuga dal desiderio altrui; è dramma d'intenzioni che la sospingono a sua insaputa verso nuove forme di vita.

Dafne non esercita resistenza, non si oppone ad Apollo, gli si pospone proponendosi alla fuga. Gian Lorenzo Bernini realizza così un'opera in continuo movimento.
Camminando intorno al gruppo marmoreo ci accorgiamo di come l'artista sia riuscito a non chiudere l'azione in un momento, lasciandola per l'eternità in divenire.
Bernini non risolve l'azione, la lascia accadere al di fuori delle percezioni e misurazioni cronologiche e temporali. Il dinamismo è proprio del continuo divenire di ciò che è. Il pensiero da quest'opera in me suscitato è che nell'universo, nel *tutto*, a noi conosciuto o sconosciuto, non vi è possibilità di *non-esistenza*. Diversamente detto: non si dà possibilità di *non-esistenza* o, ancora, non vi è *spazio* per la *non-esistenza*.

DIVAGAZIONI SULLA POESIA DI GIOVANNI CAMERANA

Sul cretoso declivio a piombo sfolgora
Il sol meridiano;
Profilo giallo che spicca in sul diafano
Orizzonte lontano

Così luminoso è il principio di un bel componimento di Giovanni Camerana, poeta tra i più significativi e tra i più dimenticati. Generalmente lo si inquadra negli sviluppi della poesia scapigliata del Praga e del Boito (Arrigo), che conobbe personalmente.
Al Camerana si attribuisce un piglio più "moderno" rispetto ai poeti della Scapigliatura, intendendo con questo che la sua poesia – per un lettore abituato e formatosi alla lettura di testi novecenteschi – risulta più domestica e affine al gusto. Sono questi i limiti della critica che tutto vede in via esclusivamente, o quasi, competitiva e legge e interpreta l'arte e la letteratura come se queste tendessero per loro natura congenita ad assimilarsi agli echi dell'ultima tendenza o moda culturale. Spariscono quindi quei grandi poeti e artisti che per il gusto corrente non sono più "attuali", mentre assurgono alle vette più alte dell'accettazione, indipendentemente dal loro valore più intrinseco, quelli ritenuti affini a detto gusto. Come se le questioni di importanza fossero questioni d'aroma aggiunto; infatti, la critica come l'industria alimentare, per solito ha bisogno di additivi per i suoi prodotti. Potremmo porci la domanda più semplice: chi sono questi critici, da dove vengono? Spesso si formano nelle università, che sempre più si trasformano in un proseguimento delle scuole medie, dove hanno ricevuto in pastoia non il bene delle scienze naturali e di quelle umanistiche, bensì un insegnamento lassista poco atto a scoprire, cogliere, valorizzare e far emergere quegli spiriti profondi di cui tanto ha bisogno la società (al contrario, sono proprio i mediocri che nel sistema universitario trionfano e che faranno poi carriera); poco atto anche a suscitare i voli dell'intelligenza e altrettanto poco utile, sia alla società tutta che all'arte e alle scienze.
Forse qualcuno dei miei buoni lettori si sarà scandalizzato nel leggere "scienze naturali". Precisiamo subito: tutte le scienze sono naturali, dacché tutto ciò che accade, sia per mano dell'essere umano che per quella della natura nell'accezione più recente del termine, è fatto "naturale". O vogliamo forse asserire che il filosofo che pensa intorno al concetto di etica, poniamo Aristotele, sia "innaturale"? Vediamo noi forse con i nostri occhi l'ossigeno che la pianta restituisce di giorno e l'anidride carbonica che produce nelle ore notturne? No, non le vediamo. Anche il pensiero quindi, seppur invisibile nei suoi processi, è un fatto naturale. Tutto, ripetiamo, è naturale perché tutto è nelle possibilità di natura e della natura. Pertanto, non può darsi scienza che non sia naturale e non può darsi

pensiero che nel suo svolgersi prescinda dal dato di natura o naturale. Non voglio qui redimere la questione millenaria del "cosa è natura", concetto vasto ma pur semplice, perché io di questa precisazione ne opero un uso contestuale al discorso e a questo opportunistico: la critica letteraria e artistica è, soprattutto nel nostro tempo, di scarso livello perché reclusa(si) in orti stretti dove la terra ha perduto l'humus e non è più capace di rigenerarsi e la vegetazione, gli ortaggi, crescono malaticci e recano poco frutto.

Tornando al Camerana, è giusto ed è vero asserire che è poeta interessante, ma non lo è se lo si dice solo in quanto la sua opera ben si addice al nostro gusto e consenso: se la poesia del Camerana è di qualità, quindi importante per l'educazione agli affetti e ai sentimenti dell'intelligenza, lo sarà sempre indipendentemente dal gusto corrente o comunque da quello dell'ultima "società" che si trova a leggerlo. Naturalmente, trattandosi di poesia, questo discorso vale nel contesto linguistico (e non nazionale, perché chiunque padroneggi la lingua può entrare in contatto con la sua opera, anche se non collegato al tessuto culturale nazionale).

La poesia è infatti, lo dico ottimisticamente, poco traducibile; questo è vero quantomeno quando la traduzione è rivolta verso una lingua che sia parte di un altro gruppo linguistico con poca, limitata o nessuna parentela con la lingua fonte.

Camerana è poeta importante, anche ma non solo, perché in lui, nella sua opera, la *bellezza è parola estraniante*.

Sul cretoso declivio a piombo sfolgora
Il sol meridiano;

Osserviamo ora più attentamente, in una lettura approfondita, il cominciamento della poesia posta in calce a questo scritto: è prima di tutto interessante notare che il componimento reca la dedica "a Vittorio Avondo", che era un pittore; e pittore lo fu anche il Camerana (e di pregio, secondo i miei criteri). È interessante per diversi aspetti, quelli più noti che la critica ha sempre rilevato, quel pittoricismo di certi suoi versi, e per altri meno indagati: il fatto che in un individuo nel quale si diano più "inclinazioni" (nel caso del Camerana: ottimo giurista, pittore e poeta quantomeno) sia presente una capacità di pensiero "altra", e che forse esula, da quella presente nella maggiorparte degli individui. Il Camerana, voglio dire, non è semplicemente un buon verseggiatore. Quasi nessun poeta d'importanza è semplicemente un buon verseggiatore; il Camerana è un essere umano dotato di un'attenzione particolare nei confronti della "natura delle cose", un bel "De rerum natura". Cosa voglio dire con questo? Che il Camerana possedeva un vasto spettro di interessi e un'intelligenza pronta a cogliere e indagare le "cose" che abitano *i* e *nei* diversi aspetti della natura e che pure si principia a collegarle tra di loro.

Sul cretoso declivio a piombo sfolgora
Il sol meridiano;

per formulare una percezione in tale modo bisogna necessariamente avere in sé un alto grado di comprensione della vita e dei suoi fenomeni. Oppure, caro Lettore, ti sembra banale scrivere *Sul cretoso declivio a piombo sfolgora / Il sol meridiano*? Non credo che ti sembri banale, perché ti stimo, caro Lettore, altrimenti non starei qui a impregnare l'etere delle mie considerazioni.

Sono versi maestosi perché fanno di un "nonnulla", di una cosa che ai nostri occhi non ha forse alcun valore né significato, un "evento". Di fatto, il poeta sta parlando di un burrone, di una crepa nella terra, di un argine fangoso o quanto meno instabile e posticcio, di terra brulla dove forse cresce poca erba a rivestirlo per i nostri occhi disabituati al vero naturale e di natura. Eppure, Camerana non sta scrivendo un testo "realistico", intendendo io con questo aggettivo l'accezione che di questo si è consolidata nella critica storico-socioculturale. Ben altro sta qui accadendo, in questi versi: il poeta vede la *bellezza* del creato, e più avanti nel componimento anche quella delle creature. È colmo di stupore per la verità di ogni granello o corpuscolo che compone l'universo, sia esso visibile o invisibile. Il poeta non può vedere la luce, che è *visibilità*, ciò che fa sì che lui possa vedere ciò che vede; non questo vede il poeta, bensì gli effetti "naturali" e "ottici" della luce: *sfolgora / Il sol meridiano*; e dove sfolgora questo Sole? *Sul cretoso declivio a piombo sfolgora*. E subito ci restituisce la visione che si apre e si fa spazio nella sua mente: *Profilo giallo che spicca in sul diafano / Orizzonte lontano*. Ecco rivelato anche quel che il poeta concretamente vede: *Profilo giallo che spicca. Che spicca*, quindi anche "che appare". E dove appare? *Sul diafano*. Quindi sul "limpido", sull'"opalescente", "trasparente" *orizzonte lontano*. Prosegue poi il poeta nella restituzione della sua "visione", del suo pensiero, direi della sua "meditazione" sulle cose *della* e *di* natura:

Tanto azzurrino è il cielo e tanto limpido
Che lo diresti nero;

Non so tu, lettore, ma io rabbrividisco innanzi tanta bellezza. Il cielo è così puro, chiaro, innocente, luminoso nel suo mostrarsi *che lo diresti nero*. Comprendi tu ora lettore perché io sostengo che *bellezza* è parola estraniante?
Nero: questo è proprio un verso che contiene una restituzione della percezione del poeta che definire molto particolare è poca cosa. Nero, infatti, appare all'essere umano ciò che questi osserva in assenza di luce. È la luce che ci consente di "vedere" i colori. In assenza di luce i colori nella nostra percezione non esistono.
Il nero è, come il bianco (ma per motivi diversi), un non-colore: non

restituisce luminosità, assorbe la luce. È acromatico. È frutto della sintesi sottrattiva di tutti i colori (o dei primari); nei codici delle diverse tabelle dei colori, relative a diversi sistemi, è spesso identificato con il numero 0 (zero); si prenda ad esempio il sistema più diffuso per la stampa tipografica offset (ma non solo), il CMYK (sintesi sottrattiva) nella sua rappresentazione canonica: C=0 M=0 Y=0 K=100 oppure ideale C=100 M=100 Y=100 K=0 o nella sua variante "registration black" C=100 M=100 Y=100 K=100, dove C sta per cyan, M per magenta, Y per yellow e K per blak. Oppure il modello RGB (sintesi additiva): R=0 G=0 B=0, dove R sta per red, G per green, B per Blue.
Come possiamo notare dagli esempi proposti, la restituzione del nero nella stampa offset (quella basata su CMYK) o in molti sistemi video (RGB), è data da valori estremi (minimi e massimi): 0 o 100 (su una scala da zero a cento).
Torniamo al Camerana.
Il fatto che nel suo componimento il cielo sia tanto chiaro e limpido da sembrare, apparire, nero non è certo solo in funzione della rima (vedremo distico successivo).
Il poeta vuole mostrarci quasi il suo "sconforto-gioia" difronte a fenomeni (quello della luce, della atmosfera, della percezione, della vista) che lo "sovrastano"; che sovrastano sia gli "affetti" che la "ragione"; il poeta si trova innanzi a un fenomeno che è radicale nella sua sostanza e che gli lascia presagire una realtà altra, più vasta di quella offerta ai sensi e alla percezione; una realtà a lui celata e ancora più radicale dei fenomeni che gli è dato di afferrare e, se pure non nella loro completezza, di comprendere.

Così continua la poesia:
Baccanal di cobalto, ampia vertigine
Dell'occhio e del pensiero

Spero che a nessuno venga in mente di supporre che quel "nero" del verso precedente sia stato scritto dal poeta esclusivamente per ottenere una bella rima con "pensiero".
Detto questo, leggendo i versi ora proposti, risulta chiaro tutto quello che abbiamo sostenuto finora; si legga: *ampia vertigine / Dell'occhio e del pensiero*.

Poi il poeta conclude la sua visione; un monello fa la sua comparsa, sicuramente conosciuto all'autore perché lo chiama con il nomignolo vezzeggiativo "Beppo":

Beppo, il monello, sul clivio s'arrampica
La sua camicia brilla
Come neve. Io lo guardo, egli mi abbaglia...

Tutto esulta, sfavilla.
La sua comparsa riconduce il poeta alla realtà tattile e visiva. È ancora la luce, la luminosità di una camicia che brilla come la neve che lo abbaglia proprio come nel principio del componimento *sfolgora / Il sol meridiano; / Profilo giallo che spicca in sul diafano / Orizzonte lontano*.
E chiude il poeta con questi versi: *Io lo guardo, egli mi abbaglia... / Tutto esulta, sfavilla.*

Il poeta è abbagliato dalla presenza/figura del monello. Lo abbaglia la sua luce interiore di monello giocondo e ilare, forse anche un po' impertinente; e *tutto esulta*, è la vita che trionfa e *sfavilla*.

IMAGO HOMINIS: TUTTA L'ANIMA MIA ERGESI A TE
La spiritualità di Giovanni Camerana, in sei versi.

Una condizione di smarrimento terreno, di disagio e di incertezza, cui si accosta, frappone e mischia la consapevolezza di una realtà altra, non visibile, apparentemente lontana, eppure già in noi... Abita il pensiero del poeta, l'immagine di una salvezza biblica, quasi veterotestamentaria, che in lui e da lui si erge al Padre. Un Padre che sembra essere quello evocato nel libro dei Salmi. Un salmo, un anelito alla speranza, lo è, per intero, questo breve componimento di sei versi costituito di due terzine di endecasillabi, di cui il primo tronco. Le rime stesse, notiamo, disegnano quel movimento ideale di ascensione a una realtà ancora inedita, metastorica, con conseguente discesa a quella storica del vivere quotidiano: ABC CBA. Potremmo immaginarci che questo movimento a onde ascendenti e discendenti non abbia né principio né fine: Il verso di apertura, *Tutta l'anima mia ergesi a te*, è anche il verso di chiusura di questa breve certezza destinata a trovare un luogo di eternità nell'animo del poeta. Sarà interessante per il Lettore notare una piccola curiosità forse figlia del caso, per chi al caso credesse: leggendo le due ultime lettere di ciascun verso della prima terzina si forma la parola *tesoro*. Lo stesso accade con la seconda terzina, invertendo l'ordine di lettura.
Leggiamo, ora, una volta per intero il componimento:

Tutta l'anima mia ergesi a te!
Come all'altar la nuvola d'incenso,
Come dai boschi la gran luna d'oro,
Come al trono del Padre il santo coro,
Dal buio abisso, dal deserto immenso,
Tutta l'anima mia ergesi a te!

È un testo di matura scienza poetica, che non rinuncia alla bellezza nel trattare l'ansia dell'anelito, bensì la accentua. La bellezza cui il poeta tende, non è qui di origine sensuale: è un salmo, è un testo "sacro", questa poesia; e il poeta desidera che questa sua meraviglia, questa sua immagine interiore, questo suo anelito non sia sminuito dall'intervento di un'*imago hominis* che fosse riconducibile alla sensualità erotica della vita terrena, quel desiderio dei sensi tangibile nel semplice disegno *imaginifico* di una mano che afferri la carne di una coscia all'innesto dell'inguine.
Giovanni Camerana, frequentemente, nelle sue poesie riconduce la sensualità dei corpi che si attraggono alle forze della natura, intesa queste quale paesaggio campestre. Le sue visioni paesaggistiche, dai toni foschi, umidi e talvolta velati da coltri di dolorose nebbie interiori, contengono in sé, e talvolta bloccano, una pulsione sensuale e sessuale enorme. Questo suo salmo, questa sua poesia di ascensione e di ritorno alla patria

terrena, è un canto umile e breve che il poeta dedica a se stesso e a "colui che è": il Padre. A lui, al *Padre*, ci spiega il poeta, tendono, accorrono, *il santo coro, la gran luna d'oro, la nuvola d'incenso*, e lo fanno, questo, *dal buio abisso, dal deserto immenso*. Tutta l'anima – quella del poeta, delle cose esistenti, di ciò che è corporeo e di ciò che è etereo – si erge al Padre dalla sua "abitazione" reale o visivamente composta: la luna dai boschi; così come all'altare (presenza del Padre nella sua "casa terrena", la Chiesa) tende *la nuvola d'incenso* (l'aspirazione umana di poter ascendere a una dimensione di salvezza); al Padre si recano le cose *dal buio abisso* e *dal deserto immenso*; e *il santo coro* – ciò che al Padre è senz'altro più vicino di quanto lo sia il Poeta nel suo sentire – tende, guarda, si approssima, si erge al suo trono.

Il *buio abisso* e il *deserto immenso*, potrebbero significare, per il poeta, il luogo dell'ignoranza primordiale nella quale noi ancora ci troviamo; il buco nero di cui noi nulla sappiamo. È la preghiera di chi, dal tempo storico, dalla "storia" tende a una dimensione altra, una dimensione di vita che non conosca le imperfezioni, i drammi, le commedie, le gioie e i dolori che sono la sostanza tangibile dell'esperienza di vita terrena e terrestre. Il buio immenso, il poeta lo sentiva, lo stringeva sempre più in vicoli di disperazione da cui lui non era capace di uscire. Il suicidio, l'ultimo gesto della sua vita, ci fa intendere come e quanto questo *buio abisso* tormentasse la mente (quindi il cuore) del poeta. Il *deserto immenso*, questa nostra Terra che per Camerana aveva assunto le dimensioni enormi del regno dell'incomunicabilità, rappresentava per lui disagio e solitudine. Un deserto ancor più grande, se il poeta se lo raffigurava come rapporto tra la dimensione universale, incommensurabile e sconosciuta, e quel microcosmo apparentemente ordinato rappresentato dal Sistema Solare. Ovunque il poeta volgesse il suo sguardo, l'impossibilità di una salvezza che fosse fuori di quella offertaci dal Padre, quindi dal Creatore di tutte le cose, gli si mostrava nella sua ruvida realtà come un'evidenza innegabile.

Giovanni Camerana (1845 – 1905) non fu soltanto poeta "magistrato" (fu questo il mestiere da lui esercitato a seguito della laurea in Giurisprudenza che conseguì presso l'Università di Pavia), fu anche pittore e, nell'ambiente della cosiddetta Scapigliatura entrò in contatto con altri poeti-pittori, individui eterodossi come lo era lui: e, ancora, fu amico del poeta-librettista Arrigo Boito e di pittori-pittori come Fontanesi e Delleani. È questo l'ambito culturale in cui Camerana maturò la sua vena poetica e artistica in senso più ampio: un'Italia settentrionale che aveva raggiunto, dopo tanti drammi e tante lotte, la desiderata unità; e, se pure l'Italia, adesso, fosse, geograficamente, una Nazione apparentemente completa, ciò nonostante la sua anima, la sua cultura e la sua lingua non erano ancora unite: erano molteplici e disparate. L'Italia era un contenitore bello e drammatico di realtà in certi casi radicalmente differenti e distanti tra loro. Tutto ciò contribuiva a entusiasmare ma anche a disorientare quei giovani artisti e intellettuali che proprio in quegli anni si stavano formando una coscienza etico-artistica e una possibile idea di esistenza.

Giovanni Camerana è senza dubbio un poeta di rango, probabilmente uno dei più interessanti della sua generazione così come di tutta la seconda metà dell'Ottocento italiano. Sinora, pochi e smilzi sono gli studi dedicati alla sua opera, e difficilmente reperibili le raccolte dei suoi versi. Urgenti sono, per tanto, quegli studi volti a una maggiore conoscenza della sua vita e del suo ambiente storico, letterario e artistico nel panorama della cultura italiana settentrionale e di tutte quelle influenze d'oltralpe che in questa sono confluite. Chiara mi sembra, già adesso, la dimensione ampia della sua poesia così come la modernità indiscutibile del linguaggio e dei contenuti, elaborati, questi ultimi, alla luce di una personalità poetica autentica e di una individualità che ne è la cifra più alta e distintiva. Camerana scrisse i suoi versi negli stessi anni in cui Carducci approdava ai suoi risultati lirici più alti, ed era uomo già maturo quando Pascoli e d'Annunzio offrirono ai Lettori le loro novità linguistiche e d'intenti. In questa triade di "grandi", Giovanni Camerana si pone come una voce dal timbro unico, originale e, per la "serenità" dell'espressione e la scioltezza linguistica, unica. Il suo ricondurre la realtà visibile e quella dei sentimenti e delle percezioni a una "visione" lirica distesa, quieta nella sua inquietudine e intima nel suo sentire, quasi fosse quella realtà la "casa" del poeta stesso quel mondo da lui rappresentato ed evocato nei suoi versi, è segno sicuro e indelebile della sua originalità poetica. Ciò che colpisce nella sua opera, è la mancanza di quell'enfasi retorica, demagogica e sentimentale che ritroviamo in molti poeti o, comunque, letterati del suo tempo. Sembra che per Giovanni Camerana, il tempo sia una realtà indistinta, innestata nell'eternità di un breve accadere. È il raggio di sole che traccia, delimita, disegna e conforma alla luce l'ombra e quella a questa.

DISCORSO SULLA BELLEZZA COME PAROLA ESTRANIANTE NELLA POESIA: *NELL'ESEMPIO DI GIOSUÈ CARDUCCI*
per una bellezza degli affetti

Nel solitario verno de l'anima
spunta la dolce imagine,
e tocche frangonsi tosto le nuvole
de la tristezza e sfumano

Sono questi i versi della prima strofe di *Sole d'inverno*, una poesia del Carducci maturo, del 1882.
Bellezza è anche in questo caso parola estraniante.
Si parla dell'inverno dell'anima e, per farlo, il poeta si richiama all'inverno climatico. Tutto questo non è rilevante; è qualcosa che i poeti "sanno fare". Quello che qui è d'importanza, è che la bellezza che scaturisce dalla lettura di questi versi – e che avvolge di sé il lettore sensibile e aperto alla ricezione – è di una qualità rara nella storia della poesia (quantomeno quella di cui ci occupiamo qui prevalentemente, quella in lingua italiana).
È questa *dolce imagine* che contiene in sé ed emana da sé il mistero di questa poesia e della sua bellezza. Nel testo della poesia il poeta non rivela mai quale che sia questa *dolce imagine*. Solo nel titolo troviamo il probabile soggetto/oggetto: il Sole. Eppure, io sono propenso a intendere che qui il poeta nel titolo volle semplicemente "giustificare" il suo cantare, dargli una base solida su cui poggiare affinché anche le menti meno estrose accettassero infine il suo canto. La *dolce imagine* che nel *solitario verno de l'anima spunta* nella mente, nella fertile immaginazione e nell'interiorità più profonda del poeta, è la poesia stessa.
La poesia come un raggio di Sole è finalmente rinvenuta alla sua mente, l'immaginazione del cantore ha ritrovato le sue ali e questo lo conforta, conforta il poeta che temeva forse di essere stato abbandonato dal dono più grande, forse l'unico che gli consente di sopportare le vicissitudini della vita.
Sole d'inverno è poesia profondissima e di bellezza amorosa e ricca di affetti. È commovente come il poeta descrive il suo sorgere, bella e potente come il Sole:

spunta la dolce imagine,
e tocche frangonsi tosto le nuvole
de la tristezza e sfumano

e prosegue poi stupendo per la meraviglia che si è verificata in lui, che lo accende a nuova vita, nuova speranza:

Già di cerulea gioia rinnovasi
ogni pensiero: fremere

sentomi d'intima vita gli spiriti:
il gelo inerte fendesi

qui il poeta ci consente di convivere l'attimo di stupore e gioia che lo colma nel percepire e verificare in se stesso gli effetti del risorgere di poesia in lui. È poesia tra le più alte nella letteratura italiana. Raramente un poeta è riuscito a restituire al lettore un sentimento di grazia così raffinato e sensibile, rendendolo accessibile e a preservare comunque la sua forza, la sua irruenza di poeta tutto rivolto alla vita e al suo continuo sorgere e rinnovarsi. Non stupirà apprendere che io stimo il Carducci quale una delle vette più alte della poesia di ogni tempo (e non solo di quella nazionale).
Quando confesso questo mio amore e questa mia stima, capita a volte che mi si dica quel che la vulgata insegna: "*Carducci, è risaputo, è un poeta ormai dimenticato perché la sua poesia non riguarda più l'uomo moderno e perché la sua lingua è illeggibile*". Questa è, più o meno, la vulgata che va per la maggiore, come si suol dire.
Difronte tanta grettezza, banalità, ignoranza, povertà di spirito e assenza di raffinati sensi, non provo più nemmeno un brivido di stupore o di ribrezzo; so tutto, conosco la volgarità, non mi è ignota la condizione umana in cui versano i cosiddetti intellettuali. Forse potrei, come accade al Giovanni dell'Apocalisse, testimone di quella grande tristezza, piangere anch'io nel vedere che nessuno è capace di rompere il sigillo e di leggere nel libro della vita.

*

Visione è il titolo di una poesia che Carducci scrisse nel 1883, composta da due quartine e due terzine; è inserita nel terzo libro della silloge *Rime nuove*. A differenza che in *Sole d'inverno*, dove il Sole, esplicitamente, si trovava solo nel titolo, qui viene posto in apertura e in chiusura della prima quartina, per non ripetersi più:

Il sole tardo ne l'invernale
Ciel le caligini scialbe vincea,
E il verde tenero de la novale
Sotto gli sprazzi del sol ridea

Siamo difronte a quello che possiamo definire un paesaggio di natura. Tutti gli elementi sono presenti: il Sole, la stagione, la nebbia, il campo fresco dopo il rinnovo (l'attesa di un anno, affinché si rigeneri la fertilità del terreno). La prima strofe non sembra rivelarci altro riguardo ciò che muove il poeta al canto. Prima di guidarci nel folto delle sue meditazioni e dei suoi dubbi, il poeta vuole forse condividere con il lettore la bellezza che lui percepisce in quel paesaggio. È un *sole tardo* invernale, quello che si apre la strada verso le deboli nebbie, *le caligini scialbe*, per rallegrare il campo sottostante, fresco d'erba. È una generosità del poeta verso se stesso ma anche nei confronti dell'umanità. Il poeta sente l'urgenza di comunicare quell'amore che la *bellezza degli affetti*, cui lui sta innanzi e percepisce, risveglia nel suo sentimento.

Solo dopo averci regalato lo slancio della sua *Visione*, Carducci ritiene di entrare nel merito di quel che gli sta a cuore, che gli preme:

Correva l'onda del Po regale
L'onda del nitido Mincio correa:
Apriva l'anima pensosa l'ale
Bianche de' sogni verso un'idea

La seconda quartina, oltre a renderci subitanea l'altezza cui il poeta sa volare, ci conduce là dove il poeta desidera crogiolare il suo affetto. E come ci conduce? Nel più gentile e raffinato dei modi; ci immette nel flusso del fiume, ci affida alla forza della sua corrente, passando da uno all'altro fiume per magia poetica, ed eccoci al punto, che il poeta evidenzia mediante l'uso di una pausa riflessiva marcata dai due punti (:), e qui non più il fiume scorre, bensì l'immagine di cui il poeta è capace *Apriva l'anima pensosa l'ale / Bianche de' sogni verso un'idea*. L'anima che medita apre le ali bianche al volo dei sogni, della visione che conduce all'idea; che è già idea, lei stessa (la visione, quale immagine senza memoria; immagine che non reca immagine).

Con le terzine comincia la riflessione che segue allo slancio:

E al cuor nel fiso mite fulgore
Di quella placida fata morgana
Riaffacciavasi la prima età

un miraggio gli si pone quale impeto gentile che gli apre agli affetti la sua giovinezza. È una visione amica, che non minaccia, anzi:
Senza memorie, senza dolore,
Pur come un'isola verde, lontana
Entro una pallida serenità

È questa la terzina conclusiva della poesia. Come solo Carducci tra i poeti è capace, un misto di accettazione della vita e di comprensione del suo incanto, permane alla lettura. Prevale un sentimento di lietezza delicata, *mite* appunto come il *fulgore* di quel miraggio che è *la prima età*. È un affetto quell'idea di cui ci parla il poeta sul finire della seconda quartina: b*ianche de' sogni verso un'idea*.

Bellezza è qui parola estraniante degli affetti. È quindi una poetica degli affetti, quella che muove il poeta, mescolanza di stupore rinnovato innanzi agli splendori degli effetti naturali, sì, ma pure di quelle sostantivazioni di cui la natura è capace. Sembra in questo suo cantare, il poeta, percepire ancora una volta (gli capita spesso) l'unione della poesia d'ogni tempo; come se fosse per un attimo – è forse questo il miraggio, la visione? – non più nel suo tempo culturale ma in un altro, forse a lui per sentimento e per affetto più consono, nel cinquecento; quel XVI secolo così ricco di azione, sentimento e affetti nel segno maestoso e trionfante della poesia. Il cinquecento è forse veramente il secolo più affine al Carducci; fors'anche è quello il secolo che lui, in segreto (seppur nelle sue prose saggistiche non nasconda l'ammirazione per quel tempo di rinascita letteraria), nel riposto del suo cuore, là dove l'intelletto più gli si muove, ama.

ANCORA SU CARDUCCI
vaticinio letterario e poetico

Giosuè (o *Giosue*) Carducci è poeta tra i pochi, pochissimi grandi. È cosa noiosissima leggere in pressappoco tutte le prefazioni, introduzioni, saggi o altri interventi critici, la solita solfa trita e ritrita del Carducci poeta amato e diffuso negli anni di sua vita, caduto però poi subitaneamente, pesantemente, nel baratro della dimenticanza forse ancora prima che la morte naturale concludesse il suo percorso terrestre. Carducci non è e non lo è mai stato, poeta di moda. La sua poesia non ha perso di valore, ha forse perso i lettori. Ma di quella razza di lettori ne avrà avuto massime due o tre dozzine in vita, come del resto tutti i grandi poeti; e come quella di tutti i grandi poeti anche la sua opera è poco letta.
O qualcuno vorrebbe venire a dirmi di essersi letto veramente la *Gerusalemme liberata* negli ultimi, poniamo, vent'anni? Che venga da me, allora, che ne discutiamo i versi di quella meraviglia scritta da Torquato Tasso... come quella pargoletta mano... ma non è l'ignoranza altrui che m'interessa, meno ancora quella mia, soprassediamo. Quello che m'interessa è poco ed è semplice: la poesia è vetta e traguardo rispettivamente dello spirito e della effigie.

Giosue Carducci è in tutto e per tutto un grande poeta e chi sostiene il contrario lo fa per politica, per partito preso e, non in ultimo, perché come anche di altri poeti, di lui pure non ha letto niente e si accoda al grande coro della vulgata che detta a gran voce chi ha diritto di residenza e chi no. Passiamo ad altro e non impantaniamoci in certe vicende meschine.
Troppo frequentemente accade che l'insegnamento universitario, tranne che in alcuni casi eccellenti, sia fautore d'ignoranza: si respira una decadenza, una estinzione progressiva della cultura viva e vitale; è pur chiaro che una condizione simile non può prolungarsi nel tempo senza procurare danno. Di tutto questo i responsabili non sono necessariamente i docenti, ma il sistema in sé, così com'è oggi strutturata, l'università è una menzogna.
Questo è però un discorso complesso che è inutile trattare in questo scritto. Procediamo, quindi.

Io leggo tutti i giorni, affianco alla Bibbia, il mio caro Carducci e posso dirvi che non conosco rimedio migliore ai mali del nostro tempo e alle acidità che questo può procurare in organismi sensibili.

Quando affermo che Carducci è un grande poeta subito mi si dice "e che cosa ha scritto? Polenta, Legnano, Spiedi e Irti colli". Quando io gentilmente rispondo che se non si conosce la sua poesia, si potrebbe cominciare con il leggere la sua prosa, probabilmente una delle più intelligenti e belle del suo tempo, ecco che si scopre che di queste volpi di intellettuali quasi nessuno le conosce, non le hanno mai lette, e certamente corrono subito ai ripari inforcando gli occhiali e incorporando tutte le nozioni possibili riguardo suddetta prosa.

Noi ci troviamo, oggi più di ieri, difronte a un'ignoranza ormai istituzionalizzata e che viene addirittura tramandata per decreto ministeriale attraverso i cosiddetti atenei e altri luoghi della morte culturale. Come fare, come comportarsi, come agire difronte simili pericoli?

L'istituzionalizzazione dell'ignoranza è un problema serio e grave; lo è ancor più, grave, serio e complicato, quando l'ignoranza di rango, quella ad alto livello, è premiata, encomiata.

Apro una piccola parentesi solo per dirti caro lettore di come io sia felice di aver cominciato lo scrivere a questa "operetta minore", dedicata solo alla parola "bellezza"; senza perder tempo in ricerche tanto inutili quanto futili, affidandomi esclusivamente alla mia memoria e alle mie povere e poche capacità di resa diretta del mio pensiero, riesco a dirti molto di quello che potrei dirti in un saggio più strutturato, un'opera di maggiore respiro, sì, ma forse anche inutile. Mi piace questa minorità, questo discorrere velatamente fittizio.

SU COME CAPITÒ CHE IO APPROFONDII LA POESIA DI GIOSUÈ CARDUCCI

Come che io arrivai alla poesia del Carducci, è presto detto: cominciai a leggerlo, più seriamente di quanto avessi fino a quel momento fatto, un giorno lontano (ventidue anni or sono? Forse, non ricordo più le date, potrei informarmi ma non lo ritengo necessario) nell'abitazione-studio del gruppo di artisti di cui faceva parte anche il Maggiani, in Firenze. Io a quel tempo lavoravo prima per un'azienda pisana e poi per una associazione che costituiva la sezione "biblioteca virtuale" presso la biblioteca civica della mia città e mi recavo quando potevo, e molto volentieri, a trovare gli amici pittori e le amiche pittrici (e anche un po', alcuni tra loro, scultori). Nella camera di Alessandro Maggiani e Massimo Rosasco vidi posata, in uno scaffaletto, forse una scrivania o comunque un ripiano, una edizione delle "poesie scelte" di Giosue Carducci. Io, che a quel tempo avevo un timbro novecentesco (Sbarbaro, poco Saba, molto Montale e Betocchi, Sereni, Penna, Giudici e Merini; per citarne alcuni soltanto) e mi ero formato soprattutto alla lezione poetica di Alfieri, Foscolo, Leopardi, Pascoli, a cui seguirono Corazzini e Montale (gli ultimi tre intuiti alla lente e allo specchio di Gabriele D'Annunzio che, non ho timore nell'affermarlo, ieri come oggi, io reputo uno dei più grandi poeti italiani; so che mi pioverà addosso diniego e disprezzo ma tant'è; questa è la pura verità. Pascoli fu comunque il più importante tra tutti soprattutto nei primi anni del mio comporre cosciente, in Venezia; sia qui notato), restai, ricordo, molto sorpreso alla lettura del verace poeta toscano. Mi sono rimaste di quelle primigenie impressioni, quali rivelatrici del genio del Carducci, alcune immagini di paesaggio e di sentimenti che mi penetrarono profondamente. Conoscevo poco il Carducci e non mi ero probabilmente ancora accorto della profondità e del pensoso vigore del suo verso; fu così una vera rivelazione che però risalì la china lentamente, dovendosi fare strada adagio nel folto delle letture, molte e intense, che io per solito ero uso intraprendere in quegli anni giovanili. La eco restò, non si consumò all'aria vaga, ossidante, dei tempi e silenziosa s'andò ad accovacciare nei riposti della mia anima e della mia coscienza poetica e umana. Va quindi la mia gratitudine al Maggiani, che della veracità del Carducci già in quegli anni lontani aveva, in sé e nella sua opera, qualcosa nella sua propria tempra, seppure lui fosse (e lo è tuttora) pittore e non verseggiatore.
Devo ancora al Maggiani l'avvio alla comprensione dei monumenti (per lo più gruppi marmorei o bronzei) dell'ottocento italiano, e di modo quello risorgimentale; ricordo che mi mostrò in Firenze uno del Bartolini (forse quello al Demidoff, nell'omonima piazza?) e tanti altri che ci avevano purtroppo insegnato a considerare quali ricolmi di retorica e niente di buono (lo stesso Mazzini, da me amato, era contrario a quella che

definiva "smania", perché riteneva vi fossero altri e più urgenti doveri), seppure io già dall'infanzia amai quello bellissimo, equestre e bronzeo, modellato dallo scultore Antonio Garella e dedicato a Garibaldi, che si impenna nei giardini pubblici della mia città (La Spezia); e al ripensarci col senno di poi, come si dice tanto bene, comprendo quanta più verità sull'arte e sulla vita mi arrecarono e lasciarono in eredità quelle impressioni fiorentine (Carducci, i monumenti del nostro risorgimento) e di quanto noi siamo ignari a noi stessi e, ancora, di quanta acqua debba scorrere sotto ai ponti prima di annoverare un barlume di limpidezza; prima di vederci, insomma, chiaro in se stessi. Anche qui, *bellezza* fu, ed è, parola estraniante.

INTIMITÀ SOLARE
ovvero
l'intensità cromatica del reale

figura, astrazione, liricità, opacità luminosa e sostanza:
ricerca, colore e forma nell'opera di Emanuele Cavalli

Volgessi io improvviso lo sguardo – subitaneo e ignaro – al dipinto *Maria Letizia con natura silente* (1968), resterei come incantato, sospeso tra la mia realtà interiore e l'oggettività dell'opera. L'armonia diàfana, opaca e distesa come luce filtrata da un foglio di carta velina, fa sì che io sia il lume, la lampada, la luce di quel dipinto assente, dimentico di sé eppure così reale, oggettivo. È, questo, il mistero di quel colore disteso in campiture limitrofe, non separate da una linea di contorno, che l'una nell'altra cromaticamente si dissolvono restando però intatte nel loro tono capace di suscitare materie e ricordi, assonanze timbriche e improvvisi distacchi... come se non la luce riflessa desse loro vita e forma, bensì la loro stessa luce interiore: sinossi di ricordi sospesi tra un vivere che fluttua, scorre, e un tempo reale che perdura nella sua pura immanenza, ignaro questo tempo, forse, d'essere tale, vero, presente e non semplicemente prossimo, adiacente.
Fossi io distolto da questo mio incanto, non volgerei lo sguardo altrove: serrerei le palpebre volgendo il capo la dove la luce del sole più intensa a noi si volge, per calarmi tutto intero in quel mistero di luminosità opaca che alla verità interiore dell'essere dona respiro e presenza nell'assenza di un ostinato percuotere del tempo. "Musica da camera" è la sua pittura, non distante, per le sensazioni evocate, dalle composizioni di alcuni musicisti a lui contemporanei: Mario Castelnuovo-Tedesco (1895 – 1968); Raffaele Gervasio (1910 – 1994); Carlo Alberto Pizzini (1905 – 1981); Franco Ferrara (1911 – 1985); Vito Frazzi (1888 – 1975); Roberto Lupi (1908 – 1971); Franco Margola (1908 – 1992); Virgilio Mortari (1902 – 1993). È, infatti, nella musica che troviamo vere assonanze e concordanze con il mondo interiore e la visione pittorica di Emanuele Cavalli, indipendentemente dal fatto che l'artista conoscesse o no le composizioni di questi musicisti.

CAVALLI, LA SUCOLA ROMANA E RENATO GUTTUSO
Osservazioni

Emanuele Cavalli (1904 – 1981), è un artista che rifiutò qualsiasi ideologia artistica per aderire a una sola idea: quella della sua visione, del suo sguardo che faceva del mondo visibile un interno privato, intimo e soave pur nelle amarezze e asprezze della realtà amata.

È interessante prendere in analisi tre realtà del Novecento italiano, due delle quali rappresentate dalla *Scuola Romana* e da Emanuele Cavalli stesso – incessantemente posto in relazione con la sua opera (in nome di una sua presunta aderenza, quindi, ai modi e alla poetica di questa "corrente", che poi corrente non è) –, l'altra da Renato Guttuso (19011 – 1987), di alcuni anni più giovane.

Per quanto riguarda la *Scuola Romana*, notiamo subito una discrepanza ineludibile allo sguardo e all'intendimento: la maggior parte dei pittori che si riconoscevano o che sono stati riconosciuti quali appartenenti a questa poetica hanno in comune un tratto ben distinto, e cioè la tendenza a una deformazione della realtà in senso espressionista (non mi riferisco all'espressionismo di matrice nordica, bensì a quello, più tardo, mediterraneo, più delicato nei colori e leggermente manierato nella forma). Da Mario Mafai ad Alberto Ziveri, da Scipione a Carlo Levi, da Capogrossi a Franco Gentilini, da Antonietta Raphaël a Fausto Pirandello: in tutti questi artisti registriamo, negli anni tra il 1925 e il 1940, una crescente aberrazione del dato naturale in senso metafisico-espressionistico con grandi differenze, chiaramente, l'uno dall'altro; in comune hanno tutti una ricerca che tende a sviscerare quel malessere così diffuso all'epoca e così ben tracciato da Alberto Moravia nel suo romanzo *Gli indifferenti* (1929), così come in quelli successivi: *Le ambizioni sbagliate* (1935), *La mascherata* (1941), *Agostino* (1943), *La romana* (1947). Non solo Alberto Moravia – il quale respirò la stessa aria, essendo coetaneo della maggior parte di questi artisti, e che riuscì a tradurre un sentimento comune, diffuso, e a dargli corpo in un romanzo –, anche Luigi Pirandello, che fu precursore di quel clima e, soprattutto nei suoi ultimi drammi e racconti, condensatore di esperienze di vita fondanti e gravidi di conseguenze per tutto il Novecento, fu sicuramente modello e fonte d'ispirazione per tutti quegli artisti e intellettuali che riconducevano il loro sguardo a una realtà talvolta locale, sicuramente intima e sociale (talvolta micro-sociale), manifestando ciascuno a suo modo l'assurdo di una società, quella italiana del primo dopoguerra, che faticava a darsi una linea, a trovare la traiettoria giusta e di misura per le proprie aspirazioni: aspirazioni che furono tutt'altro che chiare, anzi! molto confuse e poste sulle basi incerte di un sentimento nazionale di grandezza tanto sviante quanto autentico e verace. Una cosa sola, sapevano questi artisti con certezza: loro non volevano rivolgersi alle vestigia della Roma imperiale antica così come lo stavano facendo alcuni dei più importanti artisti del Novecento italiano, allora tutti più o meno di mezz'età e nel pieno della loro energia creativa: da Giorgio de Chirico ad Achille Funi, da Mario Sironi ad Arturo Martini. Uno solo, forse, dei grandi vecchi dell'arte italiana, l'ex avanguardista futurista Carlo Carrà, rientrava negli accordi più fondanti la poetica loro e li aveva, in certo modo, addirittura anticipati. Il cosiddetto *realismo lirico* degli anni Venti e Trenta – ma prolungatosi, in verità, sino alla morte dell'artista, seppure in modi sempre rinnovati – che vide uno dei futuristi di più alto grado (con Boccioni e Balla) votarsi alla meditativa, riflessiva, quieta quanto errabonda pace selvatica della foce del Cinquale, della Versilia (che non era il luogo di turismo che conosciamo noi, oggi), delle sue spiagge e dei suoi monti, fu chiara avanscoperta di quelle nuove atmosfere che ebbero grande influenza su una parte cospicua delle arti italiane di quel periodo: fu la scoperta del poter dipingere poesie. E non è un caso se proprio in quegli stessi anni fiorisce la grande poesia italiana, anticipata dal precursore Camillo Sbarbaro, accolta da Eugenio Montale e interiorizzata da Alfonso Gatto e Sandro Penna.

In questo clima variegato, poco coordinato e disorganico – ma capace di un suo ordine interiore (talvolta con valenza universale) nel singolo individuo, nell'artista – si sviluppa quell'esperienza eterogenea che noi siamo abituati, forse per pigrizia intellettuale, a raccogliere in quel vasto contenitore che è la definizione di *Scuola romana*; il che, di per sé, non è un errore: forse, più una debolezza.

Tornando a Cavalli e al suo essere stato partecipe delle sensibilità comuni che univano idealmente gli artisti della Scuola Romana, dobbiamo constatare che in alcuni dipinti di Mario Mafai e di Carlo Socrate – datati nel corso degli anni Trenta – si possano ritrovare alcune vicinanze d'intendimento e di risultato estetico se accostate con l'opera del pittore di Anticoli; si tratta, però, di sintonie dettate da quell'aderire generale, quasi implicito all'ambiente culturale, a una sensibilità nuova quanto inafferrabile: non da precise intenzioni programmatiche (nemmeno vi fu un vero sforzo di teorizzazione ed esemplificazione).

Pensiamo al "caso" Guttuso, il quale pure si vuole far rientrare nell'ambito della *Scuola romana* e che però si discosta, sin dai suoi esordi romani, da quel clima di voci liriche e sommesse, fondando un suo vocabolario tutto privato, pur quando non inedito o veramente innovativo, da cui prenderà l'avvio la sua avventura artistica destinata a farne uno dei pittori più noti d'Italia (a livello nazionale; meno sul piano internazionale dove avrà, sì, una risonanza notevole ma più per le ragioni politiche e di partito che non per quelle più strettamente inerenti all'arte sua). È, quindi, un "disuso" (cioè un "dismesso" e un "dismettere": un abbandono), questo concetto preconcetto di "comunità" e di "intenzioni comuni" che vuole inculcarsi a forza nel contenitore della *Scuola romana*. Un termine basato più su un sentimento vago e parzialmente diffuso, di quanto non lo sia sugli intenti fondanti l'estetica e la teorizzazione di uno stilema. Oltretutto, bisognerebbe tenere di conto delle differenti provenienze geografiche di questi artisti racchiusi nell'ambito largo della *Scuola romana*. Cosa che qui non faremo, perché non questo è l'intento di questo saggio: piuttosto, lo è quello di porre in luce alcuni aspetti della pittura di Emanuele Cavalli e di circostanziarli, se possibile, o di porli in una luce che sia inizio e impulso a nuovi e più approfonditi studi su uno dei più interessanti artisti italiani della sua generazione.

In comune con Guttuso, Cavalli ha la fedeltà alla figura, intesa quale narrazione: in Guttuso, però, questa consapevolezza è meno pregnante, perché forti sono in lui le tentazioni post-cubiste, le ricerche picassiane degli anni dopo *Guernica* (1937), quelle di Fernand Leger (artista considerato da Guttuso tra i più notevoli del suo tempo) e di altre tendenze ormai, a quel tempo, impostesi nei mercati delle arti. Lo sviluppo dell'arte di Emanuele Cavalli è più omogeneo, non, però, ripetitivo: mai uguale a se stesso: Cavalli non imita, mai, Cavalli; per dirla in breve. Dalle prime prove agresti e dal modello vivente, alle ultime opere raffiguranti sfere di colore sospese – quasi irreali pur nella loro illusoria tangibilità volumetrica – in un ambiente costituito, a sua volta, esclusivamente di colore, l'artista ci dimostra un preciso sviluppo della sua personalità artistica all'interno di un "mondo" intimo e privato che trova e ha le sue regole nella vita stessa che lo circonda: quella vita quotidiana fatti di sguardi attenti alla persona, rivolti al paesaggio, all'ambiente modesto della casa e ai componenti della famiglia. Nell'opera di Cavalli la politica, così come gli accadimenti nazionali e internazionali, non trova eco alcuna; altro e altrove è ciò che interessa l'artista: non nel tempo storico, ma nella sospensione di questo.

LE SFERE: sospensione del reale, metafora del vero
natura silente e astrazione nella pittura di Emanuele Cavalli

Nella fase matura della sua attività artistica, Cavalli ha intensificato la sua ricerca nel campo della natura morta, o natura silente; alcuni dei suoi ultimi dipinti ci mostrano uno sviluppo notevole nella concezione della rappresentazione spaziale di oggetti (volumi, solidi) in un ambiente ridotto all'essenziale. Ho in mente alcuni suoi dipinti nei quali l'artista ha rappresentato delle sfere: a volte di diversi colori, altre in sfumature e variazioni di un unico colore (a cui si aggiunge il bianco, notoriamente un "non-colore", come il suo opposto: il nero). Queste nature silenti sono interessantissime, perché, ma non solo per questo motivo, ci mostrano l'interesse di Cavalli per una pittoricità che, pur non eludendo dal dato oggettivo della rappresentazione di oggetti reali, sfocia in composizioni che, di fatto, assumono su di sé molte delle istanze (erroneamente) credute peculiari della sola pittura astratta (per quel che un termine così generico possa significare: usiamolo per solo comodo comunicativo e abbreviante).

In *Le sfere* (1979) leggiamo subito un intento compositivo che ha in sé tutti gli elementi di una composizione di figure o di paesaggio: prova ne sia il foglio di carte attentamente adagiato sulle sfere, come fosse una nuvola sovrastante un monte o i tetti di alcune abitazioni; come fosse cielo in lontananza; come fosse la cresta di un Appennino innevato: in ogni caso, un elemento compositivo che inserisce nel tutto del dipinto un movimento, un ritmo; ancora, possiamo constatare, il foglio diventa elemento separatore di una parte alta (disabitata) e di una parte bassa (abitata) del dipinto. La piccola composizione è eccezionale per qualità cromatica e plasticità: la composizione è eccellente; la sfera più scura, sulla destra, posta su un piano leggermente recesso rispetto a quella centrale, accentua la profondità del dipinto; il foglio accentua l'orizzontalità della composizione restituendo ragione d'essere alla parte superiore, monocromatica, del dipinto. Unico accenno alla presenza di una superficie d'appoggio, di un tavolino o altro mobile, è l'effetto di chiaroscuro nell'angolo destro, in basso, del dipinto. La linea del chiaroscuro è appoggiata precisamente sulla diagonale del rettangolo che delimita l'intera composizione. Questo espediente, non solo ci lascia intendere una realtà ben precisa, oggettiva, quella, cioè, di un supporto sul quale le sfere sono state poste, ma crea una dinamica, un movimento, che interessa le tre sfere colorate, illudendoci che queste si trovino in un equilibrio precario e che, da un momento all'altro, potrebbero rotolare verso l'angolo destro del dipinto: proprio quello in cui troviamo la linea, posta sulla diagonale, che è il discrimine tra la superficie d'appoggio e quella verticale della parete o, comunque, del fondo.

Nel 1980, Cavalli dipinge ancora un'opera raffigurante delle sfere: questa volta, sono due; posate su di un libro o di un quaderno aperto, sembrano poste su una superficie la quale è stata prima coperta con un panno che discende dall'alto in verticale per poi distendersi sul piano di appoggio. Il contesto generale, il tono, è, ancora una volta, dominato dal colore blu che annulla la profondità e vanifica le distanze restituendo un unico e appena definito ambiente; si osservino le pieghe del drappo che tagliano in diagonale il fondo del dipinto, da destra partendo dal basso verso sinistra. È la stessa situazione del dipinto che abbiamo appena esaminato: stesso tono fondamentale, stesso intervento orizzontale del bianco; semplicemente, la composizione è qui ribaltata: le sfere stanno sopra l'elemento cartaceo. Altra differenza chiara, evidente, è quella della scomparsa degli altri colori: tutto si risolve in sfumature di blu e di bianco che, di volta in volta, assume toni crema, ocra e gialli. È, questo, innegabilmente un dipinto "astratto": se, con astratto, noi intendiamo tutta la raffigurazione bidimensionale; eh sì! Perché la raffigurazione bidimensionale è nient'altro che l'astrazione di un qualcosa da ciò che noi, per solito, definiamo "realtà". Astrarre: dal latino *abstrahĕre*, composto di *abs* «via da» e *trahĕre*, cioè "trarre". Di fatto, un "distogliere" dal dato reale. Ed ecco che, in questo modo, l'astrazione, in arte, si ha sempre.

Volessimo noi cercare il punto di origine dell'astrazione nella storia dell'arte italiana – nel senso del termine più caro alla vulgata, cioè in quello di articolazione di piani (o del loro annullamento) e forme, sia geometriche sia gestual-espressive – dovremmo puntare lo sguardo della nostra mente sull'alto e, da lì, giungere sino al basso medioevo; geograficamente espresso: da Ravenna a Firenze. Potremmo anche dire: da Ravenna all'umanesimo (il primo Rinascimento).

Tre nomi su tutti emergono dal secolo che sembrerebbe segnare il passaggio dalla civiltà medioevale a quella cosiddetta rinascimentale: Masaccio, Paolo Uccello e Piero della Francesca; i loro modi hanno influenzato molto, sicuramente a livello compositivo, l'opera di Emanuele Cavalli. Le loro concezioni, per Cavalli troppo rigidamente convertite nella materia pittorica, stanno alla base della sua percezione visiva. Cavalli, però, è un pittore del Novecento: per lui le forme non sono oggetti separati da un contesto: tutto si fonde insieme; è il tono, il colore, a segnare le diverse dimensioni. Difficilmente troveremo una linea di segno atto a marcare il contorno di un oggetto, nell'opera del Maestro di Anticoli. Nella sostanza compositiva, però, è innegabile la meditazione che parte dalla già citata Ravenna e approda nella Firenze degli umanisti, degli scultori-architetti, dei pittori-teorici.

Tornando alle nature morte, o silenti, di Emanuele Cavalli, mi sembra interessante, per chiudere questo mio discorso con una nota conciliante gli aspetti cronologici, citare brevemente *Gomitoli*, un dipinto del 1938 (quindi, un'opera realizzata circa quarant'anni prima dei due dipinti con sfere da me qui analizzati).

In quest'opera ritroviamo molto di quanto abbiamo osservato sinora, con la differenza che in questo dipinto lo spazio è più chiaramente tracciato e gli oggetti si trovano, molto definiti, posti tra un piano verticale indubbio e un altrettanto indubitabile piano orizzontale. La disposizione degli oggetti persegue un intento ritmico, musicale, compositivo; allo stesso modo è da intendersi l'uso del colore. Eppure, nonostante il dato oggettivo sia in quest'opera più facilmente identificabile, ci troviamo anche in questo caso in un esempio, sicuramente un tentativo, di "astrazione" nel senso che io, in questa mia disamina, del termine ho dato.

CAVALLI E MASACCIO
intuizioni, proposte di lettura, interpretazioni

Non è azzardato tessere la trama di una consonanza pittorica (tonale) tra l'operato di Masaccio e quello di Emanuele Cavalli: soprattutto per quanto riguarda la concezione e l'uso del colore quale elemento mai decorativo, bensì sempre strutturante sia dell'architettura sia della spiritualità "naturale" dell'opera. Negli affreschi degli Scrovegni, Masaccio (pensiamo al *Pagamento del tributo*) ci offre una comprensione del potenziale lirico-narrativo e spaziale del colore che si dissocia dai suoi predecessori quanto dai suoi contemporanei: da Giotto ad Altichiero, il colore è decorazione "strutturante" e accentuazione delle scansioni narrative interne al racconto della scena raffigurata; in Paolo Uccello il colore ha una valenza mistico-spirituale che sostiene la spazialità del racconto: è squillante e ritmico nelle tre opere dedicate alla *Battaglia di San Romano*, e ha valenza di accento e di parafrasi nel *San Giorgio e il drago* di Londra.

È nel *Pagamento del tributo* che ritroviamo Emanuele Cavalli per intero; è qui che la sua pittura trova le corrispondenze più autentiche nello spazio storico-artistico. In Masaccio, il colore non è definito da un contorno tracciato: è la forma che delimita il colore, così come è il colore a definire e a esaltare la forma; questo aspetto non riguarda unicamente la pittura di Cavalli, è, invece, un fenomeno abbastanza diffuso nella pittura italiana del Ventennio; la differenza consiste nel fatto che per Cavalli, non di prestito si tratta (sia questo decorativo o strutturale), bensì di vera e propria affinità spirituale e di attinenze insite nella pratica stessa della pittura. Come in Masaccio, anche in Cavalli troviamo la capacità di rendere una scena o un oggetto vivo oltre lo spazio di un momento narrativo: il tempo, in Masaccio come in Cavalli, seppure apparentemente narrativo e storico è, in realtà, fuori della storia; non è la nella storia che l'azione accade, bensì nel solo spazio della sua immanenza. Uno spazio che è parafrasi e metafora dell'accadere in sé, ma non dell'accadere episodico (l'accadere di un fatto storico) svincolato dal tutto (logos) universale. È sufficiente osservare il succitato ritratto di Maria Letizia, per rendersi conto di questo mio assunto: ma numerosi sarebbero gli esempi.

In aggiunta a ciò: come in Massaccio, anche in Cavalli la trama narrativa, quella strutturale (architettonica e spaziale) così come le figure (che "sono", e che ne partecipano, l'azione) è asciutta, essenziale, quasi scarna, scevra di fronzoli e abbellimenti non inerenti alla "visione" di fondo. Non vi sono aggiunte: né allo scopo decorativo, né a quello compositivo. In una parola: non vi sono espedienti per celare, nel caso vi fossero, le mancanze o insufficienze interne all'opera. O l'opera è ben riuscita, o non l'è: non vi è alternativa per questi due maestri, lontani nel tempo ma vicini nello spazio delle loro intenzioni e dei loro intendimenti. Ciò che accumuna Cavalli a Masaccio equivale a ciò che li distingue, entrambi, da Giotto: per il più antico Maestro, la narrazione è il fatto in sé: sia pittorico sia storico; per Masaccio e per Emanuele Cavalli la narrazione è la stessa trama pittorica; quindi, è il colore ciò che veramente definisce sia il fatto sia la forma narrante il fatto. È la scoperta di una primitiva psicologia dei valori cromatici; è la nascita del tono e del mezzo tono svincolati dalla realtà costringente dei colori primari e complementari. La pittura con Masaccio, diventa rivelazione del sentimento in atto sia nella storia sia nell'individualità. Da Masaccio a Morandi a Cavalli: è la scoperta della pittura tonale. È un fraintendimento, infatti, quello che attribuisce la nascita del tonalismo alla pittura di ambito Veneto. Perché sostengo che sia un fraintendimento? Semplice: gli storici dell'arte hanno confuso una miglioria tecnica o, se vogliamo essere altisonanti, una "scoperta" tecnica, una procedura, con una nuova concezione percettiva del colore: se è vero che i veneti hanno iniziato a stendere il colore velatura su velatura, servendosi di trasparenze sovrapposte per ottenere effetti più caldi e sensuali così come passaggi tonali più graduali, non è però esatto che questo sia il senso, il significato più autentico, da attribuirsi al concetto di "pittura tonale" (o tonalismo). La scoperta del tono e del mezzo tono consiste nell'attribuzione di un valore concettuale, emotivo, percettivo, quindi psicologico, al tono stesso. In Masaccio, soprattutto nel *Tributo*, cioè un affresco e non una pittura a tempera o a olio su tela, è posta in essere una vera rivoluzione percettiva che, se da una parte anticipa o preannuncia Michelangelo (il quale non sarà però interessato a questa novità tonale, quanto piuttosto alla sola novità formale nella rappresentazione delle figure, che studierà approfonditamente), dall'altra apre quella strada, che diventerà poi una tradizione tutta toscana, che ci porterà direttamente al Novecento. Il fatto che si tratti di una qualità toscana della pittura, e di una tradizione che ha la sua origine in Firenze, non significa che l'importanza di questa nuova percezione non sia stata accolta anche altrove: nel Novecento fu soprattutto Morandi, cioè un bolognese, a comprendere il colore in Masaccio. Ciò che fecero i veneti, fu grande, bello e importante, ma non fu la scoperta del tonalismo; fu, piuttosto, la scoperta del colore quale mezzo di seduzione mediante l'illusione di una brillantezza e tenerezza "profonde", calde, avvolgenti... la pittura veneta da Giovanni Bellini a Veronese, è una pittura di maestosa e mirabile seduzione. Per i veneti, il tonalismo fu inteso come espediente sapiente e colto per indurre l'occhio ad apprezzare il piacere carnale come fosse posto questo in una sfera divina; per Masaccio e successori, il tonalismo rappresenta la scoperta di una nuova possibilità di restituire la realtà dei sensi a quella della psiche, facendo in modo che questa non solo rimanesse intatta nei suoi valori più aspri e concreti, ma anche capace di indurre alla riflessione "sul" reale. Basterebbero le sole ombre, così magistralmente dipinte da Masaccio nel *Tributo*, a far sì che la sua opera fosse d'imprescindibile valore e importanza per la storia dell'umanità. In quelle ombre è dipanato tutto un "nuovo mondo". Masaccio è un Cristoforo Colombo dell'arte o sarebbe meglio dire, a rigore cronologico, che Cristoforo Colombo è un Masaccio delle scoperte geografiche. Entrambi hanno aperto nuovi mondi, sia alla psiche sia alla percezione della realtà immaginabile (perché tangibile) e a quella tangibile (perché, anche, immaginabile). Prima, nel mio discorso, caro Lettore, ho fatto un accenno al fatto che il *Tributo* sia un affresco e non un'opera su tela; vengo ora a precisare ciò che intendevo: nella pittura a fresco è necessario lavorare speditamente, tutto deve essere pronto e le idee devono essere chiare, perché il sostrato, che è poi il supporto pittorico, si asciuga rapidamente.

Questa tecnica non consente l'uso di velature tonali; l'unica opportunità che il pittore ha di perfezionare e "ammorbidire" il suo operato, è quella di intervenirvi sopra a secco (cosa che si riscontra, e ampiamente, già in Giotto e negli altri artisti del Trecento). In questo senso, Masaccio segna con il suo lavoro una nuova tappa nella storia della pittura a fresco: non sarà davvero un caso, se la sua opera alla Brancacci sia diventata in breve tempo una delle più importanti "scuole" d'Europa per i pittori del suo tempo ma anche di quelli nei secoli a venire.

In Giotto, pur se il discorso narrativo sia rivoluzionario nello schema compositivo come nella plasticità delle figure e di tutto l'ambiente circostante, attento al dato reale e, per conseguenza, a quello spaziale, il carattere individuale dei personaggi è psicologicamente povero: noi erriamo quando tendiamo ad attribuire alle figure di Giotto, ai suoi volti considerati "veri", una valenza psicologica; non l'hanno: il dramma, in Giotto, è risolto in maschere preconfezionate che sostituiscono il volto. Le espressioni sono poche e ripetitive: volto disteso, volto aggressivo, volto accigliato, volto in "attesa". Confrontiamoli l'uno all'altro, e ci accorgeremo che da soggetto a soggetto, là dove l'espressione richiesta è la stessa, per esempio aggressività o cattiveria, non muta: cioè, che sia un soldato, un villico, un frate o un cittadino, la sua espressione sarà pressoché identica; siamo quindi ben lontani dalla definizione fisiognomica e psicologica dell'individuo: non individui sono, quelli di Giotto, bensì figure equivalenti vestite (mascherate per quanto concerne il volto) diversamente. Oltretutto: Giotto non ha bisogno che gli si attribuiscano doti che non gli appartengono; la sua grandezza è indiscussa e mirabile nonostante lo scorrere del tempo storico e il mutare del gusto. La qualità dell'opera di Giotto non è dipendente dal gusto di un'epoca; semmai, è vero il contrario, e cioè che il tempo in cui Giotto è vissuto, e nel quale ha realizzato le sue pitture, sia stato da lui condizionato e sospinto a riconoscere e a prenderne atto di una realtà nuova ma già in corso. È questa la vera grandezza di quegli esseri umani che hanno, come titani, preso sulle loro spalle il peso del mondo per portarlo oltre il dato acquisito. Il grande spirito riconosce la nuova realtà quando la gran parte delle genti nemmeno la sospetta. Il corso della storia è strettamente correlato ai più vasti movimenti universali. Non dovremmo mai dimenticare di come la Terra, nell'incommensurabile e a noi sconosciuta realtà cosmica, non sia più grande di un grano di senape... e proprio per questo, forse, così gravido di conseguenze e di accadimenti. Ricordate la parabola?
È in Masaccio che la psicologia e la fisiognomica giocano veramente un ruolo fondante: nel Tributo, il volto di Cristo è espressione di quell'autorità e di quell'ascesi che, nell'economia del discorso narrativo in atto, solo a lui sono attribuibili e in lui solo rinvenibili; Pietro è Pietro, nessun'altra figura ha il suo portamento e la sua espressione facciale, la

sua psicologia è definita sia dalla fisiognomica sia dal gesto. Non è il vestito, l'unico elemento d'identificazione e differenza.

Ringraziamenti:
Associazione Emanuele Cavalli, Roma
Un ringraziamento particolare ad Amelie Soffietti Cavalli, per la sua cortesia

RESPIRO
ovvero l'arte incondizionata di Manuel Cossu

[...] è alba, è luce di giorno nuovo
aprite le finestre e cacciate i fantasmi delle notti inquiete.*

*Versi tratti da È *tempo che si guardi*, in Alessandro Chiodo, L'ignoranza del Poeta, poesie 2018 – 1994, a cura di Delfo Cecchi, 2019).

CONSIGLIO DI LETTURA

Caro Lettore, leggi questo libro dall'inizio alla fine così come io l'ho strutturato, senza saltare disordinatamente da un capitolo all'altro, e sii paziente. Non è forse la calma la virtù dei forti?

"Respiro", è così che ho voluto intitolare questo libro dedicato all'opera di Manuel Cossu; perché? il motivo è semplice: non ho trovato niente di meglio per restituire a parole la vitalità della sua arte.
Respiro è sia un sostantivo maschile sia la prima persona singolare del verbo "respirare" (coniugato al presente). Nel suo significato fisiologico, il verbo respirare significa compiere il processo della respirazione: quindi adémpiere un processo fondamentale per la nostra esistenza. Il respiro è il soffio, il pnèuma: dal greco antico πνεῦμα "soffio", derivato di πνέω "soffiare"; a livello semantico, in campo filosofico, questo termine è affine a ψυχή "anima" e indica il principio di vita e/o vitale di ogni organismo (in latino *spiritus*); il pnèuma sta alla base di alcuni tra i più importanti eventi della filosofia, da quella antica sino ad oggi; nel cristianesimo delle origini, così come nella gnosi, questo termine è ricco di implicazioni e significati: è la componente umana più alta, d'ispirazione divina e distinta dagli aspetti più sensuali dell'anima.
"Animus", dal greco antico ἄνεμος "soffio", "vento", "respiro" e "anima", ψυχή. Solitamente noi poniamo l'anima a origine del pensiero e vediamo in lei, nella nostra cultura di origine greco-latino-cristiana, il fulcro della coscienza morale e dei sentimenti.
Ora veniamo a noi: perché io descrivo con un titolo, composto di quest'unica parola "respiro", l'arte di Manuel? Forse, ciò che io veramente intendevo e volevo quindi proporti, caro Lettore, è che nell'arte di Manuel Cossu, a prescindere dagli aspetti più convenzionali della nostra cultura visiva, artistica ma anche sociale e antropologica, si attua, si adémpie un processo vitale puro, primordiale; quel respiro che gli stoici intendevano quale soffio che compenetra e informa di sé l'universo.

L'anima dell'universo. Intendo io, dunque, con questo titolo indurti a riflettere sulla purezza vitale dell'arte di Manuel Cossu e, forse, anche indurti a considerare l'arte qualcosa di più, di altro, rispetto alla produzione sistematica di oggetti. Un'opera d'arte è indubbiamente un bene materiale, concreto, composto di tela e colori ecc., ma non solo: è anche ciò che di immateriale agisce nell'opera-oggetto; è l'"agente" che restituisce al fruitore emozioni, reazioni, sentimenti e riflessioni sui dati morale e sociale in cui l'opera agisce e si "effettua" nella sua realtà più profonda che è poi, in ultima istanza, la sua ragione d'essere prima.

L'arte, nell'antichità, era considerata principalmente di origine "meccanica", quindi un'operazione manuale basata su princìpi conoscitivi e abilità tecniche; distinta, pertanto, dalle arti liberali, basate principalmente sull'utilizzo delle facoltà intellettuali; nel IX secolo le arti liberali furono suddivise in due gruppi: da una parte le *arti del trivio*, cioè grammatica, dialettica, retorica; dall'altra le *arti del quadrivio*, quindi aritmetica, geometria, astronomia, musica. Lo sviluppo della storia umana ci ha insegnato che questa distinzione non è sempre valida o comunque non sempre pertinente né convincente su un piano più concettuale: le arti si sono evolute e hanno modificato in grande parte la loro ragione d'essere sia sul piano teorico-speculativo che su quello del *modus operandi*. L'artista, oggi, è considerato, ed è di conseguenza stimato, principalmente nella sua funzione intellettuale e gode, pertanto, di autonomia e libertà sia di pensiero sia di tecnica, in quanto non più esclusivamente considerato un artigiano, un "produttore" meccanico di oggetti o, comunque, cose.

Io considero l'arte di Manuel Cossu un'arte intellettuale (nell'accezione positiva di questo termine), scevra però di quei condizionamenti culturali degenerativi che connotano (in negativo) molta "intellettualità" del nostro tempo.

UN SOGNO
ovvero il Niente, Topolino Billie e la Tigre

La finestra è aperta. Una brezza fredda e tonificante entra nella stanza. Non ricordo dove sono e non ricordo perché ci sono. Sul pavimento vedo dei barattoli di colore, alcuni sono aperti e la massa densa del colore si sta rapprendendo, lo capisco dall'opacità del tono ai bordi del barattolo che s'irradia verso il centro dove il tono è più lucido. Sembra un lago semi ghiacciato in una gelida giornata d'inverno. Indago con gli occhi la stanza, dal soffitto al pavimento, dagli angoli al centro. Non riesco proprio a orientarmi. Mi avvicino alla finestra e mi sporgo leggermente, molto cauto, come se fuori mi aspettasse una sorpresa non proprio desiderata. Niente.

Il mio sguardo si perde in un mare di niente. Fuori, non c'è niente di

visibile all'infuori del niente stesso.
Rifletto su questa mia condizione e mi chiedo se quello che vedo è veramente niente e se il niente si può vedere. Comunque, io non vedo niente, o altrimenti detto: io vedo il niente e questo mi basta. Non saprei dire di che colore sia il niente che vedo, perché essendo niente è incolore. Il colore del niente è il niente. Mi accorgo proprio in questo momento che le pareti della stanza sono composte esclusivamente di porte, una attaccata all'altra. Guardo bene, mi avvicino, scruto, analizzo. Nessun muro, niente calcestruzzo, nessuna imbiancatura: solo porte su porte. Mi dico che se queste sono porte dovranno pure portare da qualche parte, in qualche luogo. Una porta che non ti porta da nessuna parte non ha senso. Provo ad aprire quella cui sono più vicino; non devo muovermi per farlo, mi basta stendere il braccio. Afferro la maniglia e l'abbasso, non mi riesce: o la maniglia non è una maniglia, o la porta è chiusa. Comunque sia: non si apre niente. E rieccoci al niente. Non avevo mai saputo che ci potesse essere così tanto niente al mondo e che io non ne avessi mai saputo niente di questo niente.
Porte che non portano! Niente di cui non sai un bel niente! La situazione comincia a farsi strana persino per me che sono abituato alle mie stranezze. Comunque, se le porte non portano non m'importa. Restino pure chiuse, io non ho nessuna intenzione di uscire attraverso una banale porta, uscirò dalla finestra, non può essere pericoloso perché la finestra affaccia sul niente e il niente non può fare niente. Con un salto mi posiziono sul davanzale e poi salto giù nel niente. Non riesco a capire se sto cadendo. In realtà mi sembra non sia accaduto nulla, a parte il niente. Intorno a me c'è solo l'immenso e stretto, piccolissimo niente. Allungo le braccia per vedere se posso raggiungere, toccare qualcosa: raggiungo il niente.
Il niente è così immenso da sembrare piccolissimo. L'immensità non si può cogliere né misurare con i sensi. Il mio unico pensiero in questo momento è come potermi muovere. Non riesco ad avanzare in nessuna direzione, perché non ci sono direzioni nel niente. Tutto è molto semplice, mi sembra. Non ci sono grandi difficoltà a vivere nel niente, basta non ficcarsi in testa strane idee tipo quella di voler intraprendere qualcosa. Nel niente si è niente e di conseguenza non è possibile fare qualcosa che sia niente qualcosa d'altro rispetto al niente.
Alla lunga questo niente diventa noioso. Devo escogitare un metodo, un sistema, un qualsiasi cosa per sconfiggere il niente. È difficilissimo porsi contro qualcosa che non esiste o che, se esiste, è niente. Il niente, dunque, esiste? Non sarebbe più bello e confortevole se fossi rimasto in quella stanza con un pavimento e dei barattoli di colore mezzo rappreso e tante porte inutili ma decorative con cui potersi distrarre? Ormai sono qui, nel niente assoluto. Ho l'impressione di aver creato io questo niente intorno a me... se solo riuscissi a ricordarmi tutto ciò che ho fatto e che

ho pensato e a percorrerlo a ritroso forse riuscirei a nullificare il niente. Mi rendo conto che la nostra lingua non ci consente di andare molto avanti con il pensiero. Come posso nullificare il niente? Per farlo, il niente dovrebbe "essere" un "ente" e, se il niente "è" un "ente", allora posso ridurlo in condizione di soggezione, posso assoggettarlo al mio volere e alla mie esigenze. Devo assolutamente riuscire a tornare in quella stanza, è lì che tutto è cominciato ed è li che troverò la soluzione per svincolarmi da questa folle parvenza di realtà.

Penso intensamente alla stanza, penso alle porte, al pavimento, alla finestra, ai barattoli di colore... mi concentro più che posso... lentamente qualcosa affiora dal niente: si profilano dei contorni, sono ancora lievi ma riesco a distinguere la stanza... ancora uno sforzo di concentrazione e la stanza sarà di nuovo visibile e io potrò orientarmi. Finalmente! sono nella stanza. Improvvisamente compaiono figure di ogni genere che prima non c'erano: molte le riconosco, sono personaggi dei fumetti Disney che avanzano guidati da Topolino vestito da capobanda che sta suonando un tamburo a gran colpi. Ad un tratto il tamburo sparisce e nella mano di Topolino al suo posto adesso ci sono dei fiori, un mazzolino di fiori di campo coloratissimi. Topolino ferma il resto della banda Disney e si reca da solo da una signora che prima non c'era e che non saprei dire in quale momento sia apparsa.

Quando le è vicino, si ferma e le dice: "un omaggio floreale alla nostra amata signora", poi si inchina, si rialza e le consegna i fiori. La signora li accetta con gioia e sorride felice quando, inaspettatamente, la banda Disney intona un canto in coro "alla nostra amata Billie Holiday, con i nostri migliori auguri".

Quella signora era dunque Billie! Billie adesso sorride rivolgendosi alla banda e subito dopo svanisce nel suo stesso sorriso. Topolino si volta verso il gruppo di musicisti e inizia a dirigere una musica fragorosissima, quando, dal niente, che non si è ancora del tutto ritratto, spunta fuori e salta giù – o su? – una tigre. È la tigre elettrica di Manuel Cossu, adesso la riconosco e riconosco anche me stesso: io sono Manuel Cossu, musicista punk rock, pittore e umano tra gli umani; sono un componente della più bella famiglia dell'universo: quella degli esseri umani, con tutti i loro difetti e con i loro moltissimi pregi.

La forza dell'arte – che è la forza dell'amore – ha sconfitto il niente.

VIVA L'ARTE!

INTERMEZZO
arte: un gioco molto serio

"Comprendere l'arte"; ecco un concetto che nel linguaggio abitualmente parlato, quello di tutti i giorni, è, per solito, frainteso. Alcuni ritengono che con "arte" possa intendersi esclusivamente ciò che ritrae fedelmente la realtà così come questa ci appare, concedendo all'artista il bene del cosiddetto "stile" (parola in sé vuota di significato, ma di questo ho già scritto altrove e non me ne occuperò in questo testo), cioè il bene di "restituire" quel dato "oggettivo" – dai nostri occhi percepito e dalla nostra mente rielaborato – chiamato "realtà, in una "maniera" sua propria: sfumata, crepuscolare, sgargiante, con linee continue e nette oppure frastagliate e vibranti, ecc... altri, diversamente, ritengono che "arte" sia esclusivamente ciò che "esula" dalla realtà, che la "astrae" (anche su questi termini, per solito molto fraintesi e mal adoperati, ci sarebbe bisogno di una chiarificazione, ma tralasciamo... per il momento), oppure che la riduce ai suoi valori formali essenziali mimetizzandola. La verità è, però, un'altra, e cioè che parlare d'arte e spiegare che cosa questa sia è molto difficile; e lo è, difficile, perché la maggior parte degli esseri umani incontrano difficoltà persino a spiegare e comprendere se stessi anche nelle cose più semplici della vita.

Altrettanto vero è affermare che l'arte è una cosa semplicissima: come è noto, tutto ciò che è semplice, noi esseri umani lo complichiamo. Vuoi un paio di esempi, caro Lettore? Bene: l'amore è semplice ma complesso, e noi lo rendiamo banale e complicato; mettere d'accordo una comunità composta di almeno due persone (scusa l'ironia) è cosa per noi complicatissima, perché non riusciamo a svincolarci dalla zavorra che ci portiamo dietro, perché siamo rigidi e non cediamo spazio alla posizione dell'altro ma, soprattutto, perché siamo profondamente narcisisti (un narcisismo aberrato, distorto) e utilitaristi: non riusciamo né a godere della felicità e della fortuna altrui né a far sì che un'altra persona con il nostro aiuto possa raggiungere la felicità o un traguardo per lei importante. Noi esseri umani abbiamo l'anima contorta dai crampi e la mente costipata e non riusciamo a vedere niente di buono nel fare il bene gratuitamente, perché in noi preme l'ansia di primeggiare, di pórci in luce, di essere idolatrati... e se poi prendiamo a esempio una delle cose più comune a tutti, l'amicizia (di cui abbiamo enorme bisogno, perché non si può vivere da nemici e vivere bene), ci accorgiamo che siamo delle latrine, delle fogne e che in ciascuno di noi albergano pensieri biechi, malvagi, maligni... ed è per questo motivo che da duemila anni c'è una figura storica che, nonostante tutti i fraintendimenti e le strumentalizzazioni, non ha ancora perso il suo potere di pace e amore: Gesù... già ti sento mormorare, caro Lettore, e ti intimo: stai zitto e lasciami scrivere e leggi, ché a leggere ci guadagni e forse diventi meno asino. Dunque Gesù: non m'interessa sapere se tu sei ateo, protestante, calvinista, cattolico, buddhista ecc... non sono qui per fare una lezione di catechismo; questa non è l'ora di religione, ci stiamo occupando dell'arte di Manuel Cossu, mi sembra, e allora facciamolo... Gesù mi porta all'arte di Mauel Cossu, perché in quell'arte io trovo molti

di quei valori e sentimenti che sono necessari per una vita volta al bene, anche per una vita "democratica", nel senso corrente del termine.
L'arte di Manuel è la testimonianza, forse una tra le più belle, dell'abolizione delle aberrazioni: dell'egocentrismo, del solipsismo, dell'idolatria ecc... è un'arte, la sua, che sgorga alla vita dopo anni e anni di groviglio interiore, di conflitti, di complessi legati alla natura del suo carattere e del suo porsi in relazione con il mondo contingente ed esterno, di lotta con il proprio temperamento, di tentativi di restare in piedi e andare avanti cercando di fare bene e magari di "rigare dritto", quindi; è un'arte che per essere compresa ha necessariamente bisogno che il fruitore, chi la guarda, insomma, sia libero o quanto meno stia cercando di liberarsi da tutta una serie di meschinità insite nella cultura sociale di ogni tempo (seppure in misura e qualità diverse da epoca a epoca). Manuel ci ha provato e, in gran parte, proprio con la sua arte, ci è riuscito. Io penso che questa sua arte, dal grado altissimo di civiltà e "rispetto", sia un'arte che potrebbe aiutare molti a liberarsi dei propri pregiudizi e di depotenziarli, privandoli della possibilità di nuocere.
Quello dell'arte è un gioco molto serio che può avere conseguenze importanti, in negativo e in positivo, per tutti gli esseri umani: non è un caso che a seconda dei regimi vigenti, siano essi liberali, liberisti o dittatoriali, l'arte – intendendo con essa anche la letteratura, la musica, la fotografia ecc. – è una delle prime cose a essere strumentalizzata; il motivo è semplice: è parte della "comunicazione" su vasta scala, può colpire emotivamente chi ne fruisce (soprattutto quegli spiriti non ancora completamente condizionati dalla cultura ufficiale) e metterlo in condizione di pensare lasciando confluire in sé la sfera emotiva e quella più calcata, razionale; in breve: impossessarsi dei canali dell'arte è istanza, quindi necessità, per chi governa.

Noi sappiamo che nella vita una cosa non esclude l'altra. Questo significa: dobbiamo impostare la nostra mente ad una apertura massima nei confronti delle cose e dei fenomeni dell'esistenza; solo così saremo in grado di comprendere che in questo universo, di cui noi rappresentiamo una piccolissima parte, c'è spazio per molte cose, per molti fenomeni, per molte forme di vita e di espressione. Comprendere l'arte significa soprattutto comprendere l'essere umano nella completezza delle sue esigenze che non possono essere soddisfatte distintamente: aspetti materiali e aspetti spirituali devono confluire nel processo di comprensione e, quindi, di soddisfazione. "Non di solo pane...", ma anche "non di sola anima..." è composta la materia dell'umano.
Cerchiamo di essere umili e impariamo il rispetto; potremo così, con questo viatico, avviarci alla comprensione dell'arte.

MARIA SENZA CALLAS
disamina di un disegno

Un disegno di Manuel che mi piace molto è il ritratto di Maria Callas, a cominciare dalle tonalità: blu scuro e nero dominano l'ambiente e ci proiettano subito in una dimensione notturna e misteriosa. Manuel ha tratto il motivo da una vecchia fotografia in bianco e nero che ritrae la Callas in un atteggiamento di stupore e serenità al contempo; lo sguardo è quello di chi è consapevole di essere ritratto, eppure è anche assente, come se il volto sapesse a memoria le espressioni più consone a una posa per una sessione fotografica, la mente, però, fosse altrove, immersa in pensieri più privati e comunque dolci, forse a tratti malinconici; una mano si accosta delicatamente al volto, toccando il mento, quasi a voler assumere una posa pensierosa, di persona conscia del suo successo ma che non vuole essere identificata unicamente con la stella luccicante, la diva brillante nel firmamento di altri cieli: i cieli delle pretese altrui; un gesto comunque elegante, quello della mano e del viso che sembra volersi lasciar sostenere, indipendentemente da ciò che lo ha indotto. Maria sembra illuminata da un faretto. Nella foto, il viso della Callas è leggermente ombreggiato, un lieve chiaroscuro a definirne le pienezze mediterranee, gli zigomi forti e tondi, il mento prominente, il naso largo, la bocca carnosa evidenziata dal rossetto e dalla matita che ne amplia il contorno, l'occhio reso quasi egizio da un leggero tratto di matita ad allungarne il disegno e dal mascara che accentua la profondità di tono e la lunghezza delle ciglia. Nel disegno di Manuel, diversamente, il suo volto è opalino, di una iridescenza che rasenta il pallore e che tradisce un momento di inquietudine interiore; la bocca si contrae in una smorfia di dolore o di riluttanza, l'occhio tradisce inquietudine, paura, sgomento. È come se nella notte buia in un sottoscala nascosto fosse stata improvvisamente colta dalla luce di un flash, di un paparazzo avido di immagini da vendere ad una qualsiasi rivista, al miglior offerente. Manuel, dopo averla disegnata, ha ricoperto di un fitto tratteggio la parte sinistra (per chi guarda) del volto, forse perché insoddisfatto; forse, quell'occhio ora inscurito e reso quasi invisibile non gli era riuscito come lui avrebbe desiderato; oppure, il disegno, così com'era non lo soddisfaceva, gli sembrava debole, privo di carattere e da qui la decisione di ricoprire quella metà del viso. Una decisione questa che, sul piano estetico, è stata probabilmente la migliore, quella giusta; infatti, il disegno assume una dimensione ancora più indecifrabile, metafisica. La mano, nella foto sollevata a toccare il mento, è adesso nel disegno, dopo l'inscurimento di quella metà del viso, sospesa in un gesto quasi di difesa; oppure, sembrano quelle adesso non una, bensì due mani che siano giunte, quasi in preghiera. Comunque sia, il disegno assume in tal modo una dimensione che lo estrania completamente dalla fonte e dal contesto. Non è più la dolce, bella, talentuosa

Maria Callas ritratta da un fotografo a beneficio dei lettori di chissà quale rivista; è Maria senza Callas, è Maria nella notte dei suoi pensieri più segreti e riposti, è Maria immersa nel buio dei suoi dubbi e delle sue incertezze, stanca, pallida, impaurita da una vita di successo che se da una parte non riesce ad odiare, dall'altra non riesce però ad amare.

Maria, senza Callas: Callas è uscita dalla dimensione di quel mistero che si avvera adesso in una dimensione nuova, quella composta dei pochi centimetri quadrati del foglio sul quale Manuel ha tracciato quei segni a penna e pennarello. Manuel è così riuscito, che ne sia consapevole non è importante (forse lo ha appreso lui stesso a posteriori, osservando il disegno), a restituirci una dimensione altra del ritratto di una diva. "Maria senza Callas", (così mi piace chiamare questo disegno) non è più la diva amata e venerata in vita e in morte da milioni, forse miliardi di persone; adesso è semplicemente Maria dal rossetto sfatto dopo una lunga giornata di lavoro; di parties all'insegna delle stars, dei produttori e degli imprenditori venuti da tutto il mondo per discutere di ingaggi, di affari, di soldi; Maria sfiancata dalla fatica, che forse medita una gioia segreta; Maria colma di inconfessata solitudine e desolata come un vasto piano di terra brulla.
Maria senza Callas è anche il volto di una donna qualsiasi, una donna senza nome che porta tanti nomi quante sono le donne sul pianeta terra: nemmeno il successo ha potuto liberarla del suo ruolo di bambola, e la tigre elettrica è lì, pronta a sorprenderla nella notte più buia della psiche.

DIVAGAZIONE
un inizio posticipato

Stavo riflettendo... i libri sull'arte sono per lo più noiosissimi e sarebbe davvero un peccato aggiungere un altro obbrobrio a una già ben nutrita biblioteca degli errori e degli orrori. I libri più belli sull'arte, tra quelli che ho letto con più attenzione e interesse, sono stati quasi sempre scritti da artisti e poeti e sono opere d'arte di per sé. Forse, questa mia inclinazione, questa mia preferenza, dipende dal fatto che io stesso non appartengo alla categoria dei critici e provengo direttamente dal mondo dell'arte e della letteratura (in particolare da quella poetica); insomma un poeta e un artista che scrive sull'arte ha un punto di vista e un *modus operandi* sicuramente differenti da quello di un critico di mestiere. Io credo che un artista, o uno scrittore (romanziere o poeta), possano forse comprendere meglio quello che si muove dietro la materia, dietro la parte concreta e visibile di un'opera d'arte e che loro, forse, guardando oltre, possano riuscire a cogliere l'invisibile: ciò che nell'opera visibile, apparentemente, manca: la sensibilità dell'autore. Comunque sia, non voglio insistere troppo su questa storia e comincio subito seguendo quello che mi sembra essere diventato il motto di Manuel "riga dritto"; e io, di rigare dritto, cercherò.

IL PAPERINO CROCIFISSO
antropomorfismo del dolore umano

In una sua opera molto significativa e esteticamente interessante, Manuel proietta il dolore umano per eccellenza, quello della crocifissione di Gesù, in un personaggio a tutti sicuramente ben noto: Paperino. Non è una banale trasposizione eseguita per creare un impatto e far scaturire nel fruitore un interesse facile nei confronti dell'opera. Si tratta piuttosto di una lettura viva del dolore cui tutti noi in diversa misura siamo sottoposti: niente sembra poter sfuggire alla tortura fisica e spirituale, alla carneficina, all'offesa.
Paperino, figura abitualmente simpatica, pasticciona ma non priva di astuzia quando occorre – in cui tutti noi un po' ci immedesimiamo, perché lo sentiamo vicino ai nostri travagli quotidiani –, abitatore nella nostra memoria e immaginazione di un mondo fatto forse anche di conflitti ma che non conosce la punizione corporale alla stregua della crocifissione, ci viene mostrato da Manuel in una situazione drammatica: è sconvolto, lotta tra la vita e la morte.
Una simile intensità possiamo trovarla nelle crocifissioni dipinte da Matthias Grünewald, pittore ascrivibile al rinascimento tedesco, vissuto tra il 1480 e il 1528. So di proporre un accostamento importante e me ne assumo la responsabilità. È mia convinzione che tra l'esasperazione del dolore ottenuta dal Grünewald nelle sue raffigurazioni del cristo crocifisso e il Paperino di Manuel Cossu vi siano molti punti di contatto e molte assonanze. Come Grünewald, anche Manuel non ricerca i canoni della bellezza e della compostezza classiche; in Grünewald la forma ubbidisce unicamente a leggi compositive primarie che accentuano il dramma evidenziando nel tessuto narrativo crudele e evidente, quegli aspetti spirituali e metafisici che travalicano l'esperienza stessa dell'atroce dolore cui Gesù è stato sottoposto.
Una situazione simile si verifica nella pittura di Manuel Cossu, con l'unica differenza che la centralità e schematizzazione del soggetto – il Paperino che ci è mostrato ravvicinato in una composizione costruita unicamente mediante gli assi cartesiani – ci conduce a ritroso alle raffigurazioni di tipo o ascendenza romanica. Siamo nell'anno mille, il Paperino di Manuel sembra uscire da una bella chiesa in stile romanico, essenziale e robusta nella sua povertà di decori che è, però, ricchezza di spazi: le ampie navate, i grandi silenzi mistici nell'oscurità sacrale mitigata unicamente dalle lame di luce provenienti dalle fenditure nelle pareti e dalle poche vetrate.

Penso a un crocifisso ligneo, di quelli enormi che stanno appesi dinanzi gli altari, lavorati quasi a colpi d'ascia nei grandi tronchi; i volti sono stravolti ma non privi di serenità, una serenità che talvolta incute soggezione così com'è stata scavata, direi incavata dallo scultore nel legno rude. La plasticità di queste figure è magnifica, sapiente pur nella ricerca di una centralità e fissità del soggetto. Il dolore è contenuto dalla forma e si libera tutto nello sconcerto del volto. Il Paperino di Manuel ha molti di questi aspetti ed è, però, al contempo, anti-romanico, perché il "credo" nel Vangelo è, nei nostri tempi, scemato; la certezza della fede di un contadino nell'anno mille o qualche decennio prima non è più riscontrabile nella nostra società così come non lo è nel singolo. Il cristo di ambiente romanico è un cristo consapevole che non c'è dolore al mondo che possa essere più grande della gioia offertaci da Gesù stesso, sofferente, morente ma anche risorto.

Grünewald, cinquecento anni dopo, si trova in una Germania devastata da guerre interne ed esterne; miseria e squallore sono all'ordine del giorno per chi non fa parte di una delle poche famiglie che detengono parte del potere, del comando e delle ricchezze. L'armonia dell'epoca romanica è svanita, dissoltasi in un nulla che non era ipotizzabile a chi era vissuto nella stabilità della fede. Grünewald è corroso dal pensiero dominante di terrore e morte, desolazione, abbandono e miserabilità. Il suo Gesù, il suo Cristo, non può prescindere dalla verità della carne, dal dolore lacerante e vivo dei nervi dilaniati, eppure... eppure, Grünewald trova la sua via verso la salvezza sublimando la salvezza stessa. Non è un realista, seppure lo si potrebbe credere. I dettagli, i particolari esattamente riprodotti dal naturale anatomico nei suoi dipinti non sono realismo come non sono naturalismo: Grünewald è metafisico; gli manca, però, la certezza che solo la fede poteva dargli, a lui come a tutti gli esseri umani.

Il Paperino crocifisso di Manuel si trova tra queste due entità: l'arte romanica e la percezione, distorta e aberrata di un dolore ritenuto incomprensibile, di Grünewald.

Il Paperino di Manuel – mi assumo, come tra l'altro già detto, la completa responsabilità delle mie affermazioni – è un'opera non casuale, non episodica, non irrilevante, al contrario: è opera d'arte destinata a superare le barriere temporali, i confini, i limiti posti al nostro esistere terreno, a durare e consolidarsi nel tempo. I motivi di questo mio assunto sono molteplici, alcuni li ho suggeriti qui, in questo mio scritto, altri potranno essere affrontati, altrove.

LE PIÙ BELLE STORIE
c'era una volta...

Tutte le più belle storie e fiabe iniziano con "c'era una volta...", e questa è

una cosa davvero bellissima, perché il tempo passato è fonte di sicurezza e di gioia molto più dell'incerto futuro o del traballante presente. Certo, mi dirai tu: "e se uno ha avuto un passato di cacca? E se uno ha avuto una vita schifosa che peggio non si può? E se uno...?" continui tu, e forse hai ragione, caro Lettore ma... ma, comunque sia, il passato è passato e per quanto devastante possa essere stato lo hai attraversato e sei sopravvissuto. Tutti noi viventi siamo, chi più chi meno, dei sopravvissuti. Alcuni riescono a sopravvivere meglio, altri con l'acqua alla gola e altri ancora muoiono un pochino di più ogni giorno, ogni ora, ogni minuto che passa. Sì, lo so, tu mi vuoi dire che tutti, col trascorrere del tempo, ci avviciniamo all'appuntamento con la nera signora, e anche qui, mio carissimo e amatissimo Lettore, non desidero darti torto; hai le tue ottime ragioni, che io riconosco in pieno e accetto, le comprendo ma, lasciamelo dire, c'è modo e modo di avvicinarsi alla morte. Comunque sia, c'è sicuramente qualcosa che ci tiene in vita, che ci dà la forza e il coraggio per andare avanti; e questa cosa, per quanto riguarda una parte degli esseri umani, è l'arte.
L'arte è un pulizia profonda della psiche e del corpo dall'immondizia che ci si attacca addosso ogni giorno e per molti, per me sicuramente e credo anche per Manuel Cossu, è una salvezza.
È bello andarsene alla deriva sulla zattera di Géricault nel mare tempestoso della vita; naufraghi di un destino che non è poi forse così nebuloso e grigio come a volte tendiamo a pensare. Sì, è vero, poi ti arrivano le notizie di questo o quello pestato a sangue in qualche parte del Mondo; apprendi delle guerriglie urbane che stanno infuocando e infervorando alcuni Stati degli USA, oppure la notizia di un altro centinaio di persone di ogni genere e età che stanno affogando proprio in quel momento e ti viene in mente che sicuramente da qualche parte nell'emisfero nord o in quello sud del nostro pianeta qualcuno sta ammazzando un suo simile, magari lo sta strangolando con la cravatta del fanatico in *Frenzy*, il film di Alfred Hitchcock, o lo sta perforando con la lama di un coltello e tu sai bene che questo si ripete migliaia di volte in luoghi sempre diversi nel giro di un secondo. È presto detto: non viviamo in un mondo di pace. La precarietà dell'esistenza domina il panorama della vita quotidiana di almeno tre quarti della popolazione mondiale e tra coloro che vivono in quel quarto dove le cose vanno meglio, due quarti se non vivono alla giornata, si barcamenano, un quarto se la cavicchia e un altro quarto sta relativamente bene. Lì in mezzo si nasconde quell'uno percento circa della popolazione mondiale che raddoppia in ricchezza i restanti 6,9 miliardi di esseri umani messi assieme: questo vuol dire che l'uno percento della popolazione mondiale possiede un capitale che equivale al doppio di quello posseduto da circa 7 miliardi di esseri umani.
Miseria e povertà sono concetti non sempre chiaramente percepibili. La percezione della povertà reale, di quella presunta e delle diverse condi-

zioni di vita degli esseri umani variano fortemente a seconda del contesto: Paese, regione, città in cui si vive. I paesi più tecnologizzati e industrializzati sono quelli dove la povertà è forse più nascosta e più squallida. Una campagna, un ambiente naturale, pur se poverissimo non darà mai l'impressione e non restituirà la percezione di squallore quale la povertà che si può osservare in certi quartieri delle capitali europee, prendiamo a esempio Parigi, perché il fattore ambientale gioca un ruolo decisivo a questo proposito. Una persona che vive in una condizione di miseria e abita una capanna in una zona agricola di un qualsiasi Paese non è paragonabile a chi vive nello squallore dei quartieri poveri delle grandi città di Nazioni ricche, dove sporco e rifiuti si accumulano e la materia stessa di cui sono fatte le cose (plastica o altri materiali sintetici) degrada accentuando il senso di indigenza. Ben diverso è vedere una baracca di paglia e frasche vicino ad un albero secco nei pressi del letto di un fiume essiccato in una (ex) zona agricola dove i mutamenti climatici hanno radicalmente scosso ogni assetto sociale o dove l'economia capitalista e liberista non è mai giunta. Quando visioniamo le immagini che scorrono in un qualsiasi video dedicato a qualche luogo particolarmente segnato dalla povertà, dalla carenza di cibo, d'acqua e di medicamenti, in un Paese dove il liberismo con i suoi vantaggi e svantaggi non è mai giunto, ci accorgiamo che qualcosa in quelle immagini di povertà ci conforta: sono i sorrisi di persone che nonostante tutto non hanno ancora perso la speranza e vivono con una gioia quasi francescana di chi pur conscio di essere povero non vede nella sua condizione un fatto "innaturale": vivono nella natura come sua parte integrante e dalla natura ricevono la loro dignità che non è diminuita né dalla mancanza di tecnologia né di infrastrutture; altre volte sono i murales, le pitture parietali coloratissime con soggetti che oscillano tra quelli di devozione e speranza a quelli di ribellione e protesta, a trasmetterci un senso "pulito" della povertà. Sono queste immagini, con la loro forza arcana, presciente e ancora indeiscente a darci il senso della positività della vita, della speranza: quella speranza che seppure intrisa di rassegnazione continua ostinatamente a fare il suo mestiere: quello di non morire o di morire per ultima.
Molto diverse sono le immagini che ci giungono da alcune zone geografiche dell'Africa che ci mostrano ettari e ettari di terreno trasformati in discarica per i nostri prodotti ad alta tecnologia: carcasse di computers, tablets, smart phones, dvd players, televisori e molto altro. Questi prodotti che vengono smaltiti in Africa provengono in gran parte dall'Europa. In mezzo a una coltre di fumo che sembra inestinguibile e che è causata dal bruciare delle plastiche e di altri materiali la cui combustione è altamente nociva, si aggirano ragazzini e adulti, evidentemente poveri, alla ricerca di materiali preziosi, come il rame, da rivendere agli speculatori a un prezzo bassissimo. Il rame è molto importante per la produzione di tellurio (necessario per la fabbricazione, per esempio, di

pannelli solari e conduttori). I danni alla salute causati da una simile attività di raccolta, sono in molti casi irreversibili e conducono a una morte prematura. Scene simili a questa che ho descritto si ripetono ininterrottamente, ogni giorno, nel Ghana.

Cosa c'entra tutto questo con l'arte di Manuel Cossu: molto! Le opere di Manuel ci raccontano di alcuni prodotti e stili di vita "occidentali": i cartoons americani, con i loro personaggi divertenti quanto tragici; gli artisti dalla vita difficile: Holiday, i Ramones, Callas, Lilli Carati e tanti altri. Da una parte abbiamo bambini, ragazzini e adulti che cercano il loro sostentamento nelle discariche dei prodotti tecnologici dei Paesi ricchi e trovano così malattia e forse morte; dall'altra abbiamo esseri umani che vivono in quei Paesi ricchi, senza esserlo o diventarlo necessariamente anche loro, ricchi, che trovano anche loro malattia e morte. Lilli Carati (Ileana Caravati) è un buon esempio di ciò che un sistema liberista, accecato dalle possibilità di guadagni enormi, può causare: prima il successo sull'onda di prodotti di genere, sessisti ed erotici, poi la droga e, ultima spiaggia, il porno. La regista Rony Daopoulos firmò il documentario biografico in cui Lilli racconta la sua vita e ciò che la indusse alla tossicodipendenza. Una vita segnata dalla droga, dal commercio del suo corpo, dai tentativi di suicidio e, alla fine, dalla malattia: un tumore al cervello che la portò alla morte.

Discariche di prodotti tecnologici nel Ghana, che conducono a morte prematura, da una parte; dall'altra, invece, abbiamo un'industria particolare: l'industria dell'intrattenimento e dell'erotismo, con le sue molte vittime (tra cui Lilli Carati); un'industria che vive in molti casi dello sfruttamento del talento altrui (quello di Billie Holiday, per esempio) e dell'abuso, ma anche dei desideri insoddisfatti e repressi (che acuisce per ricavarne maggiori profitti) di quelle molte persone abitanti dei "Paesi ricchi". Questi sono solo due tra i molti esempi possibili, ma direi che sono sufficienti al nostro discorso.

Parlando di queste immagini, spettri evocati dalla brama di denaro e potere, e figlie della speculazione, è inevitabile, per me, passare ad altre immagini, altrettanto cariche di conseguenze: quelle realizzate da Manuel Cossu. Sono immagini, le sue, che, a differenza di quelle cui abbiamo appena accennato, sono deiscenti: cioè, che non rimangono chiuse; una volta raggiunta la maturità, si aprono al mondo, sugose e gustose, consapevoli della loro vita e decise a viverla e non a cederla: immagini combattive che a volte, forse senza volerlo essere, sono una forma esplicita di protesta. Sono anche, certe volte, queste immagini, evocazioni, dediche segrete, lettere misteriose dedicate a persone amate, siano queste conosciute personalmente dall'artista o riconosciute nel vasto mondo delle immagini e delle biografie di altre vite che sentiamo enigmaticamente vicine alla nostra. Manuel spoglia il mito e lo mostra nei suoi effetti più privati (che lo riguardano) così come in quelli comuni, pubblici, che riguardano ciascuno di noi.

MANUEL NON SIMULA
pop anti-pop o qualcosa d'altro?

Proprio in questo momento mi sono fermato un attimo, caro Lettore, per rileggere ciò che ho scritto... ho l'abitudine di scrivere a dirotto senza perdere tempo continuamente nel revisionare il testo, né a consultare materiale bibliografico, enciclopedico o iconografico (ho l'argomento su cui scrivo tutto in testa e, salvo qualche raro dubbio, non ho necessità di altre fonti oltre quella del mio pensiero), perché il dettato interiore è un turbine, una tempesta che non si può fermare così a piacimento senza incorrere nel rischio di sentirsi spezzato; è necessario seguirlo, stargli dietro, comprenderlo e non farselo scappare dalle distrazioni improvvise che potrebbero disturbare il treno della notte: il tuo treno che nella tua notte corre a perdifiato su rotaie che conoscono solo la direzione del dettato interiore che assolutamente non deve sfuggirgli, non deve sfuggirti.
Insomma, proprio ora mi sono fermato... rifletto: tu e io, caro Lettore, in presa diretta; e penso che il motivo per cui ho deciso di scrivere su Manuel Cossu è tanto semplice quanto bello, tanto lampante quanto arcano: lo sto facendo, sto scrivendo, perché Manuel è un artista e un essere umano che non simula. La sua arte non è simulazione, non è virtuosismo, non è "vediamo adesso cosa mi viene in mente di cool! adesso vi faccio vedere io tutto quello che so fare". Manuel mi sembra quasi l'ultimo grande artista di una gloriosa epoca, quella dell'arte pop; ma l'arte di Manuel ha una profondità e una ragione di essere che nella maggior parte delle opere pop non si riscontra, e il motivo di tutto questo è molto semplice: l'arte di Manuel, capisco ora, non è affatto pop. Eppure, lui è l'ultimo artista tra quelli viventi a me noti in grado di fare dell'arte pop che però al posto di essere popolare è introspettiva, intima: *introspective art*, o forse, ancora meglio sarebbe chiamarla: *intimate popular art, inti-pop-art...* o il nome più consono è, forse: *breath art*? ma è necessario un nome? è necessaria un'etichetta? il gradiente di autenticità nelle sue opere è altissimo e mi viene in mente un solo artista che posso accostargli e so già, caro Lettore, che non appena avrò scritto questo nome, tu storcerai il naso e allora ti consiglio di cominciare a storcerlo subito questo tuo nasone perché io quel nome lo scriverò, stanne certo, e lo farò perché so quel che ho in mente, so cosa desidero significare con quel nome che già ti irrita perché continuo a parlarne ma che non ti ho ancora svelato e si vede che sono proprio uno fatto a modo suo perché continuo a scrivere, a scrivere, a scrivere ripetendo che continuo a scrivere come fossi uno scimunito, eppure, caro Lettore, puoi credermi, io so quel che sto facen-

do, so dove voglio arrivare e seppure quell'artista – di cui tra poco ti svelerò il fatidico nome – con il nostro artista, con Manuel, nella materia implicita dell'arte, niente ha a che fare, in qualche modo, credimi, c'entra: e c'entra moltissimo. È importante, però, chiarire subito che dovrai lasciarti, e lasciarmi, tempo per comprendere bene che cosa intendo con questo parallelo che adesso, tra poco, ti proporrò.

L'artista cui io mi riferisco ha una biografia, una storia personale e una vicenda artistica, nei fatti, molto distanti da quelle di Manuel; eppure, c'è qualcosa in lui, nella sua purezza, nella sua forza che travalica i secoli e i confini del sapere e della dottrina storico-artistica così come di quella filosofico-psicoanalitica, che lo accomuna a Manuel. Ti ho già accennato al "fatto", perché è un "fatto", credimi, che Manuel sia uno dei pochi artisti, tra quelli viventi di cui io abbia notizia, a fare dell'arte genuina; così "vera" nel suo "essergli necessaria"; così al di fuori dei criteri e dei parametri con cui normalmente analizziamo e disaminiamo un'opera d'arte e un artista, da farne un evento, un accadimento, un "Ereignis", di notevole importanza per le arti e per la società tutta.

Certamente, dici tu, caro Lettore, quella di Manuel è arte pop e su questo non possono esserci dubbi: Chiodo si sbaglia, parla a vanvera e non sa quel che dice. Tu saresti forse disposto, caro Lettore, a definirla, quest'arte, post pop o forse post-post-modern-art o forse ancora neo-primitive-popular-art o ancora late-ancient-post-pop-art o come più ti piace... e sono sicuro che tu sai quel che dici, mio amatissimo Lettore ma, perdonerai la mia apparente arroganza, io lo so ancora meglio di te quel che dico e ti rassicuro sul fatto che tutta questa serie di etichette non centrano il bersaglio; tutte queste cose su cui tu hai sicuramente fatto opera di riflessione profonda si avvicinano piuttosto a un altro bersaglio: quello dell'apparenza e della distorsione della capacità di intendere e di riflettere in autonomia; un bersaglio fasullo, un abbaglio e che non è certamente il mio bersaglio, ma che gli sta affianco proprio per trarti in inganno, per indurti a credere o pensare quel che "vero" non è... sono le tentazioni di una cultura satura di grassi nocivi, fetida, sudicia, stanca, laida, aberrata e aberrante, quelle che ti distolgono dal "vero". Tu, o hai letto troppo o hai letto troppo poco, in ogni caso sei una catastrofe, mio amatissimo e carissimo Lettore, perché vedi: sarebbe meglio che tu:

1) non avessi letto proprio niente o che tu
2) avessi letto i libri giusti e li avessi però anche compresi; perché riempirsi la testa di presunte opinioni non aiuta alla comprensione. Pertanto: o usi la testa, e la usi bene; o usi il cuore, e lo usi altrettanto bene; oppure sei un geniaccio e li attivi entrambi contemporaneamente: la testa e il cuore. Scappatoie non ce n'è. Pianta ben bene i tuoi piedi per terra e comincia a pensare almeno un pochino in autonomia. E ora voglio soddisfarti, eccoti il nome: Antonio Ligabue.

Cosa intendo con questo accostamento? Una cosa semplicissima: l'arte di

Manuel mi convince esattamente come mi convince quella di Antonio Ligabue perché autentica, priva di quei condizionamenti e di quegli apparecchiamenti (pseudo o simil) accademici che, se male intesi, producono mostri, proprio come recita l'iscrizione nell'acquaforte e acquatinta di Goya (1797, dal ciclo "Los caprichos": *El sueño de la razón produce monstruos*). L'arte di Manuel è, nella maggior parte dei casi, scevra da virtuosismi ecc...

Quel che mi è rimasto in mente, come immagine di Manuel, dai tempi in cui lo vedevo alla Skaletta (La Spezia), e son trascorsi non meno di vent'anni, è il suo sorriso onesto, franco, pulito. Il sorriso di chi, se pure nella sua "vita cartacea", nelle trasposizioni che attua nei suoi disegni, può concepire e rappresentare atti criminali anche efferati, nella sua vita carnale non lo potrebbe mai; e non lo potrebbe perché ama la "bellezza". Sul concetto di "bellezza" ho già discorso altrove e non è questo il luogo idoneo per una simile diatriba.

BILLIE HOLIDAY
ovvero il trionfo della tenerezza

Billie, nel disegno di Manuel, ci appare completamente estraniata da qualsiasi contesto, sia sociale che psicologico. È un volto di legno stagionato e vessato dai venti, dalle intemperie, dalla pioggia e dal Sole della vita. Nelle foto più diffuse, dal volto di Billie trapela il dolore, come fosse sudore eppure quell'attimo di gioia le brilla negli occhi stanchi e provati da una vita senza requie e travolge tutto ciò che la circonda, fosse anche per la durata di un secondo, quell'attimo necessario a fare "click". Da qualche parte Manuel racconta di aver letto un libro sulla vita di Billie (io presumo si tratti dell'autobiografia scritta in collaborazione con William Dufty: "*Lady Sings the Blues*"; titolo dell'edizione italiana: "La signora canta il blues") e di esserne rimasto emozionalmente molto colpito. Ho letto anch'io quel libro (nel secolo scorso) e ne ho un ricordo affettuoso, con un misto di tenerezza e timore: timore che una vita del genere possa capitare a chiunque, anche a me, e che non importa come tu cerchi di vivere, di quanto tu sia corretto, buono, gentile... l'inferno dell'ingiustizia, della segregazione, dell'avvilimento e dell'oppressione è a portata di mano per tutti noi e non si cura dei nostri pregi e difetti. L'inferno è lì, pronto a divorarti magari per il semplice fatto di essere un po' diverso, poco disposto ad adeguarti in tutto e per tutto; poco sensibile ai condizionamenti e alle gerarchie sociali. Manuel ci mostra una Billie Holiday che ha attraversato l'inferno: il suo volto non conosce più espressioni di dolore né di gioia, è di là da ogni cosa, da ogni emozione. È un legno muto e secco la cui linfa è stata inaridita da una concatenazione di eventi. Mi ricordo di come sentii vicina alla mia quella sua vita e ricordo che, leggendo, pagina dopo pagina, provavo sentimenti di paura e di angoscia. La paura di non avere più alcun orientamento in vita; la paura di svegliarsi un mattino e scoprire che il mondo non ti riconosce più, non ti accetta, ti rifiuta o ti fraintende, indifferentemente dal tuo atteggiamento nei confronti degli altri, delle cose, della vita stessa. Quella paura difronte al fraintendimento e all'isolamento continui... nel disegno di Manuel, Billie ha vissuto tutto ed è come non vi fosse più possibilità alcuna di vivere un solo giorno ancora.

BELLEZZA
ovvero il trionfo dell'amore

Bellezza: di questo ha bisogno l'essere umano, qualunque cosa sia, questa bellezza. È la bellezza che Manuel sente quando percepisce in sé il desiderio di disegnare o di dipingere; se poi questa bellezza, da cui principia il moto che lo porta a compiere l'atto di tracciare dei segni e di stendere del colore su un supporto a questo adatto, lui non la ricreerà così come l'ha percepita nella persona veduta, nel libro letto, nella musica ascoltata o in qualcosa d'altro ancora; se poi lui questa bellezza non la potrà ottenere con il mezzo artistico prescelto, questa stessa "possibilità" di non-potere non inciderà minimamente sull'opera; perché questa, per trasfigurazione degli affetti e dei sentimenti, troverà una sua bellezza che scaturirà anche là, dove il segno deturpa; anche là, dove il colore disfà la trama epidermica della sua sostanza visibile ma intangibile all'occhio se non a quello solo della mente e della percezione più intima. Ciò che ispira Manuel è la bellezza: il desiderio di fare del bene a una persona amata, sia questa conosciuta o sconosciuta; la volontà di dare vita a un'immagine che sia anche la rappresentazione dei suoi limiti – limiti che sono poi pregio vitale – e non dimentichiamolo mai, né tu né io, carissimo amato Lettore: la bellezza non è altro che l'amore. Dice Dante Alighieri, e dice molto bene e tu su questo sarai concorde, *"l'amor che move il sole e l'altre stelle"* (Paradiso, XXXIII 145). è quindi l'amore il motore universale per eccellenza ed è questo amore, che talvolta come un grido sorge in Manuel – forse a lui stesso inconscio – è questo desiderio di dare amore e di riceverlo (ma non dimentichiamoci caro Lettore che donare è più bello che ricevere) che è la più profonda motivazione, quella motivazione che acuisce ed esaspera il gesto in una ricerca di bellezza che è sì perseguibile dall'artista, però diversa da come lui stesso l'ha pensata e da come avrebbe voluto ottenerla: sarà per altre vie che l'artefice giungerà al compimento del suo gesto d'amore. Sarebbe interessante osservare quali risultati Manuel otterrebbe se si cimentasse con motivi tratti dalla vita reale del quotidiano: persone al lavoro, impegnate con le faccende quotidiane, scene di strada e altri motivi concomitanti con la sua realtà visibile, con ciò che lo circonda "oltre" la sfera dei temi provenienti dall'immaginario "mitologico" costituitosi tramite e attorno le sue letture: penso alle biografie di cantanti, musicisti, artisti in generale, tra cui anche attori. C'è, infatti, pur sempre la possibilità, per un artista, di smarrirsi negli aspetti più acclamati del proprio lavoro, quelli che più sono consoni alla tendenza o al gusto del pubblico che l'artista ha a disposizione: questi aspetti non sono da sottovalutare e rappresentano un vero pericolo per l'artista, il quale potrebbe completamente perdersi nelle nebbie, nelle coltri dei fraintendimenti e degli ammiccamenti. Lo dico per esperienza, essendo io stesso artista (e autore); sono consapevole di come il desiderio dell'artista di ricevere ammirazione possa essergli fatale. Manuel deve stare attento a non smarrire quel sentimento principe tra tutti i suoi sentimenti che solo può condurlo a progredire nella strada della "verità" di se stesso e, quindi, della sua opera. È mia opinione che Manuel sia molto legato all'ambiente umano che lo circonda, a quei contatti sociali più veri che rappresentano il cerchio, l'*hortus conclusus* delle sue amicizie e del suo ecosistema.

ANTONIO LIGABUE
Manuel e la rielaborazione della realtà

Tornando adesso ad Antonio Ligabue, tutti sappiamo di come questo pittore, erroneamente, per molto tempo e ancora oggi, sia considerato un pittore "naïf". Ho scritto: erroneamente, e non per caso. È vero che Antonio Ligabue può essere considerato pittore naïf, se con questo intendiamo la mancanza di una formazione accademica; lo è anche, vero (ma solo in parte), se intendiamo che nella sua opera gli aspetti della vita quotidiana sono rappresentati, ma in proposito è inevitabile porsi una domanda: sono, questi aspetti della vita quotidiana, rappresentati con una semplicità disarmante, quindi intellettualmente non rilevanti, o sono invece, come io penso, una particolare rielaborazione del dato reale e di quello quotidiano? Io, l'ho appena scritto, sono propenso a credere che in Antonio Ligabue la volontà di interpretare, quindi di rielaborare intellettualmente la realtà che lo circondava così come lui la percepiva, sia evidente, e penso a quei dipinti di animali selvatici: falchi, tigri, serpenti, leoni, volpi, gorilla, galli ecc., colti dall'artista nei loro aspetti più naturali, violenti secondo i nostri parametri, della loro avventura terrena: mangiare o essere mangiati; aggredire o essere aggrediti. Questi aspetti sono colti con grande maestria da Antonio Ligabue e testimoniano senza dubbio della sua grande capacità deduttiva e trasformatrice della realtà nella sua verità biologica, istintiva ma anche esistenziale: la lotta per la vita che l'essere umano combatte ogni secondo della sua esistenza è rispecchiata e analizzata nella lotta per la vita degli animali. *Mors tua, vita mea.* La violenza degli animali è, però, una violenza che noi giustifichiamo, perché a loro necessaria; inevitabile, perché costitutiva della loro stessa natura. La violenza umana, diversamente, non possiamo giustificarla così comodamente, quindi tendiamo a nasconderla, a celarla dietro coltri di scusanti e interpretazioni socio-psicologiche. Ligabue non si lascia ingannare: tutto è tensione nella sua pittura, inevitabilità, destino; eppure, prima ancora che nella sua pittura, lo è nel suo immaginario e nella sua percezione del vivere, del vissuto e del vivente: ciò che pulsa di vita, il sangue caldo che scorre nelle vene.

Nelle opere di Manuel, la violenza della vita, sia questa la violenza reale o quella rappresentata e figurata nei prodotti dell'industria dell'intrattenimento, è presente quale "tensione". La violenza delle tempeste emotive, che hanno luogo nel silenzio del cuore e della psiche, trova uno spiraglio di luce nella violenza applicata al soggetto dipinto e nella tecnica adottata per dipingerlo. Interessante è, però, notare come Manuel, altrettanto privo di uno studio accademico, dimostri una sensitività ad altissimo grado nel rielaborare l'esperienza interiore. Similmente interessante è osservare come la ricerca della bellezza non venga mai meno nella sua opera; questo mio assunto è impossibile controbatterlo, avendo occhi e sensibilità artistica, e chi lo volesse fare può tranquillamente porsi in cimento con me per dirimere la questione e spolverare ogni dubbio dalla superficie e dalle profondità del pensiero.

Vorrei ora precisare cosa intendo io quando mi riferisco alla sensitività e sensibilità in arte, ma anche cosa intendo con "capacità", e comincio da *"quello che non..."*: non intendo chi sia abile e ben addestrato nelle cose dell'arte e, di conseguenza, molto versato nella riproduzione delle forme più svariate, siano esse ritratte dal vero con una certa fedeltà al modello o rielaborazioni fantastiche (soggetti reali decontestualizzati ed estraniati) di un plausibile modello. Questo genere di addestramento può accompagnarsi all'artista senza danno ma è molte volte foriero di sventura, e noi oggi questo lo sappiamo molto bene: le gallerie d'arte, private o pubbliche, sono ricolme di esposizioni di quest'arte tipica di epoche culturali giunte ormai allo stremo e incapaci di rinnovarsi; ancora, non intendo quegli artisti capaci di simulare con disinvoltura qualsiasi genere e stile, che con grandissimo talento nell'arte della finzione riescono a suscitare nello spettatore sentimenti di ammirazione e stupore.

Cosa intendo io, dunque, per "capacità"? È semplicissimo: la capacità ricettiva, la capacità di percezione, assimilazione, comprensione delle cose, dei fenomeni e di tutto ciò che "accade". L'arte è qualcosa di molto diffuso, ma l'arte che lascia un segno duraturo si manifesta in poche persone e nell'arco di molto tempo. Stando agli storici dell'arte contemporanea o ai critici, ogni mese ci sarebbero quantomeno un paio di migliaia di geni a questo mondo; di conseguenza, milioni di persone che abboccano all'amo dell'industria culturale, si muovono come masse fluide e infinite sul globo terrestre, invadendo fondazioni, musei, gallerie, tutto di rango internazionale e dove circola molto, ma veramente molto denaro. Per intenderci: pensa alla "borsa", all'alta finanza; pensa alle azioni e a tutto il sistema di speculazione legalizzata che ci sta dietro: ecco, così funziona, in un certo senso, anche il sistema dell'arte internazionale e dei suoi divi.

Un vero artista gioisce e si strugge dentro, quando ha difronte a sé un'opera d'arte di quelle che lasciano il segno; non immaginarti davvero il pianista pazzo e scalmanato: non è così. La calma apparente di un artista è tempesta, e questa è anche la sua forza.

Certo, caro Lettore, a questo punto, forse, tu potresti o vorresti dirmi che io sono impenetrabile e che quando osservo e godo un'opera d'arte, sia questa di musica, pittura, poesia o che altro, resto (apparentemente, aggiungo io) impassibile e non tradisco emozione alcuna; non ti voglio dare torto, potresti avere ragione ma, come ho aggiunto tra parentesi, questa mia impassibilità è apparente, perché io non posso avvicinarmi né con l'udito né con la vista né con il tatto né con altro senso a un'opera d'arte che sia per me degna di questo nome, senza sprofondare negli abissi della creazione viva andando a ritroso sino alla formazione del cosmo e forse anche più indietro nel tempo, per giungere a ciò che era prima che il cosmo (o l'universo) fosse. L'arte è il mio "buco nero", e io dentro questo buco ci vivo sia nella mia qualità di artefice che in quella di fruitore ricettivo. Il "ricettore", chi è nato all'arte, quindi, è sconvolto dalla potenza dell'azione che questa ha in lui e questo fatto lo sconcerta tanto quanto lo esalta e la difficoltà consiste proprio nel trovare un equilibrio in cui poter vivere senza troppo sbandare, senza oscillare da una parte all'altra in balia delle emozioni o essere violentemente scossi e sballottati come un dado in un barattolo nella tempesta emozionale. Questo si verifica, sia pure nella sfera dell'inconscio, anche in Manuel e risulta evidente osservando le sue tele e i suoi disegni. È tra l'ideale cui si tende – l'aspirazione quindi – e le possibilità effettive di realizzarlo, che "accade" e si verifica l'arte.

L'ASSASSINO
Biancaneve, Bambi & Co. e i bastonatori

L'assassino lo guardava dritto negli occhi, lo sguardo quello di uno poco svelto e forse anche un po' cretino, e forse forse molto cretino ma questo non era il punto forte della situazione. Il punto forte era sicuramente un altro, il punto dal quale non si poteva scivolare via come su una buccia di banana in quei cartoons dove tutti sono come fatti di gomma e improvvisamente si salvano da ogni pericolo grazie appunto a una buccia di banana o alla spinta di un passante o perché un vaso cade dalla finestra e centra puntualmente il cattivo sulla sua bella testina e subito gli spunta un bernoccolo con tanto di stelline e uccellini cinguettanti. La questione, però, era che quello aveva la sua pistola di carta puntata dritto contro di lui e sembrava veramente intenzionato a trapassarlo come un colabrodo, da parte a parte; gli si leggeva negli occhi la follia da fanatico degli scolapasta; era chiaro che aveva la mente piena di buchi e non vedeva altro che buchi, ovunque e per questo si era fissato di dover bucare da parte a parte tutto ciò che non gli sembrava abbastanza traforato o che comunque non lo era abbastanza per i suoi gusti e fu proprio una sfortuna quel giorno decidere di andare alla Skaletta prendendo quella stradina poco o per niente illuminata e mettersi gli orecchi da Bugs Bunny; avrebbe potuto almeno evitare di mettersi il becco di Paperino e quel naso finto che lo faceva sembrare Wile E. Coyote nei suoi momenti peggiori. Insomma era stata tutta una stronzata e non aveva nessun senso. Dove credeva di andare? Era forse carnevale? No! E allora? E allora perché era stato così imbecille da vestirsi così? Non lo sapeva e se anche lo avesse saputo ormai non serviva più: saperlo o non saperlo non lo avrebbe salvato da quella minacciosa pistola caricata a mirtilli. Quello, il pazzo, lo intimò, gli disse qualcosa del genere "hey tu cerca di muoverti e di fare quello che ti dico altrimenti ti polverizzo". Quello che gli dispiaceva di più in tutta quella storia era l'assoluta mancanza di originalità di quello che in breve avrebbe potuto essere il suo assassino. Questo proprio non gli andava giù: essere traforato da un cretino con tutti i tratti dell'idiota per eccellenza e per di più poco originale. Che schifo! Chissà che mucchi di balordaggini avrebbero scritto i giornali. Non voleva pensarci, era troppo doloroso; la consapevolezza di dover comparire il giorno dopo su tutti i media nazionali per essere stato ucciso in condizioni dubbie e misteriose... e poi sapeva benissimo cosa avrebbero fatto quelli delle redazioni, avrebbero diffuso ovunque quell'orribile foto che trionfa sulla sua carta di identità; questo davvero era troppo. Doveva fare qualcosa, era troppo presto per morire; no! davvero così non andava, doveva farsi venire in mente qualcosa e allora decise di chiedere a quel cretino se avesse mai letto i romanzi e i racconti di Franz Kafka: F r a n z K a f k a, scandì lui, ma niente; non si percepiva reazione alcuna a quel nome da parte dell'assassino. Allora cominciò a raccontargli di quello che succede a chi va in giro nella notte con una pistola di carta caricata a mirtilli ad ammazzare la povera gente e gli disse di aver letto questa storia proprio in un libro di Kafka ma questo non era del tutto vero perché lui la storia se la inventò prendendo solo un piccolo spunto da Kafka e comunque fosse iniziò a raccontargli quel che succede a chi compie certe azioni insulse e gli disse di un assassino come lui che era stato preso da due orsi e da uno squalo e cera pure Biancaneve e Bambi che timido osservava da un certa distanza e insomma lo portarono in una stanzetta e lì giù botte da orbi. Non solo botte, usavano bastoni, mazze ferrate, la clava di Fred Flintstone... e bastonavano a lungo sino a quando non spuntava l'alba... tutta notte bastonavano e imprecavano cose immonde e non c'era nessuno che avrebbe potuto salvarti, gli diceva, ma proprio nessuno... e se ti acchiapperanno dopo che mi avrai ucciso ti porteranno lì ed è inutile che tu ti opponi è inutile cercare di sfuggire o di gridare quelli ti fottono lo stesso una volta che ti hanno acchiappato e non ti mollano più sino a quando ti hanno passato e ripassato così bene che non avresti mai voluto diventarlo un assassino e nemmeno quell'asino di Lucignolo e quell'asino di Pinocchio avrebbero potuto salvarti e il Gatto e la Volpe ti avrebbero appeso a una quercia qualsiasi e tu avresti rimpianto di essere diventato assassino... che brutta fine e poi tutti ti sputavano addosso dopo averti ridotto l'ombra di te stesso come si suole dire e ti mettevano poi in un sacco e allora era davvero la fine allora ti bastonavano da tutte le parti e a colpi di calci e clave ti facevano rotolare giù e su per le strade e poi ti portavano al mare e lì ti buttavano giù dopo averti piombato ben bene, così bene che raggiungeresti il fondo in un batter d'occhi... e mentre così cercava di intimorire l'assassino spuntò un tipo che tutti chiamavano Squalo e poi ne spuntò un altro che tutti chiamavano Orso e Orso e Squalo si misero davanti all'assassino che d'improvviso si mise a ridere e sembrava ancora più cretino di quando non rideva ed era serio e non rideva, adesso però rideva e sembrava proprio imbecille come non lo era mai sembrato e pareva che le braccia gli si stessero allungando e che il collo gli fosse rientrato e la testa sembrava una biglia di quelle che si usavano per giocare alle gare di biglie sulla sabbia al mare e io pensavo proprio che qualcosa di brutto sarebbe accaduta ma non accadde niente a parte il fatto che l'assassino diventò sottile come un foglio di carta e cadde sdraiato sull'asfalto come fosse un tappeto con tanti bei colori allegro e spensierato adatto ai giorni piovosi ma non era così perché l'assassino spensierato non lo era mai e così Orso e Squalo erano un po' impacciati e non sapevano più cosa fare e si guardavano negli occhi con un'aria così smarrita che mi faceva tristezza e mi faceva tristezza quell'aria così smarrita perché mi ricordava che anch'io ero smarrito per sempre nel senso di finito per sempre se nessuno bloccava quell'assassino prima che fosse riuscito a traforarmi. Orso e Squalo fischiarono forte e io mi chiesi perché fischiano e dopo che ebbero fischiato lui apparve forte e trionfante come un ubriacone che mentre beveva leggeva fumetti sconci e Orso diceva a Tigre "Tigre solo tu puoi salvarci devi fermare l'assassino noi ci abbiamo provato ma non ci siamo riusciti perché è troppo imbecille e fa cose inaudite e solo tu puoi afferrarlo e sbatacchiarlo un po' fino a quando non avrà capito che non gli conviene andare in giro a sforacchiare la gente". Tigre era un tipo o una tipa di poche parole, non si capiva infatti se fosse un lui o una lei o qualcos'altro e insomma Tigre era di poche parole e afferrò subito l'assassino per un braccio che era ormai diventato così lungo da poterlo arrotolare per un quarto d'ora senza averlo ancora arrotolato tutto e quando Tigre vide che quel braccio era così lungo gli disse di accorciarlo subito se non voleva che lo sbatacchiasse per il resto dei suoi giorni... poi non so com'è che andò a finire perché avevo già visto tutte le opere esposte già per la terza volta e mi trovai davanti all'uscita e uscii e una volta fuori mi girai per rileggere il nome dell'artista e seppure mi sentivo ubriaco, vessato, bastonato e stordito riuscì a leggerlo il nome e quel nome faceva così: Manuel Cossu.

L'IDEALE È L'IMPULSO
il fiore della speranza è ricco d'amore

L'ideale è l'impulso, la spinta che ci induce a compiere un gesto, un atto. È il desiderio di mettere in pratica l'esaltazione che ci è sorta dentro, come un fiore inaspettato, inatteso, in un lungo e grigio inverno: è la speranza. Quello che personalmente mi piace nell'opera di Manuel Cossu, ma penso che possa essere anche un dato "oggettivo", è il trovarmi di fronte a un lavoro evidentemente ricco d'amore, di vitalità; non c'è solo rabbia, come si potrebbe pensare ad uno sguardo superficiale; non c'è esclusivamente il bisogno di esternare sentimenti di disagio ecc. (come molto spesso ci viene detto dai critici troppo libreschi e "non-artisti" riguardo qualsiasi artista si esprima mediante tecniche gestuali, dal segno forte e dallo stile essenziale e graffiante), c'è molto di più: c'è, per dirla con il titolo di una Poesia di Pasolini, "Una disperata vitalità", che io però, nel caso specifico di Manuel, cambierei leggermente in "Una raggiante vitalità", perché detto sinceramente, la pittura di Manuel Cossu tutto mi sembra fuorché disperata. Il fatto stesso che Manuel Cossu abbia cominciato a dipingere con intensità e prendendo seriamente questa sua "nuova" attività, è la dimostrazione di come Manuel abbia superato lo stato, la condizione della disperazione per giungere a mari più aperti, forse ricchi di incognite e di insidie, ma sicuramente più ampi e gratificanti. Sören Aabye Kierkegaard, il filosofo danese considerato da molti il padre della filosofia esistenzialista, in uno dei suoi scritti, "*La malatia mortale*" (il titolo danese completo è: *Sygdommen til Døden. En christelig psychologisk Udvikling til Opbyggelse og Opvækkelse*) parla proprio di questa condizione pericolosa per l'uomo: la disperazione. La disperazione è essenziale, innata, inevitabile per l'essere umano, il quale può avverarsi a se stesso solo superandola. Nella sua qualità di malattia mortale, la disperazione è universale e colpisce indifferentemente ciascun essere umano. La "possibilità" è la "libertà".
Kierkegaard ci parla di un livello costituito da tre relazioni o rapporti: tra finitudine e infinitudine (infinito); tra possibilità (libertà) e necessità; tra temporalità ed eternità. Il "sé" si dà, risulta dunque, dal come questo si relaziona coscientemente con i tre rapporti che abbiamo appena indicato, quindi dalla sintesi che il "sé" è in grado di compiere; questa sintesi, però,

non è ancora sufficiente per determinare il sé: secondo Kierkegaard, il "sé", infatti, non è qualcosa che si può scegliere a proprio piacere, bensì di determinato e Kierkegaard attribuisce questa mansione "determinate", effettuata da chi determina, a Dio. Ponendo che il nostro "sé" non ci soddisfi, abbiamo diverse opzioni per poterci convivere ma qualunque opzione noi scegliessimo, questa ci condurrebbe inevitabilmente allo stesso risultato: la disperazione, che secondo Kierkegaard, è una malattia mortale, da cui si può comunque guarire ponendo fine al "sé" falso, immaginario, che ci siamo costruiti noi stessi, per accogliere quello autentico, il nostro "sé" originario. Per poter compiere questo passo, è necessario essere consapevoli della disperazione e dell'errore commesso e in cui ci si trova. Insomma, bisogna necessariamente smettere l'abito vecchio che ci eravamo cuciti addosso seguendo falsi desideri e fraintendimenti per indossare quello più autentico, la nostra originaria essenza. A me sembra che Manuel, anche se non nel senso inteso da Kierkaargd che prevede una coscienza precisa del concetto di "peccato mortale" e la sua assimilazione, questa fase della disperazione l'abbia vissuta su un piano esistenziale privato e collettivo e che sia riuscito a vincerla, trasformando l'uomo vecchio nell'uomo nuovo, da vinto a vincitore su se stesso, per vie insolite e al di là delle categorie e dei raggruppamenti in livelli.

EMPATIA E DONO
e lo sterco del diavolo

Io non so se Manuel si sia mai posto il problema del peccato d'ignoranza innanzi a Dio e alla sua rivelazione, che è poi "peccato capitale", mortale, nel senso cristiano, così come se lo figura Kierkegaard; sono però sicuro che in lui la forza vitale abbia agito ponendolo in condizione di riconoscere alcuni aspetti del "male" e di rendersi conto del bene, che significa apprenderlo coscientemente. Sono sicuro che in lui qualcosa, in un certo momento della sua esistenza, si sia attivata e che lo abbia condotto da un grado di prigionia, da prigioniero delle proprie emozioni e delle proprie debolezze, anche quelle caratteriali e quelle della "volontà", a un grado di possibilità, quindi di libertà svincolato dai condizionamenti del "dubbio" filosofico e che abbia invece desunto dall'esperienza di vita propria ma soprattutto dalla sua capacità di entrare in empatia con il suo prossimo, quel dato profondamente liberatorio che è la comprensione, l'amore verso chi soffre e il desiderio di compiere il bene, sia anche quel bene impossibile se riferito per esempio a una persona defunta, come nel caso di Billie Holiday o in quello di Joey Ramone.
La vita non può avere senso senza empatia e ancora meno può averne senza amore. Vivere privi d'amore è un vero castigo di Dio, e non intendo solo l'amore che si riceve ma anche quello che si dà. Chi non ha pos-

sibilità di donare, soffre. Poniamo un semplice, anzi semplicissimo caso, sino al puerile: il Natale si avvicina, le luci si accendo, la società civile e benestante spende un bel mucchio di denaro (lo sterco del demonio) in acquisti prenatalizi; addobbi, decori, alberi, sciarpe, cuffie, berretti, guanti e ogni genere di accessori per l'abbigliamento e articoli di bellezza, biciclette, motorini, tablets, smart phones e smart watchs vengono trasportati in migliaia, milioni di buste e in altrettante migliaia, milioni di auto, autobus, taxi, treni, navi e aeroplani; il mondo benestante è in fibrillazione, è eccitato e in pochi si rammentano che il natale è la festa del natalizio di Gesù, cioè: il suo compleanno. Gesù nasce e intorno a se non ha nemmeno uno che come fecero i re magi vada a porgergli omaggio, nessuno che come i pastori vada a vegliarlo nella sua povera culla; la festa di compleanno di Gesù non è certo un bel party per il festeggiato, anzi: viene escluso, rinnegato e nemmeno ci si ricorda più di lui. Ora, poniamo che una persona in quei giorni di fibrillazione mondiale non abbia niente di materiale da donare, perché gli manca la merda del diavolo, non ha un conto in banca dove poterne andare a ritirare qualche etto e non c'è nessuna banca disposta a dagli anche solo pochi grammi di quella droga che si chiama valuta; niente, non possiede niente e forse non possiede nemmeno di che sopravvivere per vedere spuntare la nuova alba, l'alba che salutò Gesù neonato, in fasce. Questa persona si avvicina a un ponte, ammettendo che nella sua città ci siano ponti, o si reca alla stazione dove può facilmente gettarsi sotto un freccia rossa che non ferma in stazioncine secondarie, oppure può prendere una bella lama affilata, se la trova, e recidersi le vene dei polsi nascosta in qualche cespuglio dove morirà nel silenzio che avvolge i sensi mentre il sangue, cioè la vita, lascia l'anima e il corpo... eppure, qualcosa, un sentimento d'amore pure sorge in quel cuore disperato a causa della sua situazione materiale cui non riesce a porre rimedio e così si mette a pensare e nella mente gli sorge l'immagine di un ospedale, chissà perché, e pensando s'immagina un paziente molto malato, solo nella sua stanza insieme ad altre sei o sette persone, alcune sole altre no, e pensa che questo paziente forse è malato di una malattia gravissima e che anche lui, forse (sempre forse), non rivedrà la luce della nuova alba, l'alba di Gesù bambino che ha portato l'amore nel mondo e che per tutta ricompensa è stato ucciso come una bestia; ma nel suo caso, nel caso di Gesù, dovevano compiersi le sacre scritture, ciò che i profeti avevano predetto... nel caso del paziente e nel suo stesso caso di persona giunta a un punto tale di disperazione da non vedere altra via di uscita se non quella dell'oblio eterno, non ci sono scritture che devono avverarsi, lei non è la salvatrice del mondo, la nostra persona che chissà perché mi immagino donna mentre scrivo, e non può altro che morire, lo può ma non lo vuole... un dilemma atroce che attanaglia nella sua morsa più o meno qualche centinaio di persone al giorno... e oltretutto è Natale e non ha niente da donare, niente... poi una luce, un bagliore, chissà forse una meteora, dal cielo come scintilla le accende una fiammella di calore e gioia nel cuore... le membra intorpidite dal freddo e dalla disperazione cominciano a riscaldarsi e la nostra figura femminile di cui non sappiamo niente se non che può soltanto morire ma che non lo desidera in realtà, adesso si sente diversa: qualcosa è successo e lei non sa cosa... si sente forte dentro e si mette a camminare non sa nemmeno lei per andare dove ed ecco che nel giro di venti minuti si ritrova in una stanza d'ospedale dove c'è un paziente in una camerata a cinque letti di cui quattro sono vuoti e lei prende una sedia l'accosta al letto del paziente, si siede e prende nella sua la mano del moribondo che non vedrà la luce dell'alba che saluterà Gesù bambino... ma non ne ha più bisogno, perché Gesù bambino è andato da lui... non morirà solo in uno stanzone vuoto d'ospedale.

MANUEL E LA STORIA DELL'ARTE
ipotesi, possibilità, grandi Maestri

In questo breve racconto di una donna immaginaria, ma che esiste sicuramente nella realtà, anzi, in molte realtà, c'è la magia, la fiaccola dell'amore e dell'empatia che io ritrovo, quale essenza, nell'opera di Manuel Cossu e mi viene in mente, proprio a seguito di questo raccontino: cosa succederebbe se Manuel affrontasse un tema chiave, un *tópos* (termine traslitterato dal greco antico τόπος: luogo) della storia dell'arte, quale la "Natività" e forse anche la "Adorazione dei pastori" e la "Adorazione dei Magi"? Sicuramente il risultato sarebbe qualcosa di particolarissimo, su questo non ci sono dubbi. Altrettanto interessante sarebbe vedere come Manuel si relazionerebbe con altri temi e generi che hanno segnato e segnano ancora la via dell'arte. Per citarne alcuni soltanto: la natura silente (nella variante con pesci o selvaggina); la "fuga in Egitto"; le scene di mercato (di generi alimentari), mi viene in mente "Vucciria" (1974), il dipinto di Guttuso, rappresentazione nella quale si possono osservare venditori e acquirenti che si muovo in uno spazio costipato di merci, dal pescespada ai tranci di carni bovine e ovine (o forse cunicole); nonostante la quantità di oggetti e persone raffigurate, si ha una sensazione di calma estrema nell'osservare quest'opera connotata da un fatalismo che inclina al sensualismo. Forse, nella mente e nelle intenzioni di Renato Guttuso, c'era davvero questo desiderio carnale raffigurato per trasposizione nell'abbondanza quasi lasciva delle merci che si uniscono – in una commistione che sembra verificarsi di là dello spazio percepibile, come in un'altra dimensione – alle carni di giovani donne quasi assediate dalle altre carni, quelle del nutrimento e del godimento, e tra le carni umane e di bestie trionfano i formaggi illanguiditi dal caldo, trionfano le olive di saracena memoria, le uova ammucchiate come se fossero palle da tennis, la frutta che una ragazza dal capello castano chiaro osserva con una delicatezza di movimenti e una sensualità che lasciano intravedere il desiderio costante, mai assente nella cultura locale, rionale delle città e dei borghi italiani, e mentre la ragazza accarezza con lo sguardo le arance sugose di Sicilia una signora più anziana, quasi una matrona, cerca di farsi spazio con in volto un atteggiamento severo e con il suo braccio destro (per l'osservatore il braccio sul lato sinistro) si apre un varco in quel trionfo di amori carnali, di frutte sugose, di desideri e angosce e a proposito di angoscia ecco che nel centro del dipinto, leggermente spostato sulla sinistra, un uomo vestito con una maglia a collo alto color senape e una giacca grigio-verdastra avanza verso la giovane donna che ci mostra la schiena e sulla sua faccia marcata, quasi scavata dalle preoccupazioni e da un atteggiamento particolarissimo nei confronti della vita che non sapremmo come definire, sembra essere tutto compreso nei suoi pensieri, nelle sue preoccupazioni di vita, forse è disoccupato ma questo non ci viene detto perché Guttuso è un pittore (seppure è stato autore, come vedremo, di testi critici e saggistici di grande rilievo per il dibattito culturale del suo tempo) e scrive con un altro linguaggio, simile ma diverso da quello della letteratura; quello di "Vucciria" è uno spazio irreale colmo di oggetti, cose, persone che si potrebbero definire "realistiche" (se con realistico pensiamo al significato che Guttuso dava a questo aggettivo e che lui stesso ha ben illustrato nei suoi molti scritti di critica d'arte e nelle recensioni di mostre dedicate ad artisti italiani e stranieri a lui contemporanei, raccolti e pubblicati a cura di Marco Caparezza nella serie "Classici" dell'editore Bompiani), ma penso anche ad altri soggetti interessanti e che forse potrebbero stimolare Manuel e farlo crescere nel suo lavoro artistico, proprio perché per lui inediti, quanto meno "apparentemente" distanti, penso adesso al "Caffè Greco" (1976), ancora un dipinto di Guttuso, non quello custodito nella Collezione Thyssen Bornemisza, bensì la seconda versione custodita nel Museo Ludwig di Colonia, che io ritengo una delle opere d'arte più importanti nel panorama postbellico dell'arte italiana, assieme all'altro dipinto qui citato, "Vucciria", custodito (per volontà dell'artista stesso) negli spazi di Palazzo Chiaramonte (detto anche "Steri"), sede del Rettorato dell'Università degli Studi nella splendida città di Palermo. Un altro dipinto di Guttuso porrei volentieri all'attenzione sensibile e ricettiva di Manuel Cossu: "Boogie Woogie"; si tratta di un dipinto del 1953 custodito nei locali del Mart di Rovereto. Anche in questo caso, Guttuso compie un'operazione insolita nei confronti dello spazio e della sua rappresentazione illusionistica sulla tela, un'operazione cui siamo ora abituati dopo aver preso in considerazione gli altri due dipinti del maestro siciliano: "Vucciria" e "Caffè Greco". In "Boogie Woogie", come nei succitati dipinti, il realismo delle figure e degli oggetti contrasta con quella che io definirei una contrazione dello spazio: è come se Guttuso in questi tre dipinti avesse preso il punto di fuga prospettico della scena rappresentata e, come fosse un filo a cui è collegato un piano prospettico, quello all'orizzonte, lo prenda con la mano e lo tiri su contemporaneamente "verso" e "su" di sé. I livelli di lontananza tipici della prospettiva rinascimentale sono scomparsi, gli ambienti di Guttuso sono assonometrici e, per meglio spiegarmi, queste sono assonometrie compresse, facendo in modo cioè che il piano più fondo, quello più distante, si avvicini moltissimo a quello più vicino allo spettatore.

È un'operazione molto interessante, perché la questione della rappresentazione spaziale è un punto cruciale per intendere l'arte nei suoi secolari, millenari sviluppi. Tutto questo sembra non avere niente a che fare con Manuel Cossu, mi sembra quasi di sentirti, mio carissimo Lettore: "Chiodo qui ci sta scrivendo un saggio su Guttuso e noi che pensavamo di leggere un saggio su Manuel Cossu"; ma non è così, ti sbagli. Quello che sto scrivendo riguarda molto la pittura di Manuel Cossu, e vediamo perché: Manuel riduce lo spazio in un'unica dimensione, soprattutto in alcune tele: la figura si muove sempre su una superficie piattissima, quasi egizia, eppure, ciò nonostante, notiamo che le figure nelle tele di Manuel Cossu hanno una dimensione loro propria, peculiare direi al loro carattere evasivo e ambiguo, sono cioè figure che vivono nella dimensione del "movimento"; questo movimento gli deriva dalla gestualità della pittura stessa, dai segni sfaldati e reiterati di una linea di contorno. In molte tele la figura vive esclusivamente del colore che la compone, il fondo è tralasciato, non è dipinto se non forse appena "toccato" dalla fuga di alcuni "gesti" che tracciano segni che evadono dalla figura per abitare nel vuoto della restante superficie. Nel suo dipinto "Boogie Woogie", Guttuso cerca di creare il dinamismo delle figure (ragazze e ragazzi) che danzano scatenati al ritmo della musica; eppure, nel rendere questo dinamismo, lo cristallizza, come se si trattasse di un movimento congelato, immobile: non è il movimento così come lo intendevano i futuristi, è, piuttosto, un movimento colto nel suo valore metafisico e nella sua presenza trascendentale. Non è un caso e non è una semplice citazione da intellettuale che vuole essere cool, inserire nel dipinto, sulla parete di fondo della stanza ritratta, nella metà destra, un dipinto di Mondrian che (per puro caso?) si intitola "Broadway Boogie Woogie". La presenza del dipinto nel dipinto, dimostra e testimonia chiaramente l'interesse di Guttuso (nemico giurato dell'arte astratta) per la ricerca del suo collega olandese: notiamo come nelle gonne, nei maglioni, nelle camicie di alcune figure si ripetano quei moduli geometrici astratti dei tessuti di moda in quei primi anni cinquanta del novecento. È chiaro che Guttuso riconosce nell'astrazione geometrica una intrinseca "capacità di movimento". Le figure sono colte e raffigurate in movimento, ma, in realtà, sono ferme come statue: ciò che veramente le rende dinamiche sono due aspetti che fanno parte, entrambi, di un processo d'astrazione della realtà, e cioè la geometria piana e la metafisica. Fermi come statue quei personaggi dipinti, perché "di là del reale"; dinamici, perché "astratti" e compressi su una superficie unica; volumetrici e plastici, perché restituiti alla realtà visiva tramite opera di intaglio e incastonatura di campi di colore piani, posti su figure "dedotte" dal reale e "ridotte" alla superficie. Le dimensioni astratte, metafisiche e realistiche, dunque, abitano e costituiscono contemporaneamente, all'unisono, la scena dipinta. Ora, perché io consiglio a Manuel Cossu di confrontarsi con questa pittura che non riguarda assolutamente né la sua vita né il suo periodo storico comprese le problematiche a questo connesse? Perché credo che confrontarsi con queste e altre opere di alcuni maestri dell'arte gli potrebbe giovare a meglio comprendere le sue stesse problematiche e ad ampliare le possibilità della sua arte. La pittura di Manuel Cossu vive sulla superficie. I fenomeni artistici a lui meglio noti sono quelli dell'arte pop e dell'ultima parte del novecento, e sono soprattutto esempi "americani": cioè artisti che hanno vissuto e lavorato nella cultura degli Stati Uniti d'America. Manuel Cossu è, in certo senso, parte di questa cultura made in USA, che si è formata in lui attraverso i contatti derivatigli dagli ambienti musicale e televisivo, questo però non può cancellare un fatto: ciò che veramente costituisce Manuel culturalmente è, in generale, la realtà italiana e, nel particolare, quella spezzina. Manuel è spezzino, così come spezzina al 100% (o quasi) è la sua "America"; se dimentichiamo questo fatto, non potremmo più comprendere molti di quegli aspetti tra i più importanti della sua pittura. È, soprattutto, osservando i ritratti, i disegni a penna su carta – monocromatici o a colori – che comprendiamo quanto italiana sia la sua percezione: facciamo lo sforzo di aprire un libro dedicato all'opera di Giotto e di osservare alcuni volti dei suoi enormi affreschi, ricchi di dettagli architettonici e paesistici, e ci accorgiamo che, visti da vicino, nel dettaglio, quei volti ci parlano anche di Manuel Cossu; andiamo a fare una passeggiata a Firenze e visitiamo il "Cappellone degli Spagnoli" nel Chiostro di Santa Maria Novella, con gli affreschi di Andrea Buonaiuto, e anche lì ritroveremo qualcosa che ci parla della rappresentazione, del modo e della percezione artistica e della realtà di Manuel Cossu. Lo stesso accade guardando all'opera di Guttuso, anche se il motivo per cui io gli propongo questo artista è più profondo della semplice somiglianza di forme: non è l'analogia che gli offro, questa è robetta da "imparaticci"; quella che io gli offro è la possibilità di confrontarsi con un artista che, in un momento storico diverso dal suo, ha affrontato problematiche vicine a quelle che albergano nel suo cuore e nella sua mente; Guttuso ha approcciato queste problematiche – sia quelle esistenziali che quelle più contingenti al suo vivere, al suo tessuto sociale – in un modo che possiamo tranquillamente definire "intellettuale"; non vi è dubbio che Guttuso, da molti creduto un pittore realista-espressionista, sia in realtà un pittore intellettuale e metafisico. Manuel potrebbe imparare molto dall'osservazione di queste opere, e ciò che potrebbe imparare lo riguarda da vicino, anzi da vicinissimo; tagliando corto, si riduce a questo: come mettere le mani nella merda del vivere del vissuto quotidiano e rimestarla senza farsi trascinare dentro. Guttuso è stato un pittore sensibile e molto sensitivo, la critica ufficiale vede in lui però quasi esclusivamente o il tardo espressionista, o l'artista impegnato: il pittore politico, di partito. Invece, è mia opinione, Guttuso ha cercato – e gli è riuscito – di confrontarsi con i problemi enormi del suo tempo, caratterizzato da eventi dalla portata apocalittica; eventi che hanno al centro della sua biografia la seconda guerra mondiale e il tentativo di costruire dalle ceneri una Repubblica Italiana basata sui principi della democrazia e dell'uguaglianza. Guttuso è il nonno di Manuel, e dai nonni si ha sempre qualcosa da imparare. Aggiungo ancora due dipinti del maestro siciliano cui forse Manuel potrebbe dare uno sguardo: "L'eroe proletario", del 1953 (collocazione: Estorick Collection, Londra), e "Crocifissione", del 1940-41 (collocazione: Galleria nazionale d'arte moderna, Roma).

Dagli esempi guttusiani – prendendo spunto iconografico dalla sua rappresentazione del mercato della "Vucciria" – compiamo un salto acrobatico enorme e atterriamo in un territorio completamente "altro": il "Bue squartato" o "Bue macellato" (1655) di Rembrandt Harmenszoon Van Rijn, conservata al Musée du Louvre di Parigi. Questo è un ulteriore dipinto che potrebbe interessare Manuel. Io ne fui folgorato quando, avevo allora forse nove anni, lo vidi per la prima volta riprodotto in un libro. Quello che mi colpì non fu tanto il soggetto, bensì la pittura e il modo di trattarlo, di presentarlo, di "porlo" nello spazio ideale della tela. Il bue è centrale, ma non frontale, è inquadrato di scorcio. L'impostazione è tale da indurmi ad affermare che sarebbe bene che anche i cineasti e i fotografi, e non i soli pittori, si impegnassero nello studio di quest'opera fondamentale: fondamentale in ogni aspetto, soprattutto per chi si interessi di arte contemporanea; è mia opinione che questa di Rembrandt sia una delle poche opere nel campo della pittura, che, in ogni epoca "sono" contemporanee. Il perché è semplice: in questo bue macellato è espressa tutta la condizione umana, di ieri e di oggi, di sempre. La luce, come un faretto puntato direttamente sul soggetto, crea la dimensione del dipinto. Il bue macellato è il cristo di ogni giorno e Rembrandt sa indurci nella sua dimensione più segreta ed esistenziale proprio con gli strumenti più alti dell'arte della pittura. Dall'impasto del colore, alla stesura, dall'impianto prospettico a quello plastico, questo dipinto ha segnato la storia dell'arte per sempre e, per quanto riguarda l'arte moderna, basti citare Soutine, Chagall e Bacon: tre artisti "segnati" profondamente dall'opera di Rembrandt. È però necessario, adesso, prima di continuare, che io indichi uno dei più importanti predecessori del Rembrandt in questo genere di iconografia, anche per meglio comprendere la forza innovativa, sintetica ed esistenziale del quadro del pittore olandese: Annibale Carracci dipinse già intorno al 1585 un dipinto di

"macelleria", nel quale è posto, nella metà destra della tela, un bovino squartato e mostrato aperto, frontalmente. La differenza con il dipinto di Rembrandt salta all'occhio senza bisogno di spiegarla, anche se forse resta chiusa nella sfera dell'inconscio: mentre Rembrandt non pone intermediari né per quanto concerne il tessuto narrativo, il copione per così dire, né nei confronti dell'impianto costruttivo dell'opera, impianto che non tradisce in alcun modo il soggetto e che non tenta di celarlo dietro una trama di dettagli e di narrazioni, Carracci ci mostra la bottega di un macellaio al lavoro con i suoi aiutanti, la scena è geniale, perché come in un fotogramma ci illustra realisticamente un momento, un attimo di vita e ci consente di gettare uno sguardo all'interno di un luogo poco consono alle visite turistiche, quale, appunto, il retroscena di una bottega di carni. Il vantaggio rispetto a un film sta proprio nell'immobilità del "fotogramma", del momento di vita documentato. Il dipinto che noi osserviamo ha il pregio di lasciarsi osservare senza "scorrere" via. Notiamo subito che anche qui, guarda caso, lo spazio, proprio come nelle opere di Guttuso, è compresso: la tridimensionalità dell'illusione ottica trasmessaci dalla raffigurazione è compressa, proprio come in Guttuso, dal fatto che piano di fondo e piano avanzato (primo piano) sono irrealisticamente ravvicinati. Anche qui assistiamo al ribaltamento della tridimensionalità illusionistica su di un piano bidimensionale altrettanto illusionistico e che, rispetto la superficie della tela, è comunque (nella sua illusione) tridimensionale: una tridimensionalità bidimensionale che si svolge all'interno del piano unico della tela. Sono dell'opinione che anche quest'opera del Carracci potrebbe interessare Manuel. Quando dico "interessare", non intendo "piacere", sia chiaro, mi riferisco a ben altre questioni che, mi sembra, siano già emerse dalla mia scrittura e che non sia necessario quindi ribadire.
Torniamo, dunque, a Rembrandt. La sua rappresentazione di questo soggetto umile e tragico non può passare senza lasciare segno nell'immaginario e nella sensibilità di un pittore, di questo sono sicuro. È un dipinto da cui è possibile imparare tanto e che consente agli artisti di allargare i loro orizzonti esistenziali e spirituali, così come tecnici e percettivi.
Riprendiamo, brevemente e per concluderlo, il discorso dei generi e dei soggetti che mi sembra di poter consigliare a Manuel quale materia di studio; aggiungerei ancora il tema della Annunciazione (l'Arcangelo Gabriele che compare a Maria per recargli la buona novella della nascita di un bambino cui lei dovrà dare il nome Gesù): è un tema trattato da così tanti artisti da non poter essere accantonato per la somma dei risultati eccellenti raggiunti in pittura dagli artisti più diversi e distanti (sia nel tempo e nella geografia sia nella sensibilità). Un altro tema da cui poter imparare molto è quello della crocifissione. Propongo, inoltre, alcuni artisti o culture che potrebbero interessare Manuel; non seguo nessun

ordine, li elenco così come mi vengono in mente: Lorenzo Lotto, il Maestro dell'Annunciazione di Ustjug, Natal'ja Sergeevna Gončarova, Graham Sutherland, l'arte mesopotamica e quella micenea, il Giorgio de Chirico dei "Gladiatori", Scipione (Gino Bonichi), Aldo Mondino, Georges Rouault, Mino Maccari, Tommaso Medugno (artista, questo, che gli consiglio di prendere veramente in considerazione), Willem de Kooning, Cy Twombly, Pavel Filonov, Paula Modersohn-Becker, Georges Mathieu, Hans Hartung, E. W. Nay, Mark Tobey e Morris Graves.

UN'INEDITA SENSIBILTÀ
il pregio e il vantaggio della libertà

Abbandoniamo adesso questo discorso storico-artistico e rientriamo in quello più pertinente relativo all'arte di Manuel e alla sua persona. È mia convinzione che sia poco conveniente e poco intelligente accostarsi alle opere di Manuel cercando di misurarne la "dose" di novità: quella di Manuel Cossu non è (ancora) pittura nuova, forma nuova; il dato più importante e che rende significativa per tutti noi la sua arte è un altro, e cioè la sua inedita sensibilità. Non novità formale, quindi, bensì sensibilità inedita, questa è la chiave per accostarsi alla sua pittura. È proprio in questa inedita sensibilità che noi troviamo il risveglio per tanta parte atteso: Manuel ha il pregio di essere libero, nei confronti di molti artisti educati (o forse sarebbe meglio dire: diseducati?) all'arte; libero nella sua percezione dai condizionamenti della tendenza e del dettato culturale globalizzato. Dalla globalizzazione ha saputo trarne il meglio: abbiamo già citato il suo essere, per così dire, un artista operante in un ambito della cultura made in USA filtrata dal suo essere intriso "del" ed immerso "nel" suo tessuto quotidiano italiano e spezzino. La Skaletta (intendendo con questo tutte le persone che vi hanno roteato intorno e le cui vite si sono, per un breve o lungo periodo, incrociate) ha avuto, probabilmente, un ruolo, anche se in parte inconscio, più rilevante nella sua formazione umana e artistica che non tanti altri aspetti dell'arte e della cultura artistica che un critico qualsiasi potrebbe farsi venire in mente per giustificare ciò che non ha bisogno di giustificazione alcuna: l'arte di Manuel. Infatti, se io scrivo, non è certo per giustificare e ben piazzare l'arte di Manuel Cossu; piuttosto, se io scrivo (e sto scrivendo!), è per aiutare te, Lettore, e Manuel stesso a meglio "comprendere". Manuel Cossu è un artista che ci regalerà ancora molte sorprese e sono sicuro che se lui saprà svilupparsi restando fedele a se stesso ma aprendosi al mondo della percezione ancor più di quanto ha fatto sinora, ci donerà delle opere importanti. È per questo che io scrivo. Non scrivo per nessun altro motivo e non scrivo sicuramente per costruirmi una carriera: scrivo perché credo in quello che ho da dire e penso che possa aiutare altre persone nella difficile, talvolta impraticabile, strada che ci porta alla comprensione delle cose e dei fenomeni. Non scriverò mai, tanto perché ti sia chiaro, caro Lettore, su qualcosa in cui non credo. Dio, o a seconda del tuo credo-non credo, chi per esso, mi ha donato qualcosa e di questo dono desidero farne buon uso e non mercimonio. Desidero offrire le mie capacità per contribuire, nelle mie limitate possibilità, a costruire un mondo migliore; ho imparato a rimestare le mani nella merda senza sporcarmi (ne parlavamo prima di questo tema), e adesso cerco di mettere in opera le mie capacità, quelle innate, così come quelle perfezionate o acquisite ex novo nel corso della vita, là dove mi sento chiamato. Mi basta un attimo per prendere una decisione, e questa decisione, presa in un attimo, è come se l'avessi meditata e ragionata per secoli, per millenni: perché noi ci portiamo dentro la nostra storia, che è la storia dell'umanità intera, basta saperla cogliere... è lì, non aspetta altro che in ciascuno di noi accada il miracolo, ed ecco che improvvisamente si aprono le porte della percezione e della comprensione.

LA TIGRE ELETTRICA
118356579_325176891955506_1696499856200989531_n
il solco è scavato *ovvero* il nuovo Romolo

Quando Federica Pantani mi invia un file, la foto di un recente dipinto su tela di Manuel, sono subito interessato, anzi, di più: mi accade quello che accade quando ci si trova di fronte qualcosa di importante che richiede più dei soliti due secondi di osservazione e attenzione, forse meno, che noi dedichiamo a un'immagine abitualmente. È qualcosa che non esito a chiamare Arte contemporanea con la maiuscola. Scarico subito il file per averlo sempre a disposizione. Il nome dell'immagine jpg, dopo averla scaricata, è:
118356579_325176891955506_1696499856200989531_n
uno di quei numeri che si producono in automatico quando si caricano e poi scaricano files su portali socials. Eppure, mio amatissimo e carissimo Lettore, quel nome, quel numero, per me era la manifestazione più concreta dell'enigma che mi trovavo di fronte. Avevo preso in visione numerose opere di Manuel e, sino a quel momento, preferivo i disegni alle tele, perché più autentici. Le tele mi interessavano per certi aspetti prettamente artistici, quali la qualità del segno, delle pennellate precise e veloci capaci di creare dinamismi insoliti in immagini-fonte conosciute e, talvolta, popolari che Manuel reinterpretava; e ora mi trovavo innanzi qualcosa che aveva in sé autenticità e forza, che era calibrata e armoniosa nella sua dirompente realtà, una realtà che non era possibile nascondere all'evidenza della bellezza. Questa è arte, continuavo a ripetermi e, come mi succede quando qualcosa a questo mondo mi dà addirittura la prova

lampante (di cui io non ho comunque necessariamente bisogno) dell'esistenza dei misteri divini, non potevo stare fermo; seppure fossi rilassatissimo, forse un po' stanco, ma comunque di buon umore e molto felice, persino gioioso di quest'opera che entrava a far parte del mio bagaglio culturale e così della mia memoria visiva; giubilavo, come giubilo sempre quando nella nostra galassia succede qualcosa che mi dice: tutto ha un senso, Alessandro, vai avanti, sii forte, il tempo conferma le tue intuizione, le tue idee, il tuo pensiero; c'è a questo mondo qualcosa di straordinario che si chiama arte e che non muore mai anche quando tu pensi proprio che non ci sia più speranza e cominci a sentirti un po' come Robinson Crusoe nella sua isoletta, naufrago tra i naufraghi; e così la leggendaria figura pensata e ideata dalla mente fertilissima di Daniel Defoe e dalla sua penna d'oca vergata su una carta che oggi possiamo chiamare antica, diventa metafora di tutte le libertà e di tutte le prigionie dell'essere umano, di tutte le miserie e le speranze: Manuel Cossu ce l'ha fatta; un segno, un solco è stato scavato nella grande pianura della vita e dei mondi, un nuovo Romolo è nato, una nuova città è stata fondata. Quel numero è diventato un codice segreto, il codice segreto di un'opera d'arte: La Tigre Elettrica. In quest'opera Manuel è riuscito a condensare molte esperienze artistiche degli ultimi quarant'anni; non solo le ha condensate ma le ha portate avanti, aggiungendo all'accorto "calcolo" di molte figure di rilievo del panorama artistico ufficiale, dai tardi anni settanta ad oggi, una nota di sincerità e spontaneità sconosciuta alle più famose stelle della business-art e del big-deal... non è difficile capire di chi sto parlando: mi riferisco a molti di quei fenomeni, in parte sorti negli USA ma in maniera ben più consistente e rilevante nella Germania riunificata (ma i preparativi del grande business nella parte ovest del Paese erano già iniziati prima ancora della caduta del Muro e della veloce, forse quasi "affrettata", riunificazione): fenomeni artistici quali le correnti, se così si possono chiamare, "die neuen Wilde" e "die neue Leipziger Schule" a cui si accostano grandi nomi ormai da tempo svincolati da ogni riferimento a scuole o correnti perché seduti sull'Olimpo della business-art e trasformati in quasi-semidei, più o meno intoccabili: Georg Baselitz, Gerhard Richter, Neo Rauch (questo cosiderato uno dei massimi artisti della cosiddetta Neue Leipziger Schule), per elencare solo pochi nomi. Due soli, tra quegli artisti tedeschi che hanno raggiunto le vette alte del mercato, sono di valore: Jörg Immendorff e Markus Lüpertz. Preciso che sto parlando dell'ambiente artistico e di mercato che riguarda esclusivamente i grandi nomi: esiste in Germania una grande quantità di artisti di valore che non sono molto visibili. Il grande mercato copre e non lascia quasi spazio a realtà meno "consensuali", per quanto riguarda valori, idee, concetti.

In realtà, nella scena ufficiale tedesca, l'arte di valore è veramente poca: si tratta per lo più di abili pennelli e scalpelli ma anche, e soprattutto, di abili commercianti che hanno saputo tessere, all'unisono con un sistema editoriale ed espositivo invidiabile e che dimostra la forza della cosiddetta "locomotiva tedesca", una tela di mercato senza precedenti: la forza dei tedeschi sta nel sapersi vendere e nel saper vendere i propri prodotti, qualunque essi siano, indipendentemente dalla effettiva qualità, in una parola: marketing. È questa la vera arte della Germania contemporanea; mentre un paese come l'Italia, straboccante di talenti e di idee in tutti i campi dello scibile, resta a guardare, non curante dell'accadere del mondo, abbandonando risorse meravigliose e strepitose a se stesse (da qui il nuovo fenomeno migrazione, che eguaglia se forse addirittura non supera, quello degli anni del dopoguerra e dei Sessanta e Settanta). All'Italia non mancano le risorse, manca l'organizzazione, forse, come più volte ho sentito dire, ma io credo che quello che da noi manca veramente (forse, però, le cose stanno cambiando) è quello di remare tutti insieme per il successo: se io so che c'è una persona meritevole (non importa in quale campo) devo cercare, è un mio dovere sociale, di far sì che il suo valore e le sue capacità siano messe in luce e premiate. Per troppo tempo in Italia vigeva la legge dell'invidia e della lotta intestina tra campanili, e non è cosa nuova visto che Dante Alighieri di questo già ci racconta; ed è proprio questo che è necessario cambiare: dobbiamo capire che solo uniti riusciremo a far emergere il meglio del Paese e che le lotte intestine danneggiano tutti e non aiutano nessuno. Io con il mio atteggiamento cerco di dare l'esempio: se io sono consapevole del mio valore, di quel che sono e di quel che so fare, ebbene, allora non mi darà nessun fastidio la presenza di un'altra persona di talento, anzi, che sia benedetto il Signore! Ne sono addirittura felice, perché non sarò solo e perché ci sarà qualcun altro che insieme a me potrà contribuire a migliorare lo stato delle cose. Io ti sprono caro e amato Lettore: cambiamo lo stato delle cose, il tempo stringe, la terra gira e il "buco nero" si avvicina sempre più!

WHERE I'M CALLING FROM
Carver, La Spezia e varie amenità

Where I'm Calling From è il titolo di un libro che raccoglie 37 racconti di Raymond Carver; a riunirli in un unico volume fu l'autore stesso, operando una scelta molto rigorosa e mettendo insieme quelli che gli sembravano rappresentare meglio il suo lavoro di short story writer. A dare il titolo alla raccolta è l'omonimo racconto *Where I'm Calling From*. Non so perché, mentre sono qui seduto a scrivere queste parole che tu stai leggendo sulla pittura di Manuel Cossu, mi è venuto in mente Carver. In tutti i racconti di Carver si trova un'umanità che definire smarrita e incerta sarebbe un eufemismo; Carver scava a fondo, con la lucidità e la mano ferma di un abile chirurgo. Carver non è uno psicanalista, non scava alla ricerca della fonte delle emozioni perdute; nei suoi racconti le cose accadono nella loro "normalità" (cioè nell'ambito della norma costituitasi), una normalità che è alienazione, estraniamento, insicurezza, vigliaccheria, onestà, amore e disamore: una vita di quotidiana follia si dipana dai suoi racconti come le bave di seta dai bozzoli del bombice del gelso (o baco da seta).

I dipinti e i disegni di Manuel, per quanto frequentemente monolitici e monotematici nella rappresentazione, ci raccontano storie; le raccontano all'osservatore attento, quantomeno. Ho pensato, leggendo e rileggendo le storie raccontate da Carver, che Manuel, per molti aspetti, è parte di queste storie: certe volte lo è come spettatore inconsueto di scene altrettanto inconsuete: quasi noi potessimo immaginarci che a bordo pagina di un racconto di Carver ci stia seduto Manuel, come osservatore e come parte integrante del racconto; intendo questo: immaginiamoci che nelle immagini prodotte dalla nostra mente durante la lettura di un racconto (come fosse un film), Manuel fosse parte integrante della scena ma unicamente nel ruolo di osservatore; come se lui stesse guardando un episodio di una serie televisiva e si trovasse all'interno della serie, dove si svolge l'azione ma restandone sempre al di fuori, ai margini, osservatore presente, attore quindi, ma non implicato negli accadimenti, nelle vicende che sono in atto. Allo stesso modo io vedo Manuel sempre all'interno delle sue tele o dei suoi disegni; lo vedo sempre all'interno del tessuto narrativo dell'opera, ma al margine, quale osservatore discreto delle sue stesse emozioni; quasi che si chiedesse "e questo ora cosa vuole da me? Da dove è uscita fuori questa rappresentazione, questa visione gentile e sgarbata al contempo?".

Da Carver potremmo ora fare un salto acrobatico e calarci nella realtà spezzina che fu (ed è ancora per riporto) anche la mia realtà. La Spezia è una città che dire strana è poco e che sicuramente dovrebbe a buon diritto avere una guida turistica speciale che ne descriva tutte quelle realtà che agli sventurati ignari turisti discendenti da enormi navi da crociera o giungendo via terra, restano celate, ignote, quasi non esistessero. Penso proprio che scriverò io questa guida speciale, dal momento che manca, per illustrare al turista curioso il panorama vasto e inaudito di un'umanità quanto meno inconsueta e inattesa, istrionica e cordiale, leggermente pazza eppure sempre (quasi) ragionevole, soprattutto dopo che si sono consumati rivoli di parole e di mediazioni e di "eh ma lui ha detto che…" o "eh, ma lui ha fatto così…".

In questa cittadina ridente e affacciata su uno dei golfi più belli tra quelli che mi sia dato di conoscere, accadono cose strane, molto strane, caro Lettore, e io ti dico che ambienti particolarissimi come quelli che ho visto e vissuto lì, non li ho trovati da nessun'altra parte di questo mondo. Sarà perché la città è frutto di realtà diversissime, di migrazioni e di insediamenti, di commistioni e che per questo motivo, nel corso dei secoli, vi si è creata una specie d'individuo nuova, inedita: lo spezzino. In questa città, caro Lettore, con tutte le sue stramberie e particolarità che sfuggono al visitatore ignaro, accadono fatti enormi e indicibili; soprattutto, accade l'arte, in tutte le sue forme e in una misura che, se rapportata al numero degli abitanti, è strabiliante: con i suoi circa 93.000 abitanti, la quota delle personalità di rilievo è enorme; puoi trovarci più artisti (artisti di ogni cosa e in ogni campo, dalla cucina al varietà e soprattutto artisti di vita) che non in una capitale come Berlino, con i suoi circa 3.800.000 abitanti. Berlino, in confronto alla città della Spezia, in questo senso, è una provincia, un paesone cresciuto per via della migrazione interna, per cui ogni anno migliaia di tedeschi lasciano i loro paesi e le loro città di origine per recarsi nella grande capitale europea. Io ho vissuto a lungo in quella capitale e posso dirti con tutta sincerità che in quel mare vasto di casamenti, strade, locali ed esseri umani difficilmente potrai trovare la peculiarità, l'individualità, anche la stoltezza (se vogliamo dare un po' di spazio all'ironia e allo scherzo) che trovi invece negli spezzini. Vivendo a Berlino, ho trovato la normalità della vita quotidiana, una certa calma e possibilità di riflettere su molte cose; la realtà spezzina è completamente diversa: un humus unico si sviluppa, da anni, in quella città e come certi funghi, ciò che ne deriva, che nasce, se ne sta al caldo sotto il fogliame umido e dorato dell'autunno.

Non è possibile, è mia opinione, valutare e comprendere pienamente l'opera di Manuel Cossu, senza soffermarsi su questa realtà locale di cui lui, lo sappia o no, è pregno. La cosa divertente è che se un visitatore ignaro passasse da quelle parti, di tutto questo non potrebbe rendersene conto: la realtà della città gli resterebbe ignota, invisibile. Probabilmente ci sarebbe bisogno di una iniziazione per potersi poi addentrare pienamente nelle mille risorse di questa miniera dei talenti e dell'umano.

Ora, io non ho la possibilità, qui, di indagare a fondo i miei assunti e, pertanto, questi resteranno tali fino a quando tu, mio amatissimo Lettore, non deciderai di avventurarti alla ricerca della vera Spezia; se lo farai, sappilo, lo farai a tuo rischio e pericolo, io non voglio saperne niente e non intendo assumermi responsabilità alcuna, sappilo. Quel che è detto è detto. Proseguiamo.

Alcune "presenze" abitatrici di questa città hanno avuto un ruolo nella mia vita (non dimenticarti che io sono cresciuto alla Spezia, caro Lettore), e ancor di più in quella di Manuel Cossu. Per questioni di sintesi e per restare nel contesto, tra le molte persone meritevoli di rientrare in un racconto sulla città della Spezia, citerò solo alcune di quelle che hanno avuto a che fare con me e che hanno ancora a che fare con Manuel. Tra gli artisti, quelli con cui ero in relazione, ci sono Lorenzo d'Anteo e Jacopo Benassi.

Lorenzo d'Anteo, prevalentemente scultore, affinché possa sviluppare e dare pieno respiro alla sua arte, è mia opinione, ha necessità di avere un ambiente intellettuale vivace e ricco di idee intorno a sé; venendo meno la forza motrice dell'ambiente, impoverendosi questo di presenze valide e stimolanti, si impoverisce, per lineare conseguenza, anche la sua arte e questo è un fatto molto umano che ci riporta a meditare sull'aspetto esistenziale dell'arte, che è qualcosa di altro rispetto la semplice produzione di oggetti. Lorenzo d'Anteo, oltre che essere uno dei "maestri" riconosciuti da Manuel Cossu, è un artista di talento la cui unica debolezza consiste nello smarrire molto spesso il nocciolo della sua arte, ciò che lui stesso è veramente e ciò che altrettanto veramente vuole/dovrebbe fare per portare al punto più alto lo sviluppo delle sue ricerche. Ora, io è da moltissimi anni che non ho un contatto diretto con lui, però avendolo conosciuto molto bene negli anni importanti della formazione e della sperimentazione (siamo coetanei e abbiamo seguito, fino a un certo punto, lo stesso percorso di studi), penso di poter dire (e forse: dirgli), senza il timore di affermare una serie ben nutrita di corbellerie, che è un errore da parte sua concentrarsi più sulla pittura o sul disegno dal tono forse un po' troppo illustrativo, tralasciando quell'arte, quella disciplina di cui lui è veramente il principe: la scultura. Io credo che in tutta la città sia difficile, negli ultimi cent'anni, trovare un modellatore così versato nell'arte sua e con una così viva e spiccata sensibilità per la materia come questa l'ha Lorenzo d'Anteo. Forse questo libro che sto scrivendo ci darà la possibilità di creare un ponte e avremo modo di discutere queste cose con serenità e allegria.

L'altro artista è Jacopo Benassi. Moltissimi anni fa fui il curatore della sua prima mostra importante e scrissi un testo sulla sua opera di allora. Jacopo ha un grande istinto e una altrettanto grande capacità di attuare ciò che gli preme, che gli urge. Le sue prime opere contano, è mio parere, ancora oggi, tra le sue migliori per quanto riguarda la poetica e una sua peculiare sensibilità nel cogliere certi aspetti intimi del vissuto di altre persone (ammetto di conoscere meno l'opera sua più recente); il perché di questa mia affermazione è molto semplice: era più ingenuo nelle cose dell'arte e quindi più puro; aveva dedotto i suoi modelli, i suoi maestri, scegliendoli tra i più sensibili e profondi nel campo della fotografia artistica del novecento, e questo fu un bene. Jacopo Benassi, come Manuel, è in parte un autodidatta, e questo gli garantisce un vantaggio su molti altri suoi colleghi forse troppo viziati e corrotti da un'erudizione scolastica e in certi casi mal compresa. Io penso che Manuel e Jacopo hanno molto in comune: qualcosa di profondo nelle loro biografie li accomuna e, forse, tramite Manuel Jacopo potrebbe riacquistare quello sguardo genuino e primordiale sulle cose che aveva quando iniziò la sua avventura artistica, con il pregio di essere arricchito dal bagaglio di esperienze messo assieme in questi anni di lavoro.

Altri aspetti che devono essere quantomeno nominati in questo scritto dedicato alla pittura di Manuel Cossu sono i seguenti: fondamentale per

Manuel, anche nella sua qualità di musicista è stata, e lo è tuttora, la Skaletta (Skaletta Rock Club); e non si può dire Skaletta senza nominare quantomeno le sorelle Pantani, Daria e Federica (quest'ultima studiò, se la memoria non m'inganna, scenografia all'Accademia delle Belle Arti di Carrara). La Skaletta, dal 1994 (se mi ricordo bene l'anno) fu uno dei luoghi più frequentati da una gran parte della scena creativa spezzina, tra cui Manuel, Jacopo, Lorenzo e l'autore di questo scritto.

Desidero nominare, tra le personalità spezzine che io reputo interessanti per lo svolgimento delle loro biografie e delle ripercussioni che hanno avuto su una grande parte del tessuto culturale spezzino, Umberto Bonanni: persona che ricordo di vedute aperte, visionaria e con tanta voglia di fare, di organizzare, di realizzare; una persona capace di convogliare esperienze, energie e situazioni diverse in eventi sempre significativi.

La lista di tutte le persone che hanno dato vita a qualcosa di particolare e d'importante nell'ambiente spezzino (con ripercussioni anche nazionali) sarebbe troppo lunga. Nessuno deve sentirsi escluso: io mi attengo al contesto di questo libro: l'arte di Manuel.

Chiudo questo capitolo citando il titolo del racconto di Carver, che mi sembra consono alla situazione mentale ed emozionale che si è verificata in me ricreando nella mente e nel cuore quelle immagini di un tempo lontano: *da dove sto chiamando...*

PARLANDO CON GLI ANIMALI

Laudato si', mi Signore, per sora Luna e le stelle: in celu l'ài formate clarite et pretiose et belle.

Il sottotitolo di questo capitolo è tratto, come tu avrai già inteso, caro Lettore, dal "Cantico di Frate Sole o Delle Creature". In un passo della "Legenda Major", la vita di San Francesco redatta da San Bonaventura, si legge: "*Essendo spinto dalla medesima* [qui S. Bonaventura si riferisce alla pietà, *n.d.a.*] *ad amare tutte le creature, e in modo speciale le anime redente dal sangue di Cristo, ogni volta che le vedeva macchiarsi di colpa, piangeva con sì tenera compassione, da sembrare che ogni giorno le partorisse a Cristo*".

L'iconografia concernente la vita di San Francesco d'Assisi è molto vasta e, traendole dalle "fonti francescane", molti artisti si sono cimentati con le storie e gli aneddoti che ci offrono testimonianza del suo operato, lasciandoci in eredità opere d'arte di grande pregio e, in alcuni casi, tra le punte più alte dell'arte di ogni tempo; è il caso di Giotto, ma non solo. Noi ci soffermeremo esclusivamente sull'opera del Maestro fiorentino (Giotto nacque a Vespignano del Mugello, presso Firenze), di cui prenderemo in esame alcuni tòpoi (dal greco antico τόποι: luoghi; plurale di τόπος: luogo) ricorrenti nell'opera del Maestro e che furono poi fonte iconografica di grande importanza per gli artéfici a lui posteriori: il "Dono del mantello"; il "Colloquio con il Crocifisso di San Damiano"; "Rinuncia agli averi"; il "Sogno di Innocenzo III"; "Cacciata dei diavoli da Arezzo"; la "Prova del fuoco davanti al sultano"; la "Predica agli uccelli"; la "Morte del cavaliere di Celano"; le "Stimmate di San Francesco"; tra i temi non correlati alla vita di San Francesco, ne cito qui alcuni tratti dalle "Storie di Cristo": "Ingresso di Cristo a Gerusalemme"; la "Cacciata dei mercanti dal tempio"; la "Cattura di Cristo"; il "Compianto sul Cristo morto"; e, in ultimo, al di fuori delle "Storie di Cristo", nomino il bellissimo "Giudizio universale". Tutte queste che ho elencato sono opere di Giotto e della sua bottega. Avrai notato, caro Lettore, che già altrove, in questo scritto, ho menzionato Giotto in relazione all'opera di Manuel, soprattutto ti segnalavo i "volti". Il motivo è semplice: ritengo che Giotto sia fonte inesauribile per gli artisti pittori di ogni tempo. Giotto travalica, con la sua pittura, i margini stretti della cultura e del gusto di un epoca o di una regione geografica per assumere, sin dal principio, un valore universale. Semmai, è Giotto a creare un nuovo modo di concepire la figurazione in arte e, quindi, a contribuire alla formazione di un gusto e di uno stile "nuovi" (tra virgolette, perché di veramente nuovo, a questo mondo, c'è solo la risposta, ancora inedita, o quantomeno molto discussa, alla domanda se sia nato prima l'uovo o la gallina).

Dalla pittura di Giotto, Manuel può imparare molto per quanto concerne la rappresentazione di figure e l'elaborazione di scene e tematiche complesse. Da questo confrontarsi con l'opera del Maestro fiorentino ne uscirebbe, oltretutto, arricchito spiritualmente. Manuel, infatti, deve essere accorto e continuare a "rigare dritto", come artista; è facile perdersi in una maniera facile che incontra immediatamente i favori del pubblico. È sicuramente necessario e bello avere un riscontro positivo nei confronti del proprio lavoro, ma questo non deve indurre l'artista a "semplificarsi" nella direzione dettata dal gusto corrente e dalla crescente folla di ammiratori. Nei vangeli, gli evangelisti ci ricordano di come Gesù fosse solito dire che è la "porta stretta" quella giusta, quella che conduce al bene. Io, personalmente, su quest'idea della porta stretta ho fondato e impostato conseguentemente la mia vita: certo, non è facile. Manuel potrebbe incorrere nel pericolo, anzi, io lo vedo già innanzi a lui, d'impoverirsi e impoverire la sua arte, se sarà troppo attento ai richiami per le allodole e a quelli delle sirene. Come Ulisse, anche Manuel dovrebbe farsi legare all'albero maestro di una nave, così da poter ascoltare il canto delle sirene e soddisfare la sua curiosità, senza restarne ammaliato, stregato, mantenendo quindi la sua libertà dai condizionamenti e dalle tentazioni di un successo facile.

IL COLORE E IL SEGNO
una pittura esistenziale e complessa

La pittura di Manuel Cossu non è "facile" e non è "semplice" come si potrebbe essere indotti a ritenere ad un primo sguardo superficiale. L'abilità del segno e la maestria con cui Manuel gestisce il colore tradiscono l'esperienza. Quando scrivo "esperienza", io non intendo affermare anni e anni di apprendistato e di professione artistica, bensì anni e anni di vita vissuta ad assimilare e a percepire mondi altri, territori di vita altra dalla propria.

Manuel ha assorbito il meglio da quasi tutto ciò che ha fatto e che ha vissuto nella sua esistenza, in prima o in terza persona: la visione di programmi televisivi così come la lettura dei fumetti non sono subite passivamente, ma collegati alla propria sensibilità e al proprio modo di vedere e intendere, fosse anche nella sfera dell'inconscio. Le situazioni vissute con altre persone, artisti di ogni genere (ho già scritto che La Spezia è un vero covo d'arte "altra", non allineata e sempre un po' sballottata tra "in" e "out") sono state per Manuel scuola; una scuola più alta di quella che ci può servire il sistema d'istruzione pubblico; una scuola della verità, dell'amore e dell'odio, dell'idiosincrasia, dell'empatia, della gioia comune vissuta e condivisa, dei fraintendimenti, dei litigi, dei "risanamenti". Cosa intendo dire? Semplice: Manuel non ha sprecato i "momenti di vita", che sono poi la vita stessa; i suoi sensi sono sempre stati allerta, ricettivi quasi per una predisposizione dell'organismo e dell'anima. Manuel avverte l'ironica e pazza identità tra un cartoon WB (Warner Bros) o Walt Disney e la vita quotidiana; tra il cartoon e le relazioni personali, siano esse intime, profonde, superficiali. Topolino è fonte di cultura, scienza e quindi "sapere". I suoi mystery sono avventure in mondi percettivi ricchi di profumi, di "cose", di relazioni tra le "cose". Ripeto quello che ho già scritto in altra parte di questo scritto: la pittura di Manuel Cossu non è identificabile come Pop Art, per il semplice fatto che non è Pop Art. Tutto differenzia l'arte di Manuel Pop dal fenomeno pop: la tecnica di esecuzione, il modus operandi in toto, quindi; la visione della realtà; l'humus che ne sta alla base. Tutto è "altro" in Manuel, nei confronti della Pop Art. Perché noi tendiamo a inserire la sua opera nella parabola, ormai in fase discendente, della Pop Art? Perché fraintendiamo il significato e il motivo di molti dei temi e dei motivi affrontati da Manuel nella sua arte; equivochiamo la causa da cui tutto muove, la fondazione dell'edificio che Manuel ha costruito in anni e anni di "attesa", prima di prendere il volo alto: tutto ciò che ha un valore, ha bisogno di tempo e necessita di uno sviluppo interiore invisibile e lungo tanto quanto poi duraturo e permanente nella fase del suo mostrarsi. Osserviamo un Topolino dipinto da Manuel e capiremo presto perché non è Pop: si tratta di personaggi provenienti dall'ambiente della cultura popolare di successo, alcuni la chiamano "la fabbrica dei sogni" e di questa fabbrica Walt Disney soprattutto, e Warner Bros anche, sono i grandi maestri indiscussi. Manuel, però, infrange l'effetto desiderato dai fabbricanti di sogni perché collega la sua realtà, la sua esistenza a quella dei prodotti di cultura popolare sino a porli in così stretto contatto fra loro da ricrearli e porli in una luce "nuova", una luce che è fatto di vita e fatto vissuto, in una parola: esistenziale. Un Topolino dipinto da Manuel è l'espressione di un desiderio ideale che entra in combustione non appena entra nell'atmosfera di Manuel Cossu, trasformandosi in un qualcosa che è molto distante da ciò che era all'origine. Questa "combustione" avviene nei sensi, nella percezione, nei sentimenti di Manuel ed è questa la qualità principe della sua pittura; è questo che rende le sue interpretazioni di figure note e popolari, come quelle dei comics e dei cartoons, così attraenti e così esplicite per il ricettore: chi guarda, il cosiddetto "fruitore", è attratto da quella carica esplosiva e anche un po' (tanto) anarchica che si cela dietro quelle pennellate fragili, che sembrano incerte ma che sono invece sapienti. Osserviamo l'uso che Manuel fa del colore, se ancora non vogliamo concedergli una perizia e una professionalità pari quella esercitata dai suoi colleghi "studiati" o "imparati" (a volte imparaticci) e subito ci ravviseremo: è evidente che sarebbe ludico asserire che si tratti di una pittura infantile e precaria; è evidente che saremmo noi, in tal caso, ludici e puerili e precari. Nel segno e nella campitura di colore, come nella sua stesura, ritroviamo una sapienza da "manga" delle origini; mi riferisco quindi ai taccuini di schizzi tenuti da alcuni artisti giapponesi nei secoli scorsi e che erano caratterizzati dalla capacità di sintesi, di espressione e di resa del "reale". Manuel ha assunto in sé tutte queste qualità "vivendo", grazie alla sua particolarissima capacità di ricezione e, come abbiamo detto altrove, empatia. Parafrasando Gesù: *a Manuel è stato molto per-donato, perché ha molto amato* (Vangelo di Luca: 7,47); perché Manuel ha avuto sempre fede, anche nei momenti più bui, nella vita come "amore", e quest'idea (forse mai pensata ma avvertita) non l'ha mai veramente tradita. La vita è un dono che riceviamo, ma la vita è anche un dono nostro agli altri.

UN NUOVO INIZIO
un appello, per concludere

Questo viaggio un po' bizzarro nell'arte di Manuel Cossu che noi, tu ed io, caro Lettore, abbiamo intrapreso insieme, spero che ti abbia reso curioso delle cose dell'arte e che ti induca a guardare con altri occhi la pittura di Manuel così come ogni altra forma d'arte. Un viaggio nei meandri dell'arte ha un senso solo se riesce a stimolare e vivificare la mente del lettore; se riesce ad accendere in lui quella fiamma debole ma mai assopita che ci induce, noi esseri umani, alla ricerca del bene, anche nelle situazioni più difficili. Non c'è disperazione che possa essere veramente disperata: un tenue bagliore di speranza permane in noi, seppure certe volte noi non ce ne rendiamo conto. L'arte è madre del bene e figlia della speranza; chi fa arte perché interiormente mosso, perché il farla gli è necessario, non per produrre oggetti di consumo ma per esistere, opera il bene: per sé e per gli altri. In un'epoca pericolosa, anzi pericolosissima come la nostra, dove personalità e individualità non sono molto ben accette, è importante che noi tutti ci impegniamo nella difesa del bene più grande: la nostra libertà, quella vera, quella interiore da cui dipendono per conseguenza tutte le altre forme libertà. Soltanto se io nella mia interiorità saprò scindere ciò che è bene da ciò che non lo è, potrò essere libero di scegliere. La scelta è la libertà. Non possiamo però essere liberi, se non siamo in condizione di discernere, che vuol dire: conoscere, distinguere, differenziare, comprendere.

Questo scritto non è semplicemente uno scritto "su" Manuel Cossu, è anche uno scritto dedicato a Manuel per la stima che porto al suo atteggiamento nei confronti dell'arte e della vita. Chi ha scritto, lo scrittore di questo testo, quindi "io", è sia scrittore sia artista, si sente, però, principalmente poeta e da poeta guarda a tutte le cose dell'arte e della vita. Ringraziando di avere avuto in dono così tante inclinazioni, desidero farne buon uso e non lasciarle "lettera morta". Ciascuno di noi ha uno o più doni che sono grandi e che gli sono innati, sta a ciascuno di noi saperli riconoscere e portarli a maturazione, per il bene dell'intera umanità. È nostro compito riconoscere il bene e proteggerlo dall'oscurità incombente su di noi: ogni giorno, ogni ora, ogni minuto, ogni secondo... il tuo respiro è alito di vita e fiato d'amore, ché tu ne sia consapevole, caro Lettore.

In lui era la vita
e la vita era la luce degli uomini;
la luce splende nelle tenebre,
ma le tenebre non l'hanno accolta.
Gv. 1,4-5

EDMONDO DE AMICIS
quisquilie e altre mie dabbenaggini

Al primo vederla in piedi, eretta con tutto il busto sopra il banco, alta e possente, col bel viso ovale pallido, ma risoluto, s'intese un nuovo mormorio, come un commento favorevole alla sua persona, il quale subito cessò.

È, questo, un brano tratto da *Amore e ginnastica*, un romanzo dello scrittore Edmondo De Amicis.
L'ho riportato semplicemente perché proprio ora sfogliando alcune sue opere alla ricerca della poesia di cui desidero scrivere mi ci è, come si suol dire, cascato l'occhio; e siccome io ho una certa inclinazione verso la bellezza, ne ho goduto e per goderne di più, l'ho trascritto.
Quello che desidero però qui scrivere, è tutt'altra cosa e non riguarda il De Amicis prosatore o romanziere, bensì l'Edmondo poeta.

Mezzogiorno, è questo il titolo del componimento che mi spinge a meditare, a scrivere. L'asino è bello e forse anche buono ma non è certo spinto a meditazione dalla poesia, quindi, da questo si deduce che io, sì, sono asino, ma d'altra qualità. Poniamo la questione così: io sono tanto asino quanto lo è un *sardegnolo*, creatura amorosa, affidabile e di molto bella. Ma, torniamo a *Mezzogiorno*!

Alla vampa del sol meridiana
chiusa è la stanza, ed io seggo, insonnito;
e sento giù per un sentier romito
la canzone morir d'una villana.

Ah! Lasciatemelo dire, che bella scorpacciata di bellezza! Quel tanto d'impaccio, la giusta dose di lirismo, un leggero naturalismo descrittivo con sfumature delicatissime d'intimità e riservatezza. Ho proprio avuto una bella merenda testé. Eh sì! Caro il mio Lettore; io, quando mi trovo davanti a certe delicate pietanze, con quel sapore di cittadino amante della campagna, con un pizzico di mondo rurale, giubilo e gongolo. Insomma, mi compiaccio. Tu no? Oh, che mi dici mai, caro il mio Lettore? Non gongoli tu? Non ti compiaci? Non giubili? Se davvero è così, questo mi rattrista; ma son sicuro che così non è. Ascoltami, leggimi e vedrai. Il titolo completo della poesia è, oltre al già suscritto *Mezzogiorno*, posto dall'autore tra parentesi, *(In villa)*.
Io gioco un pochino, caro Lettore, è vero... consentimelo questo poco di svago. Potevo subito scrivere il titolo completo ma, me ne ero dimenticato... e poi, lo so, tutto questo discorso di merende e pietanze e giubili e avanti così...
Lo so! Lo so invero, caro Lettore. Eppure, essendo il De Amicis così

grande e amoroso scrittore, bisogna pure festeggiare un po'; tu mi capisci, vero? Beh, altrimenti, mi capirai. Se non oggi, forse domani.

Quindi un alto silenzio, una sovrana
pace sembra regnar nell'infinito;
sol tratto tratto nel giardin sopito
frulla un'ala tra i rami e s'allontana.

Hai tu mai goduto di così soavi e ben scelte parole? E che dire della chiusa del periodo, *frulla un'ala tra i rami e s'allontana.* Con De Amicis siamo difronte a un grande scrittore che inventa, ricrea per sé e forse veramente solo per sé, la poesia e ciò che per lui è poetico, musicale, armonioso. Certo, lo so, siamo poco abituati dopo cent'anni di sconquasso e grida a godere delle cose semplici che vengono anche scritte e concepite semplicemente (non intendo però facilmente). Io ne ho gran bisogno, di questa bellezza semplice che sovrasta tutti i discorsi e azzera i gran discorri-tori, ponendoli innanzi al suo mistero crudo e nudo ma caldo come un nido abitato nel periodo della cova.

E dalla muta cameretta oscura,
fantasticando, con lo sguardo fiso
delle socchiuse imposte alla fessura,
veggo di là dai verdi piani immensi
la piramide bianca del Monviso,
che domina il Piemonte, e par che pensi.

Notiamo subito in queste due terzine, che chiudono il componimento, un avvicinamento ai modi poetici del Carducci. Non intendo dire che questa del De Amicis sia una poesia carducciana; non lo è, sia chiaro. Si percepisce però quanto il poeta sia rimasto piacevolmente colpito da certe meditazioni del grande poeta delle *Rime nuove*, delle *Odi barbare* e *Rime e ritmi.*
Si avverte anche immediata la differenza che corre tra le due quartine che aprono la poesia e queste due terzine finali; per essere più precisi: l'influenza del Carducci si lascia già intravedere chiara e limpida nell'ultimo verso della seconda quartina (verso 8): *frulla un'ala tra i rami e s'allontana.* Avevamo già evidenziato questo verso per la sua particolare freschezza e per quel sentimento di genuina bellezza, semplice, non sofisticata che dona al componimento intero una fuga veloce del pensiero tanto quanto un arresto meditativo, prima del discorso finale.

Gli ultimi tre versi testimoniano pienamente di questa volontà del poeta di rendere un omaggio segreto al Carducci, ma anche della chiara stima che il De Amicis in lui riponeva:

veggo di là dai verdi piani immensi
la piramide bianca del Monviso,
che domina il Piemonte, e par che pensi.

Quei *verdi piani immensi*, e poi *la piramide bianca del Monviso / che domina il Piemonte* si sente bene che queste immagini sono qualcosa d'altro che non un semplice timbro carducciano; qualcosa in più di un'agevole eco o reminiscenza del grande poeta li connota.
Ad accrescere tutto questo si aggiunge la splendida percezione finale: *e par che pensi.*
Questa, sì, lascia veramente assumere al verso un'immagine propriamente carducciana ma, osservata nel contesto dell'intera poesia (e non potrebbe farsi altrimenti), per contro e riscontro, si trasforma e si collega subitanea ai primi due versi della seconda quartina del componimento, diventando figura, visione ed evocazione sue proprie, del De Amicis. Si legga:
Quindi un alto silenzio, una sovrana
pace sembra regnar nell'infinito;

Edmondo de Amicis, con questa poesia restituisce prova di elevata capacità e profondità poetiche. Qualcosa di più di un romanziere che si cimenta con la poesia; un poeta, autentico.

DISCORSO SULLA BELLEZZA COME PAROLA ESTRANIANTE NELLA POESIA: NELL'ESEMPIO DI UGO FOSCOLO

Forse perché della fatal quiete
Tu sei l'immago a me sì cara vieni
O sera! E quando ti corteggian liete
Le nubi estive e i zeffiri sereni [...]

È questo il principio di *Alla sera*, un sonetto vergato su carta da Ugo Foscolo probabilmente tra il 1802 e il 1803; sulla data di composizione non vi è certezza alcuna, solo buone intenzioni; quella di prima pubblicazione, diversamente, ci è nota: correva l'anno milleottocentotré.
Reputo il Foscolo tra i maggiori poeti di sempre, sicuramente per quanto concerne la letteratura in lingua italiana ma voglio sbilanciarmi affermando che anche su un piano internazionale (magari limitiamoci a quello europeo), Foscolo se ne sta tranquillamente seduto sulla vetta più alta, in compagnia forse di altri due o tre che qui non nominiamo per evitare scandalo.
Foscolo era ben consapevole della sua condizione, come conferma un sonetto composto tra il 1801 e il 1802, dal titolo *Il proprio ritratto*. Questo sonetto ci è pervenuto in due redazioni, quella appena proposta e un'altra, più tarda, che risale agli ultimi anni di vita del poeta, probabilmente da collocarsi tra il 1821 e il 1824. La prima stesura reca a epigrafe un verso del Petrarca *Ch'altri che me non ho di cui mi lagne* (Rime, CCCXI, 7); la seconda ne è priva. Confrontando l'ultimo verso di entrambi i sonetti, evidentemente il quattordicesimo, notiamo che la ventina d'anni trascorsi tra l'uno e l'altro non hanno cambiato di molto l'idea di fondo, la profonda consapevolezza del poeta riguardo un aspetto fondamentale del suo destino. Leggiamo, dunque:
prima stesura
Morte sol mi darà fama e riposo
seconda stesura
Morte, tu mi darai fama e riposo
non è necessario che io descriva l'evidenza, non è il mio mestiere (son poeta, artista se volete, non professore in cattedra) quindi sorvolo e vado subito al punto: il poeta cambia solo due cose nella redazione più tarda, quella che coincide con gli ultimi anni di sua vita, e cioè il pronome (nella prima non si rivolge direttamente alla morte: *mi darà*; nella seconda diversamente interloquisce direttamente con lei, prima la evoca *Morte!* E poi la sollecita e intima *tu mi darai*) e la prospettiva temporale (si veda il verbo dare, nella prima redazione guardante ancora a un giorno lontano, a venire; nella seconda già più vicino, incipiente).

Torniamo adesso al sonetto principe di questo mio breve scritto:
Forse perché della fatal quiete
Tu sei l'immago a me sì cara vieni
O sera! E quando ti corteggian liete
Le nubi estive e i zeffiri sereni [...]
(ho dimenticato di avvisare che nella trascrizione ho omesso una dieresi in *quiete*, se per alcuni fosse d'interesse e utilità nel computare l'endecasillabo).

Accingiamoci! Ora qualcuno potrebbe dirmi che questi versi non gli aggradano, che per lui non sono punto belli, anzi; oppure che si tratta delle banali e tipiche pastoie di fine settecento. Eppure, se volgiamo lo sguardo brevemente alle coeve opere del Monti e del Pindemonte, e del loro antesignano Parini, ci accorgiamo che qui siamo difronte a una nuova musicalità capace di guidare il pensiero, nel concetto espresso, attraverso le maglie segrete che costituiscono la stoffa pregiata del loro artefice. Come nel sonetto *Il proprio ritratto*, anche qui il poeta indaga la sua fine, il termine della sua vita corporea, quella terrestre, la vita insomma così come a noi ci è dato di conoscere; La *fatal quiete* è quel che il poeta si augura per il dopo, per la fase successiva, quella che comincia con la sua morte corporale e intellettuale.

È la sera che a lui va; la sera della vita si mostra al poeta nelle vesti della sera che segue al meriggio quale immagine, carica di significati al contempo naturali e metafisici, nella quale il poeta può ravvisare, farsi un'idea – l'immagine appunto, la visione del "dopo" – di quel che lo attende; pace, serenità, rilassamento delle passioni e distensione del pensiero intellettuale che si dipana e assurge a verità più piena tramite rarefazione. Dalla congestione della vita, alla leggerezza fatale di *nubi* e *zeffiri*. Aura e brezza divina *corteggian liete*, soavi, la invocata *sera*.

Nella seconda quartina il Foscolo suscita forti emozioni, appellandosi alla forza degli affetti, offrendo al lettore un'immagine più lugubre; una restituzione conturbata della sera, approfondendo la già accennata tematica della morte, trovando comunque una consolazione nella sera stessa, immagine e preannuncio della *fatal quiete*:
E quando dal nevoso aere inquiete
Tenebre e lunghe all'universo meni
Sempre scendi invocata, e le secrete
Vie del mio cor soavemente tieni [...]

È interessante notare come il Foscolo opponga alla *quiete,* posta in fine del primo verso nella quartina iniziale del sonetto, in precisa corrispondenza nella seconda quartina l'aggettivo opposto: *inquiete* (anche qui vale, come per quiete, la dieresi da me omessa; avviso una volta per tutte che la dieresi nei testi citati non sarà indicata). Credere che questa sia semplicemente una via facile per risolvere lo schema metrico richiesto dal sonetto al fine di una buona esecuzione, cioè ABAB ABAB, dimostra carenza di comprensione del pensiero poetico o di ciò che gli sta alla base. Il Foscolo avrebbe potuto trovare altre soluzioni, al solo scopo di risolvere la questione metrica, come per esempio (improvviso): *viete* o *liete* (con dieresi così che l'accento cada sulla decima sillaba) scrivendo quindi

E quando dal nevoso aere viete (o liete)
oppure ancora
E quando dal nevoso aere desuete
oppure ancora
E quando da innevato aere liete

penso che tre esempi siano sufficienti a rendere almeno l'idea del mio assunto. Accomodare il resto del testo poetico conseguentemente alla diversa struttura, non sarebbe stato certamente un problema per il Foscolo.

Cosa intendo io dunque dire? Che all'interno dell'ottava, nel sonetto *Alla sera*, il Foscolo pone un cambio di registro magistrale sia per la forza evocativa e d'immagine che per l'accezione simbolica e metafisica del suo pensiero dominante: la sera, intesa questa come consolazione, preannuncio e meditazione del secondo momento fondamentale tanto quanto fatale dell'esistenza, nascita e morte.

Attraverso la suggestiva ruota immaginaria che alla *fatal quiete* di cui la *sera* è l'immagine (la morte nella sua crudezza e nostra cecità dell'avvenire, certamente, ma non solo; si pensi al valore simbolico di *fatale* anche nell'accezione di "necessario", quindi alla "necessaria" trasformazione del nostro essere) fa seguire nella stessa posizione l'inquietudine.

Lasciando perdere il dato fin troppo facile – che ognuno può intendere senza indicazioni ulteriori – del ribaltamento paesistico e meteorologico cui si assiste nelle due quartine, scenografia che ben si adatta all'accelerazione immediata della suggestione da zero a cento km all'ora in pochi secondi, resta veramente fondante il gioco esclusivo tra i due concetti contrapposti: *fatal quiete / inquiete* (non lasciatevi fuorviare dal principio del verso successivo *tenebre*, rientra nel discorso della suggestività e del potenziamento di effetto che ci rivela anche accenti arcadici e addirittura barocchi). Lì si gioca la partita di tutto il sonetto, il primo verso delle quartine cui fa da tramite il secondo della prima quartina fino al principio del terzo con l'evocazione *O sera!*. Abbiamo quindi *fatal quiete*, che induce a pensare anche a una condizione d'impossibilità; di prigionia dello spirito. Non soltanto la morte quale destino forse salvifico per l'uomo è da intendersi in quella *fatal quiete* e nell'evocazione della *sera* quale sua *immago*, quanto pure la condizione umana posta nella svantaggiosa condizione di non poter dare completa libertà alle capacità del pensiero, dell'immaginazione, dei sentimenti e degli affetti. Non dimentichiamoci mai che il Foscolo stesso ci offre questa chiave nelle due ver-

sioni del sonetto *Il proprio ritratto*. Leggiamo, dunque i versi dal 12° al 14° di entrambe le composizioni:
prima redazione (non è fantasioso proporre una data di composizione risalente allo stesso periodo di *Alla sera*, l'anno milleottocentodue)
Di vizi ricco e di virtù, do lode
Alla ragion, ma corro ove al cor piace:
Morte sol mi darà fama e riposo

seconda redazione
Cauta in me parla la ragion, ma il core
Ricco di vizi e di virtù delira –
Morte, tu mi darai fama e riposo
nella prima redazione, che io propendo a datare alla metà del milleottocentodue (tenendo conto che per questioni di mesi si potrebbe anche intendere la seconda metà del milleottocentouno), abbiamo il poeta, oscillante tra vizio e virtù di cui è parimenti ricco, che loda la *ragion*, fa però quel che sente e gli dice il sentimento, la passione, l'affetto (*ma corro ove al cor piace*); e una morte che si profila ancora futura e però già pronta a render ragione alla grandezza del poeta, allorquando lei si verificherà.
Nella seconda redazione, abbiamo una ragion cauta e un cuore, o il poeta stesso secondo una lettura più lineare (un cuore in cui l'autore stesso forse s'immedesima? Intendendo "io", cioè sia il poeta che il suo cuore, *delira* quindi: *io delira*), oscillante e propenso al vaticinio e una morte che si profila in procinto di accadere – di verificarsi, di avere luogo nello spazio temporale – e sollecitata quasi imperativamente dal poeta stesso a rendergli ragione della sua grandezza. Un sollecitare che lascia trapelare la speranza che il poeta ripone affinché i fatti dopo la sua dipartita così si svolgano come lui desidera. Infatti nel *Morte, tu mi darai fama e riposo* si cela da una parte un'invocazione ad avere pietà di colui che in terra né pace né gloria ha trovato tra gli esseri umani, quanto la disperata invocazione del "tu questo devi farlo, per me che tanto ti ho dato"; questo "che tanto ti ho dato" io lo riferisco alla vita, che è la parte di esistenza al di qua del buco nero nel quale per nostra evidente ignoranza è una dimensione sconosciuta. Foscolo non appella la morte quindi come termine, come fine; al contrario, a lei si affida sia per quanto riguarda il trasferimento del suo essere in una nuova entità, sia per quanto riguarda il suo permanere nel mondo terrestre dopo la morte corporale, per questo si appella e incita la morte a garantirgli questi onore e gloria postumi. La morte deve essere stata profondamente toccata dai versi del poeta, presumo io, e sentendosi invocata in tal modo dal genio di un mortale ha deciso di esaudirgli i desideri e di avverarne le speranze. Un privilegio enorme questo accordatogli dalla madre di tutte le vite e vicissitudini, concesso ai pochi, pochissimi, che in virtù del loro sentire, della generosità del loro cuore e della loro mente, per l'arte o per la scienza hanno molto sofferto.

Foscolo è veramente immortale tra noi, così come lo è nello "altrove" che nostra ignoranza ci preclude a conoscenza.

Nella sirma del sonetto *Alla sera* Foscolo scrive:

prima terzina
Vagar mi fai co' miei pensier su l'orme
Che vanno al nulla eterno; e intanto fugge
Questo reo tempo, e van con lui le torme [...]
seconda terzina
Delle cure onde meco egli si strugge;
E mentre io guardo la tua pace, dorme
Quello spirito guerrier ch'entro mi rugge

(da notare che Foscolo non usa lo schema che dovrebbe seguire a quello da lui adottato per l'ottava, ABAB ABAB, cui dovrebbe seguire CDE CDE, ma mescola i due sistemi, quello più antico, usato dal poeta nell'ottava e quello affermatosi nel duecento e successivamente molto utilizzato soprattutto dal Petrarca, CDC DCD, usato nelle terzine qui sopra ora citate).

La situazione paesistica naturale e spirituale è semplice da decifrare. Il poeta è indotto dalla *sera* a meditare sulla morte, seguendo i passi che piano piano ci conducono al traguardo (che è anche principio del *nulla eterno*); mentre poi il poeta osserva la pace della *sera*, preludio forse a quella della morte, si acquieta lo spirito combattivo, il cuore del poeta; quel *cor* che tira e scalpita più forte della *ragion* e che abbiamo già incontrato nelle due redazioni del *Ritratto*.

Ora, perché questa analisi di alcuni sonetti del Foscolo? Ho accennato in principio al fatto di non voler io scrivere una esegesi, un saggio letterario nel senso più comune del termine. La mia intenzione è quella di porre i versi del Foscolo in una luce che renda di fatto intelligibile ciò che illumina e ci consenta quantomeno di intravederne la bellezza; perché *bellezza è parola estraniante*, e lo è nei fatti, come abbiamo visto nella nostra breve riflessione e/o digressione su alcuni versi del poeta.

Torniamo per un attimo ancora al sonetto *Alla sera*; prendiamo in considerazione solo pochi versi:

Forse perché della fatal quiete
Tu sei l'immago a me sì cara vieni
O sera! E quando ti corteggian liete
Le nubi estive e i zeffiri sereni [...]

Li conosciamo bene ora questi versi, possiamo avventurarci alla scoperta della loro *bellezza* e soprattutto del perché *bellezza è parola estraniante*.

Subito notiamo l'accentuata musicalità di questi endecasillabi, non soltanto per le rime dei distici; sostituendo le rime con delle assonanze la musicalità non andrebbe perduta. Lo stesso vale per il metro: sicuramente l'endecasillabo ha consentito questa precisa musicalità così come noi adesso la leggiamo, il poeta avrebbe potuto però tentare di concentrare il dettato interiore anche scegliendo un metro diverso, avremmo allora sicuramente avuto un'altra restituzione degli affetti del poeta ma altrettanto bella, valida e armonica.
Questa musicale armonia nasce infatti non dall'espediente tecnico (dalla sola tecnica è difficile che sorga un'arte a questo livello) quanto piuttosto dalla interiore contingenza e incongruenza delle parole scelte dal poeta e dalla sintassi da lui creata.
Il poeta "vive" un "affetto".
Questo affetto è già in lui ed è però risvegliato alla coscienza dalle immagini che il poeta evoca nella sua mente e da quelle che può realmente percepire nell'ambiente in cui si trova o si è trovato (il risveglio degli affetti evocato da una realtà vissuta, può compiersi anche a posteriori).
Questo risveglio instaura nell'animo del poeta una urgenza creativa; lui "deve" dare forma d'arte a ciò che gli si muove dentro.
Direi che siamo difronte a un imperativo, perché se il poeta non rispondesse positivamente a questa sua esigenza interiore tutto il suo corpo e il suo intelletto, con gli affetti e le percezioni, ne avrebbe di che soffrire.
L'urgenza in questi versi del Foscolo è evidente; nelle scritture di poesia dove l'urgenza è assente, infatti, percepiamo egualmente una grande bellezza, se queste sono state composte da un grande poeta, non però percepiamo quella ineludibilità, quella originarietà del dettato primordiale che sorge dai vissuti atavici tramandatici attraverso quello che oggi potremmo chiamare DNA.

Forse perché della fatal quiete
Tu sei l'immago [...]

Questo incipit io sono propenso a intenderlo come sorto improvviso nell'animo del poeta. Qui, il poeta non ha ancora avuto bisogno di strutturare, forse può darsi che un dubbio veloce sulla posizione di questa o di quella parola gli sia venuto, ma si tratta di questioni che vengono risolte dalla mente nel giro di pochi secondi. Chiunque abbia esperienza dello scrivere in versi o abbia in sé un'inclinazione alla poesia (e che l'abbia coltivata), sa bene come di frequente i versi, addirittura come già perfettamente strutturati in un metro preciso, sorgano di getto dall'interiorità dei processi intellettivi. Io sono propenso a intendere l'incipit fino al punto da me citato come sorto in un volo unico della mente. Si sente infatti la perfezione e la forza comune a quei versi non ancora indagati a freddo dalla ragione poetante (che non è l'affetto, o il cuore, poetante) su cui poi va a reggersi tutta la poesia. Dopo, sì. A seguire si avverte la presenza del grande poeta che a seguito del gran volo impugna le redini del suo cavallo alato e cerca la direzione; emerge, quindi, per la prima volta, l'intenzione. Il getto, però, il materiale fuoriuscito come dalla bocca di un vulcano, era in sé, nella sua origine (quando il magma è ancora fluido e infiammato), privo delle intenzioni che poi si eleveranno ad accompagnare il testo poetico, in quanto sorto dalla più pura urgenza creativa di cui l'essere umano possa fare esperienza.

Non dobbiamo peraltro dimenticare che noi quando leggiamo le opere dei grandi poeti, o ascoltiamo quelle dei grandi musicisti, o ammiriamo quelle dei grandi pittori e scultori, ci troviamo innanzi a un mistero grande che sarebbe volgare voler ridurre in termini di totale comprensione e intelligibilità per chiunque.

Per quanto l'artista infatti possa e desideri essere democratico e riconoscere una funzione attiva del popolo nella scelta dei valori dello stato in cui vive o vorrebbe vivere, non è possibile democratizzare la sua opera, attuare cioè principi democratici all'opera d'arte; il frutto della sua attività potrebbe essere addirittura l'opposto della democrazia, riservando, l'artista, al *démos* (inteso come popolo) un ruolo secondario o addirittura insignificante, nullo, per poi esercitare (in sua vece) nella sua opera un *krátos* (inteso come dominio) ai limiti del rappresentabile.

È, nei fatti, un problema di accessibilità quello che si pone. L'artista non ha il dovere di essere accessibile, seppure sicuramente nella maggior parte dei casi lo desidera. Desidero precisare, prima di procedere ulteriormente in questa direzione, che io non mi riferisco all'accezione corrente del termine "artista"; quello cui io mi riferisco è l'artefice, inteso questi così come lo intendevano gli umanisti del XV secolo, del "quattrocento" per intenderci.

La mia concezione dell'arte è rinascimentale ed è basata sul recupero delle arti, della filosofia e delle scienze così come lo proposero, intesero e divulgarono gli artefici di quel periodo storico che potremmo anche, per comprenderci ancora meglio, circoscrivere al cosiddetto primo rinascimento (quindi a partire da Petrarca, per come intendo io gli sviluppi della cosiddetta *rinascita*).

Bellezza è dunque veramente parola estraniante, in quanto per essere percepita necessita di un estraniarsi da parte del soggetto che tenta di entrare in comunicazione con lei, di percepirla. Non ho scritto casualmente "comunicazione"; per poter comprendere la bellezza dobbiamo poter prima di tutto comunicare con lei, cioè creare uno spazio di comunanza in cui consentirle di mostrarsi a noi. È comunque difficile che la bellezza si mostri senza veli a chi non è da lei chiamato, prescelto. Infatti, cos'altro è la bellezza se non un riflesso della bellezza insondabile di tutto l'universo? Poniamo a esempio il cosiddetto "buco nero"; per quel che ne sappiamo noi, poco e niente dato che siamo costretti a osservarlo superficialmente e solo dall'esterno, è un "luogo" in cui ciò che vi entra viene letteralmente fagocitato, un divoratore di materia, insomma e di luce. Infatti, il buco nero non è affatto nero bensì ricolmo dell'essenza della luce (che noi non conosciamo). Io vedo nel buco nero un "logos". E, sperando di non irritare nessuno (in realtà non mi interessa se qualcuno si sente irritato da quello che sto scrivendo ma certe volte ho impeti di cedimento a una falsa buona costumanza detta anche creanza, non quella vera, per l'appunto, che io massimamente stimo, quella falsa intendo), accosto al "buco nero" cosmico l'avvio giovanneo del Vangelo di Gesù Cristo. La mia impressione, o se vogliamo la mia intuizione da poeta, da artista, è quella che il buco nero sia il *verbo*, o uno degli accessi al verbo, al *logos* quindi. Certo, non inviterei nessuno a provare a calarcisi dentro, tanto più che sarebbe soggetto a illusioni – abbacinamenti, miraggi, chiamateli come più vi aggrada – spazio-temporali per i nostri sensi insormontabili. Una comprensione della "realtà" dei buchi neri ci è quindi, per il momento, negata. Eppure, scrivevo poc'anzi, io ho la percezione del buco nero quale porta aperta su realtà altre, altere forse anche; realtà che prescindono in tutto dalla nostra. Sono consapevole della durezza di questi miei assunti: siamo esclusi, è vero. Quanto meno lo siamo nella condizione attuale, quella in cui ci troviamo ora e adesso per intenderci; ma lo siamo forse anche nella nostra qualità di esseri viventi "corporali". Può darsi che l'aldilà si trovi proprio nel o oltre il buco nero. Sicuramente il buco nero è una porta, un accesso; dove conduca o in cosa trasformi ciò che fagocita e di cui apparentemente si nutre noi non lo sappiamo; tutto resta nel vago sapore del termine "energia" che troppo vuol significare quanto niente. Mi piace pensare che il mistero per noi inviolabile di Dio – inviolabile se non unicamente mediante il "tramite" che ci viene offerto dalla Bibbia – possa essere quanto meno osservato di scorcio, seppure in una visione limitata e distorta, "pensando", osservando, riflettendo e interpretando il buco nero.

Il buco nero è bellezza, è estraniante e ben gli si accostano questi versi che ormai già conosciamo del Foscolo e che desidero offrirvi per nuovo in lettura a seguito di queste mie divagazioni che forse ci lasceranno leggere quelle stesse parole in una "luce" diversa (luce: interessante a proposito quello che accade di questo fenomeno da noi conosciuto come "luce", all'interno del buco nero; per quel che ne sappiamo noi, sia ben inteso); ma ecco i versi della prima terzina di *Alla sera* (versi 9-11):

Vagar mi fai co' miei pensier su l'orme
Che vanno al nulla eterno; e intanto fugge
Questo reo tempo, e van con lui le torme [...]

Silenzio. Adesso, caro Lettore, occorre un attimo di silenzio. Fai una pausa e poi torna a me fresco e riposato nella mente e nel corpo. Oltretutto, ho necessità di recarmi al gabinetto e forse tu anche; non dobbiamo mai dimenticarci di essere mortali, seppure la capacità dell'arte ci sia stata donata come lenitivo della nostra condizione prigioniera dei limiti di cui ben siamo consci. Altrettanto, invero, non dobbiamo mai dimenticare che in noi è un mistero grande di cui ancora non abbiamo scoperto quasi nulla. Cosa sono gli anni, cos'è il tempo infine? Illusione, nient'altro che illusione. Noi apriremo gli occhi sulla realtà. Ti ringrazio della fiducia che accordi al poeta in me; sappi che quel che sono non è merito mio, io stesso mi sono ignoto.

Sei tornato, e ne provo grande piacere. Continuiamo a cercare insieme di capire perché bellezza è parola estraniante. È vero, ho usato il plurale, gli è perché siamo noi, tu e io, caro Lettore, a compiere questo viaggio. Senza la tua presenza, lontano dalla tua compagnia non mi sarebbe possibile avventurarmi nel mondo dell'accessibile e dell'intelligibile. Io sono per antonomasia non accessibile (già a me stesso), eppure so che anche le realtà più singolari hanno possibilità di rendersi intelligibili; l'intelligibilità è un fattore fondante dell'universo e del suo mistero: un mistero comprensibile e percepibile.

*

Dal *Carme ad Antonio Canova* (versi 7-9), posto ad apertura del poema *Le Grazie* di Ugo Foscolo:

Le tre doti celesti
E più lodate e più modeste ognora
Le Dee serbino al mondo. Entra ed adora.
Questi versi compongono la terzina che va a chiudere il suddetto carme. Ci interessano perché le "*tre doti celesti*" hanno in sé qualcosa di singolare, e cioè la loro forma trinitaria. È chiaro che il poeta pensa non al Vangelo, quanto a un ideale di bellezza che superi quello più connaturato alla sua epoca per tentare un innalzamento verso le patrie divine dalle quali il poeta si sente evidentemente estraniato, forse brutalmente, e si indaga e cerca con lo sguardo interiore e quello dei miti e della storia di giungere a altri porti. Il poeta è il vero abitatore dei "luoghi" e la sua condizione è, per questo motivo, quella di un estraniamento perpetuo. Accogliamo l'invito del poeta, entriamo nel mondo che lui ci indica (*Le Grazie*, Inno primo, *Venere;* versi 1-8):
Cantando, o Grazie, degli eterei pregi
Di che il cielo v'adorna, e della gioia
Che vereconde voi date alla terra,
Belle vergini! A voi chieggo l'arcana
Armoniosa melodia pittrice
Della vostra beltà; sì che all'Italia

Afflitta di regali ire straniere
Voli improvviso a rallegrarla il carme

Notiamo subito al principio di questa strofe un "evento" particolare: il poeta nel trattare un mito pagano non si discosta molto dai toni di chi cerca una risposta al perché della nostra specie, del nostro laborioso affaccendarci nel tempo di nostra vita. Le *Grazie* ricevono doni e *pregi* che sono *eterei* e che a loro volta donano o restituiscono alla terra in forma di gioia. Il poeta però, asseriamo noi, non è da meno. Anche lui ha ricevuto doni in quantità e soprattutto in qualità dal cielo; anche lui, proprio come le *Grazie* restituisce una parte del ricevuto alla terra e lo fa in forma di "misteri". Il poeta dona misteri agli uomini, affinché si elevino dalla loro condizione più infima a una nuova, eterea, consapevoli della loro origine: la volontà di un progetto divino. Il poeta, non è importante se pagano o radicalmente religioso, è sempre un figlio delle stelle, un figlio di Dio, della primogenitura di Dio. Un dono chiede Ugo Foscolo per "la sua gente", per quella che lui considera tale e per la patria ideale: lui chiede nientemeno che l'*arcana melodia pittrice* della loro *beltà*, affinché *il carme* voli a rallegrar l'Italia e gli italiani afflitti dalla mancanza di autonomia e libertà, sottoposti alle ire di reggenti stranieri.

Un fatto storico, le guerre napoleoniche (1812-1813) si unisce a una realtà eterea; e il passaggio sembra dei più facili, come se tra le due dimensioni, quella terrestre e mortale da una parte e quella divina e immortale dall'altra, non vi fosse un estraniamento che le rendesse tra loro incomunicabili e ne costituisse i confini invalicabili.

*

Ma perché pria del tempo a sé il mortale
Invidierà l'illusion che spento
Pur lo sofferma al limitar di Dite?
Non vive ei forse anche sotterra, quando
Gli sarà muta l'armonia del giorno,
Se può destarla con soavi cure
Nella mente de' suoi? Celeste è questa
Corrispondenza d'amorosi sensi,
Celeste dote è negli umani; [...]

Questi sono versi, endecasillabi, tratti dal poema *Dei Sepolcri* (23-31), scritto tra il 1806 e il 1807.

Eccoci giunti all'esternazione di una rinnovata speranza del poeta, una speranza di vita oltre la morte grazie al dono degli affetti che lui a chi resta collegheranno come un misterioso filo d'Arianna capace di prevalere sulle barriere che ci accecano e a noi ancora così sconosciute e che

tengono separate o forse anche scindono, recidono, le dimensioni della vita e della morte, a noi comunque ignote, oscure.
Come scaturisce la bellezza da questi versi?
È qui, in questi endecasillabi, *bellezza* davvero *parola estraniante*?
Leggiamo il verso numero 27:

Gli sarà muta l'armonia del giorno

cui aggiungiamo i versi numero 41 e 42, al solo scopo di esaltare la bellezza del verso 27 ponendogli un "controcanto" che lo rafforzi per effetto di realismo e contrasto.

Sol chi non lascia eredità d'affetti
Poca gioia ha dell'urna
Direi di sì; qui *bellezza* è propriamente *parola estraniante*.
La realtà della morte e la speranza di una vita *sotterra* inducono il poeta a cercare nel profondo di sé e delle sue capacità percettive la risposta al suo quesito nel momento stesso in cui pone la domanda. La domanda è di per sé risposta, senza esser per questo domanda retorica. Al contrario, qui la domanda è pura e genuina e pone il questuante in vera attesa; un'attesa figlia della speranza in una risposta plausibile, credibile, a cui appigliarsi come a uno scoglio dell'aria, non ancorato saldo nel fondo marino, bensì libero nell'etere di cui solo l'estraniamento può renderci conto e in cui soltanto l'estraniarsi al mondo dei sensi tramite i sensi stessi può consentirci di giungere. Gli è però che il poeta, ignoto a se stesso per lo più dei casi, ha in sé la risposta che però gli è enigma. È per questo che i poeti per solito si rivolgono a qualcuno, sia questi un'istanza di per sé o un essere umano o un oggetto assurto a istanza. L'essere umano quale istanza è il primo segreto del poeta; segreto che reca un sigillo come il "Libro" che è scritto sia di dentro che di fuori e che sta *nella destra di Dio*, così come ci riporta il testo dell'Apocalisse giovannea. Giovanni è gran poeta, su questo non si dovrebbero avere dubbi, in quanto tutta la poesia degna di questo nome – ch'è capace di sopravvivere al gusto e alle mode e a trovare sempre quella dozzina di lettori intelligenti e ispirati che gli valgono la sopravvivenza innanzi a Dio – è dono, quindi la sua appartiene alla più grande poesia, essendogli venuta interamente dalla sfera del non intelligibile. Giovanni, con la sua poesia scinde le forze che separano le diverse dimensioni nell'universo. È, lui stesso, istanza nei fatti della creazione e si fa logos attraverso l'opera di collegamento diretto attraverso il mistero più grande. Foscolo è segreto a se stesso, è mistero. Forse lui non riconosce – ma io penso semplicemente che si spaventi e che rifiuti questa sua verità – il dono grande ricevuto, o ne ha paura e fugge dal privilegio che gli è evidentemente venuto a impaccio nel muoversi libero sul mondo, come ben ci illustra Baudelaire nella poesia

L'Albatros. Foscolo è però poeta più profondo di Baudelaire. Non mira agli effetti, non vuole sconvolgere con visioni tra il demoniaco e l'angelico. Non ha bisogno di sfidare i limiti e le convenzioni sociali; non è più un adolescente. È un uomo maturato alla vita attraverso l'esperienza unica e unificante della poesia. Baudelaire rimarrà sempre esterno alla poesia, il suo occhio sarà sempre troppo vigile, troppo attento agli effetti e alle conseguenze del suo personaggio (prima ancora che della sua poesia). Foscolo, diversamente, comprende, pur nella sua debolezza, che il bene viene solo dalla luce e che qualunque tentativo di cercarlo nelle tenebre è una perversione del dono stesso ricevuto. Non vuole macchiarsi di un tradimento simile all'amore che gli è stato donato; è comunque umano e qualcosa gli sfugge, forse troppo impelagato con il pensiero nei fatti storici che attanagliavano con la sua anima l'Italia intera.

Leggiamo adesso un breve passaggio dal libro dell'Apocalisse giovannea:

E vidi nella destra di Colui che è assiso sul trono un libro scritto di dentro e di fuori, sigillato con sette sigilli. E vidi un Angelo potente che esclamava a gran voce: "Chi è degno di aprire il libro e di romperne i sigilli?". Ma né in cielo, né in terra, né sotto la terra, nessuno poteva aprire il libro e leggerlo. Io piangevo molto, perché non s'era trovato nessuno degno d'aprire il libro né di leggerlo.

Premetto, prima di procedere, che la Bibbia nel suo insieme e l'apocalisse nello specifico, sono tra gli esempi più alti – a livello mondiale – dei vertici che la letteratura può raggiungere. Pochi sono i testi, anche tra i più pregiati e importanti per le loro conseguenze storico-sociali, che possono essere accostati alla Bibbia.
Ecco come il libro, l'elemento principe della storia umana, diventa chiave per interpretare il mistero divino, per renderlo intelligibile a tutti. Eccoci nuovamente innanzi alla bellezza quale parola estraniante. *Io piangevo molto, perché non s'era trovato nessuno degno d'aprire il libro né di leggerlo*; non è possibile non vibrare anima e corpo all'unisono nel leggere questa bella dichiarazione d'amore che Dio fa tramite il suo profeta alla nostra ignoranza. È il pianto purificatore, il pianto di ogni poeta in terra; è il pianto che scaturisce nella presa di coscienza del tradimento effettuato nei confronti della nostra essenza, della nostra origine. L'uomo tradisce se stesso con ogni passo che compie sulla terra. Il bello viene isolato, rifiutato, combattuto e distrutto; il brutto trionfa giornalmente e viene divulgato tramite un sottile quanto perverso apparato di diffusione potenziato ulteriormente dall'avanzare delle tecnologie.
Dio ha illuminato seppure oscuramente i suoi poeti dandogli in facoltà di restituire una parte della più profonda verità, la chiave per comprendere l'universo prima ancora che le scienze naturali vi giungano.

Prima ancora che il DNA fosse identificato e posto in luce questo era già rivelato nella lingua dei poeti; lo stesso si dica per molte delle poche certezze cui il lento progredire dell'umanità tramite la scienza ci ha dimostrato e posto in essere. I profeti e i poeti già da millenni gridavano o cantavano quelle verità sul nostro mistero, ma non si trovava nessuno degno d'intenderle, proprio come nel libro dell'Apocalisse. Induriti erano i loro cuori e sordo il loro udito.

ESCURSIONE NELL'ARTE FIGURATIVA
GIORGIONE, PERUGINO, LEONARDO, LUINI e altri

Un esempio sommo di bellezza ci è offerto da un'opera di Giorgione (Zorzo) da Castelfranco, la *Adorazione dei pastori*. Si tratta di una pittura a olio su tavola che misura 90,8 x 110,5 cm, custodita nella National Gallery of Art di Washington. A Zorzo da Castelfranco l'opera è stata attribuita tra i primi dal Crowe e dal Cavalcaselle, certamente dotati di discernimento nelle cose della bellezza.
Il lettore forse non si troverà d'accordo e non condividerà il mio entusiasmo nei confronti di quest'opera ma questo è un fatto secondario di poca importanza o, ancora meno, del tutto irrilevante.
Il discernimento riguardo verità sensibili quali la bellezza è qualità rara e sarebbe quindi poco saggio ritenere che questa qualità possa albergare in molti spiriti.
Il discernimento, la capacità di giudizio e di percezione ad esso giudizio collegata, non è requisito preposto quale condizione alla vita organica.
La vita organica può proseguire parallelamente il suo corso, anche in assenza della capacità di intelligibilità del creato da parte della creatura.

Osservando questa tavola dipinta dallo Zorzo, penetriamo l'evidenza della bellezza e, dopo lungo viaggio, approdiamo nelle interiorità di essa bellezza nel suo territorio più sensibile: la dimensione della verità, intesa essa verità quale bellezza.
Bellezza e verità sembrano essere tutt'uno, e lo sono. A chi chiedesse le prove di questo mio assunto risponderei che la sua stessa domanda, il suo stesso domandare quindi, è prova della mancanza di discernimento. Chi ha in sé la bellezza, la percepisce anche e non cade negli inganni orditi dalla bruttezza. Chi ha in sé la bellezza, questi ha in sé anche la verità.
Bellezza, verità dunque, è dogma. Dogma sublime e perfetto, non assoggettato a eventualità alcuna di miglioramento o peggioramento.
La bellezza, la verità quindi, non è soggetta a nessuna categoria di sorta che possa suscitare dalla mente umana.
L'essere umano eletto, e lui solo, ha in sé per dono divino la capacità di discernimento.

Misterioso, mente divinata, Giuseppe è assorto, le mani congiunte alle estremità in segno di preghiera e lietezza difronte all'accadere della bellezza. Giorgione dipinge in stato di grazia eccelsa e sublima la sua stessa *realtà* umana. Di indefinibile luminosa bellezza, Giuseppe è porta dell'antro cavernoso che si dipana profondo alle sue spalle e da dove s'affacciano i musi delle bestie docili avvolte nell'ombra di un amore *più grande* e non comparativo. È la soglia che conduce alla verità chi la varca. Noi siamo al di qua, non separati da nette barriere; noi non siamo recisi dalla dimensione esuberante e insaziabile della bellezza, che sempre ci guarda in uno stupore d'incanto per la nostra delicata e fragile bellezza umana. La bellezza-verità ama la nostra bellezza-falsità d'un amore materno. Zorzo mago di bellezza realizza l'impensabile, il non percepibile: dipinge la soglia che ci differenzia ma non ci recide dalla bellezza.

La bellezza è verità che accade oltre la verità storica. La verità storica è illusione e simulazione. L'opera del Giorgione pone in evidenza l'illusorietà del fatto storico ponendoci a confronto diretto con la simulazione. Non è importante che Zorzo di questo fosse consapevole. Il suo agire mi porta a questo, ciò nonostante. La sua Adorazione dei pastori è opera che canta la lode dell'umiltà.
Cos'è *umiltà*? Certamente non è sottomissione. Come non può ridursi alla formula di una banale esternazione di *rispetto* seppure questo profondo.
Giuseppe è parte della roccia nella sua natura organica. Nella sua ispirazione è già tutto di là della soglia. La veste luminosa è guizzo già divino che avvolge la materia rocciosa del corpo di Giuseppe che ci appare come addormentato, esule a se stesso, custode di verità profonde in lui sgorgate dalla presenza dell'annunciante che gli recò annuncio. Natura quasi di angelo assume Giuseppe in questa sua metamorfosi da roccia e corpo, materia organica, alla divinazione d'un presente altro, fuori dal raggio d'azione della ragione meccanicistica.

Come un poeta, Giorgione pittore risolve se stesso nella sua propria poesia.

Evidenza di congiunzione al vertice profondo della soglia che separa ma non recide è l'affresco dipinto da Pietro Vannucci (detto il Perugino) nella città di Perugia su d'una parete interna, nella Sala dell'Udienza, al Collegio del Cambio. Parete toccata dal soffio divinatorio di altre ascendenze. Si tratta della pittura a fresco recante a titolo *Eterno tra angeli con sei profeti e sei sibille*. È l'eccedenza della bellezza-verità che incede in sé la *realtà istorica* acuendola nella sua mortificazione per sottrarla ad essa mortificazione, propriamente.
Per mano di Perugino, dunque, accadde questo, fors'anche a sua cosciente insaputa; lui stesso meravigliato dal prodigio da lui ascendente.
Luminosa creatura chiamata da luce più alta a porsi da tramite all'umano e all'umana ignoranza.
Pietro Vannucci, nativo di Città della Pieve annessa al dominio della Città di Perugia, è uomo divinato in quanto toccato dal dito di Dio; dito che non discende né ascende quanto piuttosto evidenza dell'accadere non razionalizzabile, non riducibile alla ragione umana che è definita e nondiscernente.
Nacque al mondo nell'anno 1448. Acuito l'accadimento da una non-

necessità storica calata tutta nella storicità organica.

Isaias, Moses, Daniel, David, Hieremias, Salomon, Eritrea, Persica, Cumana, Libica, Tiburtina, Delphica.

Nel visaggio di Salomon è la soglia che, varcandola, ci congiunge al vero non veridico; sorgimento assorto al volto che lo sguardo volge.

Salomon e Eritrea si scorgono in accinto passo di congiuntiva danza. Infirmatus est – omnia verbo / agens. Di prudenza non abbisogna la *sapienza in verità*.

Leonardo da Vinci, che indaga dell'occhio organico i nervi e i muscoli – organo visivo locato in fossa nostra oculare – è dotato dell'*oculus veritatis*.

Nel cosiddetto *Cartone di Sant'Anna* – raffigurante Sant'Anna, la Madonna, Gesù bambino e san Giovannino – dalla datazione incerta, oscillante tra il 1500 e il 1510, Leonardo è investigato dalla bellezza-verità ancora incerta, forse, se donarglisi per consentirgli di varcare la soglia oltre la quale è la dimensione della bellezza-verità. Leonardo aveva avuto già in dono entrambe le grazie, ma disgiunte.

Bernardino Scapi, detto Luini, forse discepolo indiretto di Leonardo da Vinci, ricevette il dono completo, non disgiunto, assimilantesi quindi, di bellezza-verità quando dipinse a olio la tavola raffigurante la *Madonna del Roseto* (datazione incerta, 1508-1512 circa ipotizzo io meditando la cifra stilistica e quella filosofica; le dimensioni approssimative, 70x62 cm).

Conservata nella collezione della Pinacoteca di Brera, la *Madonna del Roseto* non è l'unica opera di grazia del Luino. A questa si possono accostare il frammento *Susanna e i vecchioni*, un olio su tavola del 1523 circa, conservato questo al Palais Liechtenstein nella città di Vienna e la *Madonna con Bambino e San Giovannino*, anche quest'opera un olio su tavola, databile al 1515 circa e conservata, come il frammento di *Susanna e i vecchioni*, al Palais Liechtenstein.

Sarebbero ancora molte le opere da citare, tra quelle più significative di questo artista; ne citeremo qui ancora due soltanto: il *Ritratto di Bianca Maria Visconti*, un affresco custodito al Castello Sforzesco di Milano, e un olio su tela del 1530 circa, intitolato *Santa Caterina*, custodito al Museo dello Hermitage nella città di San Pietroburgo.

Soprattutto quest'ultimo dipinto desta il nostro interesse, per una ragione di attribuzioni riguardante un altro dipinto eccellente, il *Salvator Mundi*, attribuito da alcuni studiosi a Leonardo da Vinci e che io ritengo essere di mano del Luino. Molti sono i segni che mi portano a questa idea di attribuzione: l'uso del colore, alcuni aspetti compositivi, il disegno del viso – soprattutto gli occhi, il naso e la bocca – e il disegno e il colorito delle mani.

A conferma di questi aspetti da me elencati, contrariamente a quanto poco prima affermato, aggiungo alle opere del Luino da me qui citate ancora una, di fattura magistrale: *Gesù bambino e San Giovannino con l'Agnello*, un olio su tavola trasportato su tela, conservato nella National Gallery of Canada nella città di Ottawa, dalla datazione molto incerta; io sono per una collocazione cronologica più tarda di quest'opera che reca, è evidenza, indubitabilmente quei segni virtuosi di una chiara maturità tecnica e compositiva, nonché spirituale.

Il fatto che vi siano alcuni disegni per mano di Leonardo da Vinci che ben si accostano alla composizione del *Salvator Mundi* (un olio su tavola di circa 65x45 cm) è considerato dagli assertori di un'attribuzione al da Vinci "prova inconfutabile"; io non ritengo giustifichino, o non sufficientemente, questi disegni il tentativo di attribuirgli anche l'esecuzione materiale del dipinto oggi conservato al Louvre di Abu Dhabi.

La datazione da certuni proposta, peraltro, che consiglia di far risalire il dipinto fino all'anno 1500 mi sembra priva di senso.

Altri studiosi avanzano una datazione leggermente più tarda, a partire dal 1507, sicuramente più ragionevole, ritenendo loro l'opera – pensata da Leonardo e realizzata sui suoi disegni – quale frutto di più mani: quelle dei pittori della bottega del grande Maestro e le sue proprie. È, quest'ultima, un'attribuzione più plausibile che io però non posso certamente condividere. Trattandosi, come io ipotizzo, di un dipinto "leonardesco" dai segni stilistici inequivocabili, basati sugli sviluppi della maniera tarda del Maestro toscano e di esecuzione riferibile all'area lombarda, io propendo per una datazione molto più tarda: tra il 1520 e il 1532 (concordo sul fatto che il dipinto sia stato realizzato, molto probabilmente, sulla base di disegni originali, di mano del Maestro). Non dimentichiamo che tra il ritratto di *Lisa del Giocondo* – la cosiddetta *Monnalisa* o *Gioconda* – generalmente datato tra il 1503 e il 1510 e altri due importanti dipinti di Leonardo e bottega, il *Giovanni Battista* (generalmente ritenuto di sua mano) e il *Giovanni Battista con gli attributi di Bacco* (ritenuto lavoro di bottega su indicazioni del Maestro), entrambi custoditi al Louvre di Parigi e datati tra il 1513 e il 1519, è impossibile collocare l'opera come lo è ipotizzarne la realizzazione da parte del Maestro in persona: ci troviamo di fronte a una tecnica e una concezione dell'immagine lontanissime da quelle che anche un occhio poco esperto potrebbe rilevare nella piccola tavola del *Salvator Mundi*. È evidente, infatti, che nel *Salvator Mundi* siamo difronte a uno sviluppo dello stile leonardesco così come questo si era diffuso nell'area lombarda, ed è altrettanto chiaro che non è possibile, per ragioni tecniche e di concezione dell'opera, situare il *Salvator Mundi* proprio tra la *Monnalisa* e i due sopra citati *Giovanni Battista*.

Il tentativo mosso da altri studiosi di attribuire quell'opera ricca di mistero, e avvolta in una luce sì rarefatta, al Boltraffio è similmente privo di fondamento, e lo è per più ragioni: Giovanni Antonio Boltraffio nasce verso la metà degli anni sessanta del quattrocento e muore il 1516. La sua pittura è contrassegnata da una forte esplicita plasticità, rimarcata anche dall'uso di colori accesi e luminosità talvolta sgargianti; soprattutto nei volti possiamo notare come il Boltraffio si distanzi radicalmente dalla tecnica e dalla concezione del *Salvator Mundi*.

Un altro aspetto, ricorrente pressoché in tutte le opere del Boltraffio: la figura a mezzo busto è quasi sempre ritratta in scorcio, con attitudini che si distanziano di molto per sensibilità ma anche per percezione e visione da quelle di Leonardo in generale e, nel particolare, da quelle rilevabili nel *Salvator Mundi*. Oltretutto, il Boltraffio muore nel 1516; è davvero difficile pensare che a quella data l'opera, oggi attribuita a Leonardo e bottega, fosse effettivamente già dipinta; così come è quasi impensabile che si attribuiscano le caratteristiche così peculiari e precipue dei modi compositivi, coloristici e disegnativi del *Salvator Mundi* al tardo Boltraffio.

Certamente io non ho la possibilità di una disamina ravvicinata del *Salvator Mundi*, l'intuito e l'esperienza mi lasciano però dire che un'attribuzione dell'opera a Leonardo da Vinci sia effettivamente molto forzata e che dietro a questo tentativo, a questa volontà direi, si celino aspetti di natura squisitamente commerciale, finanziaria e di prestigio.

Più accettabile, ma anche non facilmente né pienamente giustificabile, sarebbe l'identificare o forse il solo segnalare nel Salvator Mundi quegli aspetti tecnici e compositivi che lo avvicinano ad alcune opere del Giampietrino (Gian Pietro Rizzi o Giovanni Pietro Rizzoli), pittore di area lombarda attivo tra la fine del quattrocento e il 1549 circa. Osservando il suo *San Giovanni*, custodito oggi nei locali dello Hermitage, forse opera eseguita a copia o a seguito di alcuni schizzi preparatori di Leonardo stesso, si notano facilmente le affinità con le opere del Maestro toscano degli ultimi anni. Eppure, anche qui sembra veramente irragionevole proporre di attribuire il dipinto in questione al Giampietrino; anche con Giampietrino, infatti, siamo difronte a un pittore che rappresenta la figura quasi sempre in scorcio e in pose più ricercate rispetto quelle di Leonardo, così anche nei soggetti religiosi, che pure lasciano intravedere un avvicinamento del pittore lombardo d'ambito leonardesco alle scuole fiorentine della prima metà del cinquecento, dove il ruolo del disegno assumeva maggior importanza sia nel merito degli aspetti compositivi che in quello della definizione e sistemazione spaziale della figura nell'ambiente in cui è ritratta; devo pensare al Bronzino, osservando, per porre esempio, la veste della *Salomé* (un olio su tavola del Giampietrino, databile tra il 1512 e il 1530 e custodito alla National Gallery di Londra) e la disposizione spaziale della scena e di tutti quegli elementi costitutivi che la compongono (si veda la definizione plastica dei dettagli anatomici e degli oggetti). Opera che resta pur sempre, soprattutto nei volti, precipuamente di area lombarda e ambito leonardesco ma, per l'appunto, con una dose non piccola di "contagio" fiorentino (si osservi la collocazione della tavola, accentuata nella percezione dello scorcio dal telo che la ricopre). Lo stesso si dica per un'altra opera, tra l'altro omonima, di pregio custodita anch'essa alla National Gallery di Londra: la *Salomé* di Cesare da Sesto, pittore di area lombarda vissuto tra il 1477 e il 1523 circa.

L'umiltà, la "curva nello spazio", l'oriente biblico e lo pneuma nell'opera di RICCARDO GRAZZI

La pietra, nella sua sincerità e nella sua schiettezza, corrisponde al carattere artistico di Riccardo Grazzi, per come io posso immaginarmelo. Ciascuna sua opera è frutto di una ricerca formale che volge lo sguardo alla veracità, o veridicità, dell'essere umano. È stato inevitabile, per chi scrive, nel guardare a queste forme d'arte che non perdono mai il legame profondo con la loro dimensione naturale, volgere con lo sguardo della mente all'oriente biblico. È proprio in questo eterno presente, da me ora evocato quale "oriente biblico", che si trovano molte di quelle "ragioni" che esortano lo spirito dello scultore toscano a entrare in connubio e a festeggiare le nozze con l'amata pietra.

L'Adamo biblico, nel nostro discorso da intendersi quale prima opera plastica al mondo, oggetto plastico per antonomasia che è, però, anche soggetto e ente – creatura creata, creatura creante, creatura a sé stante – è una delle motivazioni prime (forse parzialmente inconscia?) dell'intera opera di Riccardo Grazzi. Adamo, il Cantico dei Cantici, le Nozze di Cana, San Francesco. In questa quadriade, polittico in verità apodittico (cioè pienamente dimostrativo), si svolgono e si accrescono la sensibilità, la delicatezza e la concretezza che contraddistinguono la sua opera.

Il soffio divino, l'alito di Dio che dona la vita, è lo pneuma di un pensiero assorto, come sospeso, nella nostra memoria di più antica origine: è il segreto dell'esistenza; è la risposta ai nostri "perché" esistenziali; è ciò che ci conforta quando le forze vitali sembrano abbandonarci; è ciò da cui tutto "è"; ciò da cui ogni cosa viene e ciò in cui ogni cosa ritorna: la vita eterna, il Logos.

Ora, per chiarirci, uno scultore, quando opera, ha a che fare con una materia molto tangibile e i suoi problemi vertono sugli aspetti tecnici che potrebbero rendere possibile l'opera cui aspira. Fatti due conti, l'artista artigiano esperto sa quello che potrà o non potrà porre in essere. La sua opera, affinché per lui questa abbia un senso, una ragione d'essere, deve soddisfare molti criteri: quelli visivi e dei sensi; quelli della solidità, della stabilità e della contestualità. L'opera d'arte è il frutto (e non un compromesso) di molte riflessioni e soluzioni rimuginate dall'artista sino a quando questi non si sia convinto della "bontà della cosa" che ha in mente di fare. Questo "fatto", comunque, una volta chiarito, non deve sviarci da ciò che è il più autentico valore dell'opera d'arte: seppure l'opera, per giungere a una esistenza visibile e tattile, quindi a una esistenza sensibile, necessita di tutto un procedimento tecnico e di una notevole competenza artigianale, questa è (e resta) sempre un frutto dello spirito così come della capacità dell'essere umano di anelare a qualcosa d'altro, qualcosa di cui avverte il senso ma che pure non può cogliere pienamente; un mistero, dunque, in ultima analisi, ciò che muove l'artista (il quale è uno sco-

pritore, un viaggiatore dei mari vasti (forse infiniti) e profondi dell'etere. Questo anelare, questo comprendere che qualcosa ancora non ci è chiara, è ciò che sempre ha mosso i grandi spiriti di ogni tempo, siano questi artisti, scienziati, poeti...
Torniamo ora alla nostra quadriade: Adamo; Cantico dei Cantici; Nozze di Cana; San Francesco. A un primo sguardo sembrerebbe mancare la "Risurrezione" ma così non è, in quanto la Risurrezione è già contenuta nelle Nozze di Cana giovannee, che sono l'alfa e l'omega dell'intero racconto biblico. È lì che Gesù, il Cristo, è chiamato a "porre mano"; è lì, quindi, che Gesù è chiamato dalla Madre a dare inizio alla sua missione. È Maria che gli suggerisce, e che lo sprona, a non indugiare ulteriormente. Maria dice a Gesù che è tempo di manifestarsi, di prendere l'iniziativa e di manifestare il regno. La Risurrezione, sostenevo, è, quindi, inclusa: perché la "Manifestazione" di un qualsiasi fatto, o fenomeno, racchiude in sé il principio e la fine, l'alfa e l'omega, pur non dimenticando che qui i termini "principio" e "fine" si riferiscono non a un limite d'azione o comunque temporale, bensì a un qualcosa, il Logos, per cui inizio e fine non sono "termini", bensì fonte d'origine continua di vita. Il Logos non ha tempo né spazio, così come non ha principio né fine. Per questo si dice "Alfa e Omega", per significare i due momenti della parola, del linguaggio, in continuo divenire, che sempre sono: l'eterno presente.
È il presente, l'eternità; è il presente, che ci protegge in ciò in cui noi "siamo". Non esistono né il futuro, che altro non potrebbe rappresentare se non una proiezione, né il passato, che altro non rappresenta se non ciò che noi continuiamo a essere. Perché tu, io, noi, accadiamo continuamente e continueremo ad accadere in forme diverse sinché "avviene" (si verifica, accade) il "presente" [lat. *præsentem* part. pres. del verbo *præsum*: che sta innanzi (præ) a ciò che è (sum); oppure, che sta "innanzi" a ciò che "appartiene"; o, ancora, che è a "tutela"], cioè l' "esistente" che è manifestazione, non fenomeno, dell'ènte. Il "presente" può essere inteso anche come una tutela, un qualcosa che ci protegge.
Tu, lettore, non puoi dire che "eri" nel passato, perché così facendo ti trarresti in inganno. Tu "sei", e non puoi altro che "essere". All'infuori dell'adesso, noi "non siamo". Tutto ciò che esiste, esiste nel presente e ciò che noi definiamo quale "passato" altro non è che un mutamento, una trasformazione della nostra sostanza, della materia. Noi non eravamo "giovani" e non diventeremo "vecchi" nel tempo. È nel presente che la nostra materia, come tutto ciò che è creato, del resto, si trasforma: noi siamo soggetti a cambiamenti di "stato" continui. È nel qui e adesso, continuamente, che la materia si trasforma e muta la sua condizione. E come ci rientra, tutto questo mio discorso, con i fatti biblici sopra accennati? Ci rientra in quanto l'artista, il quale, non dimentichiamolo, anela e agisce in prossimità di Dio, è Adamo; non solo: è gli amanti del Cantico; è lo Sposo delle Nozze; è l'essere umano che si riscopre nudo, San Fran-

cesco.
Approfondirò ancora questi aspetti disaminando le opere di Riccardo Grazzi.

ADAMO

Il nome Adamo, in ebraico אָדָם , oltre a essere un patronimico, significa uomo, designa, cioè, la creatura umana: determina non solo il singolo essere umano, ma anche il genere umano in senso collettivo (in quest'ultimo significato, il corrispondente latino di Adamo e *homo*).
Nella tradizione di molte culture (sumera, egizia, ebraica ecc.), il primo uomo è modellato nella creta, nella terra. Dio, o comunque il Creatore, è identificato, e restituito in una forma visuale a noi intelligibile, con colui che modella, che crea un'opera plastica. Adamo, dunque, è il primo uomo ed è stato creato da uno scultore (anche se con "scolpire", si intende un procedimento a levare per intaglio o per la rottura causata, ad esempio, da uno scalpello). Lo scultore, in questo senso, compie una delle azioni più prossime a quella esercitata dal Creatore nel forgiare la specie umana. Questa relazione è qualcosa di più di un'assonanza, e qualcosa di meno di una eguaglianza. L'uomo, inteso come essere umano, non è Dio ma gli somiglia perché, secondo i testi biblici (non prendendo ora in considerazione le difficoltà e le differenze di traduzione e interpretazione dei testi)

[...] E Dio disse: "Facciamo l'uomo a nostra immagine, a nostra somiglianza, e domini sui pesci del mare e sugli uccelli del cielo, sul bestiame, su tutte le bestie selvatiche e su tutti i rettili che strisciano sulla terra".
Genesi 1, 26

Quindi, Adamo, il primo uomo, è plasmato a somiglianza di Dio; lo scultore, che è lui stesso un Adamo (un suo discendente), compie un'opera molto simile a quella del Creatore: plasma, modella, forma. È come se l'Adamo scultore ripetesse i gesti, le azioni, le pratiche che lo hanno forgiato. Questo forgiare è condizione prima e imprescindibile al secondo gesto importante compiuto da Dio in questo contesto

[...] e soffiò nelle sue narici un alito di vita e l'uomo divenne un essere vivente".
Genesi 2, 7

L'essere umano anela a una risposta, quella sulla sua origine: da dove viene? Da dove è scaturito? Anela, però, anche a qualcosa d'altro: dare la vita. È vero, l'uomo riproduce se stesso e, quindi, è datore di vita ma non è questo che ora ci interessa. Con dare la vita qui s'intende qualcosa di extra personale, qualcosa che non è correlato alla propria specie né a un processo riproduttivo biologico. Dio, non opera all'interno della biologia; ciò che lui compie, è un gesto gratuito, di libera scelta. Non è mediante un processo di riproduzione biologica che ha forgiato l'uomo e gli ha donato l'esistenza. È un processo creativo dettato dall'amore nei confronti della bellezza

[...] *Dio vide quanto aveva fatto, ed ecco, era cosa molto buona.*
Genesi 1, 31

La bellezza, per il Creatore, non coincide con l'ammirazione di questa o quella forma "naturale" da lui stesso fondata, bensì con la "bontà" e la "giustezza" dell'atto compiuto.
L'arte è, in questo senso, un'attività di reminiscenza divina. L'artista che sia libero, nella sua creatività, da "nostalgie" culturali e dalla tentazione di creare a una bellezza che sia mero appagamento dei sensi, e si concentri, piuttosto, sulle "ragioni" della presenza e partecipazione del divino al suo stesso "esserci", al suo stesso essere nel mondo quale creatura vitale è, presumo io, molto vicino a Dio nell'operazione che compie.
Tutto il creato (quindi, l'universo e ciò che sta oltre l'universo da noi conosciuto), è guidato da una logica che sovrasta, al momento, le nostre possibilità di comprensione. L'artista che comprenda, per vie e modi suoi privatissimi ma anche per elezione divina, l'esistenza di questa logica e ne avverta viva, in sé, la forza gravitazionale dell'amore che l'ha sorta, è un "grande artista" in quanto avvertendo il divino in se stesso e avvertendo la logica divina che a tutto presiede e da cui tutto ha origine, opera "divinamente" o per "divinazione".
Chiarito questo, ecco che possiamo inquadrare l'opera di Riccardo Grazzi in un contesto di sincerità profonda e di fedeltà all'umano e al divino. È proprio questa sincerità alta, questa fedeltà ai principi della creazione, questa sua attinenza al dato divino presente nell'essere umano, sia questa conscia o inconscia, a fare di lui un artista autentico, cioè un artefice. Dunque, un Adamo che rammenta di essere Adamo, discendente di Adamo e, quindi, creatura divina perché resa viva, e perché abitata, dal più importante e autentico tra tutti i pneuma: il soffio divino, l'alito di Dio.
C'è un'opera di Grazzi, *Paesaggio senese* (1997, travertino, marmo), in cui questa sua comprensione del divino è chiaramente esposta agli occhi e alla mente dell'osservatore. Cos'è, di fatto, un paesaggio? È la descrizione dettagliata di ciò che vediamo così come ci si presenta? O è, piuttosto, la comprensione profonda di ciò che a questo paesaggio, a questo sguardo sulle cose esistenti, presiede? Io, propendo per quest'ultima considerazione e trovo nell'opera ora citata l'intendimento del gesto divino, del "Grande Logico", Dio, che tutto forgia. La qualità dell'operato di Grazzi è tale, da avergli consentito sia la comprensione del dato ottico più evi-

dente (le linee, le forme, i ritmi) del paesaggio toscano, proposto senza dover ricorrere alla tipica descrittività – che ben conosciamo per ritrovarla in tante immagini e cartoline dedicate alla bella Toscana –, sia quella del dato trascendentale, quel dato, cioè, che possiamo intuire con l'occhio particolare della nostra mente di matrice divina; cioè mediante quel soffio, quel pneuma, che è custodito, seppure ancora non identificabile, nel nostro DNA.

La pietra, è materia primordiale; materia non troppo distante dai primi accadimenti che formarono l'universo. La pietra, in sé, di per sé, è testimonianza dell'atto divino; contiene in sé le qualità cosmiche che precedettero la sua stessa strutturazione in materia rocciosa. Non sarà certo un caso, mio caro Lettore, se il più "divino" tra tutti gli artisti, intendendo con "divino" il più prossimo a Dio, sia stato, tra quelli del nostro passato più recente, Michelangelo Buonarroti: principalmente, uno scultore; con tutto ciò che questa designazione implica, perché con scultore noi non intendiamo certamente indicare uno scalpellino, bensì la figura umana di colui che indaga il mondo delle forme e della materia nello spazio, indipendentemente dalla dimensione "temporale" della breve esistenza corporale umana. Lo scultore è il "vero" architetto, perché è colui che comprende meglio di chiunque altro la pluridimensionalità dell'esistente (sia questa una mera illusione a noi destinata quale spazio di vita, o no), intuendo forse una dimensionalità oltre quella basata su tre dimensioni.

Lo scultore non occupa lo spazio esistente, bensì lo "ricava" dall'esistente e lo ricolloca nell'esistente stesso. Michelangelo architetto ci mostra chiaramente questa forma mentis che sembra andare oltre la terza dimensione e che presiede al suo operato. La curva della sua cupola in San Pietro, più ancora di quella del suo illustre predecessore Filippo Brunelleschi, è di una plasticità che supera il dato materiale ponendoci di fronte a quello trascendentale: una "curva sghemba" (in matematica), detta anche "curva nello spazio"; una curva in tre dimensioni i cui punti non appartengono tutti allo stesso piano. Una curva che sembrerebbe intuita e rappresentata mediante il sistema parametrico, che ai tempi di Michelangelo non era conosciuto. Osservando la cupola mentre siamo in movimento, abbiamo la sensazione che questa eserciti una "pressione" sulla terza dimensione, come a volerla "espandere", o "accrescere", di un'ulteriore dimensione, e forse più. Questa qualità mi sembra di riconoscerla con chiara evidenza nell'opera di Grazzi. In *Paesaggio senese*, lo scultore ci propone una visione plurima di ciò che noi intendiamo, per solito, con "paesaggio". Per un verso, sembra che lo scultore non ci voglia mostrare unicamente le superfici "visibili" di ciò che è in procinto di "ritrarre", bensì anche ciò che è "reale" ma nascosto: la stratificazione geologica del sottosuolo. È misteriosissimo quel flusso e riflusso che è una commistione di percezioni e di realtà tangibili: crosta terrestre, roccia, acqua, aria. Ed è magico, per lo spettatore, vederlo così proiettato, questo flusso e riflusso, sovrapposto, a rivelare e a celare i filari di cipressi evocati ma non descritti secondo l'ordine canonico dell'imitazione della natura. Perché Riccardo Grazzi non desidera apprendere la natura mediante un processo imitativo; quello che gli preme, mi sembra essere la creazione stessa, nella sua qualità di artefice, di "natura".

Natura: un semplice sostantivo trisillabo; un mistero inesplorato sia nel versante scientifico sia in quello semantico. Per quel che ci riguarda, nel discorso inerente all'opera di Grazzi, natura è "fare". Lo scultore, come già accennato, prende, toglie materia alla materia e la ricolloca rinnovata nell'ambiente creando, e non occupando, spazio. Lo scultore è un organizzatore di idee sia immanenti che trascendenti: da una parte opera secondo i principi del *metodo dell'immanenza* (teologia cattolica); dall'altra, verifica in maniera intuitiva la *non algebricità di un ente*, cioè il trascendente il quale è presente anche nel postulato più noto, quello ammesso in filosofia, di *esistere al di fuori di un'altra realtà*.

Paesaggio senese, dunque, è: immanente (cioè che *resta dentro*); annuncia intuitivamente il teologico *metodo dell'immanenza*; trascende la realtà, cioè si pone al di fuori di questa; espone intuitivamente la non *algebricità di un ente*.

Un'altra minima osservazione sulla forma di *Paesaggio senese* induce a pensare che l'applicazione frontale, la "crosta", possa essere intesa anche quale visione dall'alto, aerea, della superficie terrestre. In questo caso avremmo le note "crete" che animano una parte del territorio senese; avremmo le lunghe vie a serpentina; le colline, rappresentate quali linee su piani lievemente discosti (lo stesso varrebbe per la visione del paesaggio dal suolo, cioè dal punto di vista "basso", non aereo). I cilindri in marmo tagliati trasversalmente, interrotti dall'applicazione frontale (in travertino), danno vita visiva a un filare, come di cipressi che si allontanano nella tipica forma dell'illusione prospettica che qui, però, non è stata adottata. È stato però adottato un accrescimento o de-crescimento, a seconda se s'intenda la lettura dell'opera partendo da destra o da sinistra, dell'inclinazione nel taglio dei cilindri marmorei; soluzione, questa, molto importante perché, variando la riflessione della luce, varia il valore plastico dell'opera intera; oltre ad accentuare ancor più l'effetto prospettico di questa rappresentazione priva di finzione prospettica.

Chiudo questo paragrafo con una considerazione dal valore poetico e, per questo, forse, anche filosofico: Adamo è il riflesso esistenziale di Dio. Allo stesso modo lo è (anche) *Paesaggio senese*.

il CANTICO DEI CANTICI

Le travi della nostra casa sono i cedri,
nostro soffitto sono i cipressi.
Ct 1, 17

Le "travi", il "soffitto". Mi sembra che in questi versi ci sia molto dell'arte scultoria di Riccardo Grazzi, un costruttore di spazi, talvolta saturi, compressi, altre volte dipanati, abitabili. Si dice che Giuseppe di mestiere fosse tektón (gr. Τέκτων) cioè un carpentiere o, più in generale, un costruttore. Penso che tektón lo sia anche Grazzi. "Le travi della nostra casa sono i cedri, nostro soffitto sono i cipressi", leggiamo nei versi posti in epigrafe, tratti dal canto attribuito a Salomone. Il *Cantico dei Cantici* è parte dell'Antico Testamento, pertanto composto molto prima della comparsa di Giuseppe. Eppure si potrebbe pensare che alcune immagini siano preludio alla sua figura: se, come proposto, il passato e il futuro altro non fossero che due sostantivi posti in essere con l'unico scopo di coadiuvarci nell'espressione linguistica, potremmo ben intendere presente la figura del padre (padre per elezione divina) di Gesù. Nel Cantico si parla di una fanciulla che fu posta a prendersi cura di molte vigne, altrui, ma che non poté prendersi cura della sua (è, forse, Maria madre di Gesù?):

I figli di mia madre si sono sdegnati con me:
mi hanno messo a guardia delle vigne;
la mia vigna, la mia, non l'ho custodita.
Ct 1, 6

più avanti

Mentre il re è nel suo recinto,
il mio nardo spande il suo profumo.
Ct 1, 12

il mio nardo (Gesù?) spande il suo profumo; un verso importante, questo, sia per la sua bellezza e figurazione poetiche sia per i suoi molteplici significati. È mio intendimento che i versi dei testi biblici, tutti, nessuno escluso, rechino in sé molteplici messaggi; questi messaggi sono, di volta in volta, intesi dagli esseri umani, ciascuno a suo modo, rivelando significati, seppure frequentemente in contraddizione apparente l'uno con l'altro, a volte nuovi e illuminanti. La verità non è dogma, così come Dio non è dogma, bensì l'esistente: il Logos.

Il linguaggio della poesia ha la facoltà di dire con un verso cose sempre diverse: un verso non finisce mai di svelare i suoi profumi (di nardo?). E cos'è questo recinto di cui si racconta nei versi sopra citati? Il grembo di Maria, forse? O una dimensione a noi sconosciuta che sia oltre, o all'interno, dei "buchi neri" che, oggi lo sappiamo, popolano il cosmo? Quando diciamo che Dio è immenso, cerchiamo di esprimere l'inesprimibile; cerchiamo, cioè, di dare dimensione e misura a chi dimensione e misura non ha; è un tentativo umano, il tentativo di comprendere ciò che (ancora) non possiamo comprendere, che muove a compassione di noi stessi. Eppure, quanta gioia nella consapevolezza di questo "indicibile".

Come un giglio fra i cardi,
così la mia amata tra le fanciulle.
Ct 2, 2

Il giglio (Maria?), l'amata (da Dio?), tra le fanciulle (la prescelta?)...
Torniamo al nostro inizio, le "travi", il "tetto"; e torniamo, quindi, al téktōn. Riccardo Grazzi ha scolpito e assemblato numerose opere raccolte tutte in un unico titolo: *Portale*. Questi "portali" fanno bene notare il suo carattere di costruttore. È inutile che io stia qui a perdermi nel mare di citazioni e di assonanze tratte dalla Storia dell'Arte dalle origini ad oggi, dalle civiltà arcaiche a Costantin Brancusi e Pietro Cascella (quest'ultimo, forse, il riferimento più importante in riguardo all'opera di Riccardo). Tutto ciò non ci aiuterebbe a comprendere né l'unicità delle opere di Grazzi, né il suo linguaggio. Nelle arti tutte, dalla musica alla scultura, passando attraverso la letteratura e la fotografia, le forme hanno, di solito almeno, un accenno di somiglianza, di derivazione: certe volte sembrano filiali l'una all'altra, altre volte ci riportano a civiltà perdute di cui poco sappiamo; altre, ancora, evocano l'eco di una vicinanza che è percepibile ma non direttamente traducibile con le parole... tutto ciò non è altro che la dimostrazione dell'esistenza di assonanze, di sensibilità, di caratteri che, indipendentemente dallo spazio-tempo, sono vicini, si incontrano come membri di una stessa famiglia nei quali i temperamenti e i lineamenti, a volte con molta distanza temporale gli uni dagli altri, ricompaiano... però non sono mai uguali; simili, adiacenti, perpendicolari, somiglianti, sì! ma sempre diversi e unici.
In queste opere (i portali) la ricerca di una bellezza che sorga all'evidenza percettiva dello spettatore, conduce il Grazzi a riflettere sulle qualità del materiale adoperato per ogni singola parte delle sue composizioni scultorie, operando accostamenti molto interessanti di diverse qualità di marmo (rocce metamorfiche) e di travertino (rocce sedimentarie calcaree). La ragione più evidente, di questi accostamenti, è l'opportunità offerta all'artista da questi materiali di porre in opera soluzioni "pittoriche". Il travertino offre una vasta gamma di gradazioni basate su una pigmentazione naturale del materiale che spazia dalla gamma delle terre ocra chiare

a quelle rosse e brune. Inoltre, il travertino ha una superficie porosa e una composizione minerale molto meno compatta rispetto a quella del marmo. Potremmo dire, semplificando, che il travertino offre all'artista la possibilità di combinare il calore "confortevole", e direi quasi di intima natura (il focolare), proprio di questa roccia, con la levigatezza più precisa e otticamente "fredda" dei marmi ottenendo in questo modo anche una differenziazione cromatica a supporto dei valori pittorici e compositivi dell'opera. Altro materiale che ricorre con frequenza alta in queste opere, è l'acciaio. In questo accostamento, acciaio e travertino, si rafforza quanto già esposto riguardo all'accostamento del marmo al travertino. L'acciaio offre l'opportunità di superfici ancora più lucide e rispecchianti del marmo; accentua le differenze ottiche, percettive e cromatiche tra i materiali, così come quelle simboliche. La simbologia riferibile all'acciaio potrebbe essere molto ampia e fantasiosa, io mi limiterò a poche suggestioni tra quelle che mi sembrano le più indicate al mio discorso sull'opera di Grazzi. Sembra quasi inutile porlo all'attenzione del Lettore: l'acciaio significa, tra l'altro, forza, robustezza, tempra; quindi anche protezione. Con il cosiddetto acciaio di Damasco, mille anni or sono, si producevano spade di una robustezza inaudita capaci, si raccontava, di penetrare la roccia; e non pochi sono i miti e le leggende che hanno al centro questa qualità di spade; uno per tutti, la conosciutissima "spada nella roccia" dei racconti legati alla figura di Artù Pendragon (re Artù) che comparve per la prima volta, probabilmente, nel poema in versi ottosillabi, *Merlino*, composto da Robert de Boron. La spada d'acciaio che penetra nella roccia... Grazzi accosta frequentemente l'acciaio alla roccia, al travertino. I suoi accostamenti ci raccontano a volte di un mistero (un nucleo, una forma) forgiato in questo materiale dalla durezza leggendaria, altre volte ci narrano di elementi a sostegno della forma in pietra, e altre ancora di applicazioni, accostamenti che armonizzano le differenze. Particolarissimo mi sembra essere il suo mistero, laddove Grazzi pone l'elemento in acciaio come fosse uno scrigno, un cuore custode di mestieri preziosi.

Tornando ai versi citati dal *Cantico dei Cantici*, ecco che troviamo in queste due tipologie minerali e in questo metallo, per metafora e analogia, lo sposo e la sposa della narrazione poetica che ho proposto al Lettore.

Non tutto deve essere esageratamente spiegato, in arte, lascio pertanto al Lettore di spaziare con la mente nelle possibili relazioni tra il dettato poetico biblico da me proposto e l'opera di Riccardo Grazzi; mi limiterò, quindi, a evocare una o più possibilità di lettura.

La ricerca della compagna e del compagno "per la vita", l'anelito ad amare e a essere amati, sono, si potrebbe dire ancora una volta con il linguaggio trasfigurante proprio della poesia, incarnati nella natura umana, sia nella sua risultanza carnale sia in quella spirituale. La Bibbia ci offre un allargamento di questa possibilità di lettura che stiamo ora valutando, identificando nell'unione tra amata e amato la completezza divina. Il congiungimento delle parti tra loro diverse, completa l'esistenza di entrambe facendole diventare una sola pur nelle differenze.

Operando ora un breve riassunto, possiamo dire che i "portali" di Grazzi ci offrono una visione intima, sentimentale, amorosa e unitaria della natura umana che è, in apparenza, dicotomica, separata (composta, divisa in di due parti), portandoci a quell'unione che è compimento della volontà di Dio e senso dell'umano. L'unione degli amanti e la ricerca di un riparo alla loro comune esistenza, fattasi ormai una, è un'altra delle ragioni profonde di queste opere. Accennavo sopra al focolare, al calore domestico; è proprio questo sentimento di appartenenza e di unità che è posto in essere dalle forme scolpite in travertino; a queste forme, l'artista accosta il marmo o l'acciaio: diversità nell'unità, protezione, segreto.

Le opere di Grazzi evocano all'osservatore, oltre quanto già asserito, visioni di realtà arcaiche: la Mesopotamia; un territorio culturalmente molto articolato (una scorsa veloce alle successioni storiche basta a comprenderne la ricchezza: Accadi, Gutei, Amorrei, Babilonesi, Cassiti, Assiri, Persiani), che oggi comprende parti della Siria, dell'Iraq, dell'Iran, della Turchia, del Kuwait e dell'Arabia Saudita. Non mancano evocazioni e suggestioni poetico-letterarie dal misterioso e magico mondo, custodito dalle antiche tradizioni di diversi Paesi d'oriente, confluito nella raccolta di racconti *Le mille e una notte*. Aspetti analoghi, però, li abbiamo già visti e presi in considerazione nell'evocare *Il Cantico dei Cantici*; la differenza fondamentale è che in quest'ultimo, nel Cantico, gli aspetti intimi e più profondi del mistero dell'amore raggiungono una dimensione veramente trascendentale, e non semplicemente magica e fantastica come accade ne *Le mille e una notte*.

le NOZZE DI CANA

Le Nozze che ebbero luogo in Cana di Galilea rappresentano un punto magistrale della letteratura evangelica, della riflessione filosofica sul Logos e di generalmente culturale posta in essere dalla specie umana nel corso del suo lungo cammino. L'episodio, è risaputo, è riportato soltanto dall'evangelista Giovanni.

Di cosa tratta questa narrazione? Il dato narrativo, in sé, è semplice: Maria madre di Gesù, e lui stesso, sono invitati da un parente alle sue nozze; a prendere parte, cioè, a quel lungo tempo di festività (minimo una settimana) previsto dai riti e dalle leggi ebraiche del suo tempo. Le nozze non erano una semplice formalità: significavano al contempo alleanze tra famiglie, accordi economici, passaggio di beni (regali d'obbligo) dalle proprietà di parenti e amici al nuovo nucleo familiare-economico venutosi a formare dall'unione, in molti casi prevista già dall'infanzia dei futuri coniugi. Questi erano predestinati, scelti, dai padri (o da coloro su cui, in assenza di questi, ne faceva le veci e su cui fosse caricata la responsabilità della cura dei beni materiali e l'osservanza della legge) si fosse assunto sulla base di diverse convenienze, trattative e alleanze ma anche del grado di parentela che intercorreva tra le famiglie: un episodio, quindi, questo delle nozze nel mondo ebraico, sia comune sia eccezionale. È in questo contesto che agisce Gesù, u contesto quasi mercantile, nel quale l'amore tra i prescelti non giocava necessariamente un ruolo importante, se non per gli stessi candidati a nozze, nel caso l'amore non sbocciasse. Stando alla lettera del racconto, l'unico gesto, a noi tramite l'evangelista giunto, compiuto da Gesù in quel contesto, è la mutazione dell'acqua in vino. Non è interesse di questo studio operare una disamina teologica dei plurimi significati e delle molteplici relazioni congiunti a questo fatto. Qui, ci interessa solo una cosa: il racconto evangelico alla luce del discorso, sia fisico che trascendentale, di una possibile mutazione, trasformazione, della materia. Il cambiamento da una sostanza a un'altra simile (il vino contiene acqua) ma non della stessa natura (il vino contiene acqua poiché estratto dal frutto della vite che, a sua volta è composto di acqua, così come lo è la vite stessa e così com'è, per solito, nel mondo degli organismi vegetali vivente), quindi, per via indiretta. Ora, noi stessi, noi esseri umani, siamo composti in gran parte di acqua. L'acqua è alla base della vita, per questo il gesto compiuto da Gesù è di notevole importanza. Non si tratta di magia, non si tratta di una prassi esoterica, niente che abbia a che fare con le ideologie che sottostanno al noi contemporaneo episodio New Age. Un miracolo, di per sé, non è mai il compimento di un atto magico; non a caso troviamo negli Atti degli Apostoli il racconto dedicato alla figura di Simon Mago:

[...] V'era da tempo in città un tale di nome Simone, dedito alla magia, il quale mandava in visibilio la popolazione di Samaria, spacciandosi per un gran personaggio. A lui aderivano tutti, piccoli e grandi, esclamando: "Questi è la potenza di Dio, quella che è chiamata Grande".
Gli davano ascolto, perché per molto tempo li aveva fatti strabiliare con le sue magie.
Ma quando cominciarono a credere a Filippo, che recava la buona novella del regno di Dio e del nome di Gesù Cristo, uomini e donne si facevano battezzare.
Anche Simone credette, fu battezzato e non si staccava più da Filippo. Era fuori di sé nel vedere i segni e i grandi prodigi che avvenivano.
Atti 8,9-13

Che cosa differenzia, dunque, i gesti di guarigione, di trasformazione e moltiplicazione della materia, posti in essere da Gesù da quelli di un Simon Mago? Vediamo. Una magia è, per solito, un qualcosa legato a un presunto potere paranormale esercitato da un individuo per diversi scopi che hanno in comune un vantaggio immediato e materiale: il conseguimento di ciò che si desidera, ricchezza, potere, morte di un nemico, avvicinamento di una persona che si desidera "possedere". La dinamica è sempre molto plateale e, per solito, anticipata da rituali piuttosto folcloristici e capaci d'impressionare e preparare il pubblico, emotivamente, al gesto che vuole compiere. Ciò che fa Gesù, diversamente, è qualcosa di intimo, che in molti casi resta sconosciuto agli astanti; come nel caso dell'acqua trasformata in vino o della moltiplicazione dei pani, dove risulta evidente che gli apostoli stessi non riuscivano a collocare l'episodio, per loro incomprensibile, tra i miracoli di Gesù; difatti, nei Vangeli risulta chiaro che se ne dimenticarono, tanto che Gesù dotte spronarli al ricordo:

[...] Ma i discepoli avevano dimenticato di prendere dei pani e non avevano con sé sulla barca che un pane solo.
Allora egli li ammoniva dicendo: "Fate attenzione, guardatevi dal lievito dei farisei e dal lievito di Erode!".
E quelli dicevano fra loro: "Non abbiamo pane".
Ma Gesù, accortosi di questo, disse loro: "Perché discutete che non avete pane? Non intendete e non capite ancora? Avete il cuore indurito?
Avete occhi e non vedete, avete orecchi e non udite? E non vi ricordate,
quando ho spezzato i cinque pani per i cinquemila, quante ceste colme di pezzi avete portato via?". Gli dissero: "Dodici".
"E quando ho spezzato i sette pani per i quattromila, quante sporte piene di pezzi avete portato via?". Gli dissero: "Sette".
E disse loro: "Non capite ancora?".
Mc 8,14-21

Gesù non compie magie, e a ciò che lui compie non presiede mai il fine di stupire gli astanti, di ottenere reazioni di consenso e di aggregare gente alla sua sequela. Al contrario, è Gesù stesso a redarguire continuamente coloro che per "comprendere" hanno bisogno di vedere o essere soggetto di miracoli. Ciò cui Gesù mira, è a toccare prima il cuore e poi, in sintonia con il cuore, la mente. L'intelligenza del cuore preme a Gesù più di ogni altra cosa: predica alle persone di aprire il cuore, prima ancora che la mente. Che cosa compie, dunque, Gesù, alle Nozze in Cana di Galilea? Accompagnato dai pochi e primi discepoli, prende parte al banchetto come tutti gli altri ospiti; è lì per festeggiare e rendere felice, con la sua presenza, coloro che lo hanno invitato, proprio secondo gli usi della legge ebraica. Svolge il suo ruolo sociale come quello conviviale in perfetta sintonia con gli usi e costumi della sua gente. Non si differenzia, e sembra proprio di non tenerci a farlo tanto che la madre lo deve spronare a intraprendere qualcosa, vista la situazione che si era venuta a creare con la mancanza del vino; non dobbiamo dimenticare che la presenza abbondante di vino era un elemento fondamentale per tutta la durata dei fe-

steggiamenti. Gesù fa ciò che gli è richiesto, perché sa dell'importanza che questo ha per gli sposi e le loro famiglie. Agisce per amore, quindi, prima che per convenienza. È l'amore e il rispetto della sensibilità altrui (i rituali, le leggi e tutto ciò cui il consorzio sociale attribuiva importanza) a muoverlo all'azione. Non vuole ancora mostrarsi per quello che lui veramente è; in silenzio e con molta discrezione coadiuvato dalla madre che aveva impartito ordini precisi, a chi di competenza, di "fare qualunque cosa" Gesù avesse richiesto loro. E così, nell'intimità del clima familiare, del focolare, avviene uno dei miracoli più significativi tra quelli compiuti da Gesù, un segno che racchiude in sé l'intero svolgimento della sua parabola terrena: l'acqua che diventa vino; il vino, che sarà il suo sangue nelle "cene" in ambito ristretto ai soli dodici, cioè agli apostoli che formavano il cuore della manifestazione, della presenza stessa, di Gesù; il vino è l'acqua e il sangue che sgorgheranno, sorgente di vita, dal suo costato, allorché la lancia si infilza nel suo fianco.
L'acqua, che Gesù muta in vino, è fonte e dono dello spirito, sorgente di vita eterna:

[...] Rispose Gesù: "Chiunque beve di quest'acqua avrà di nuovo sete;
ma chi beve dell'acqua che io gli darò, non avrà mai più sete, anzi, l'acqua che io gli darò diventerà in lui sorgente di acqua che zampilla per la vita eterna".
Gv 4,13-14

[...] Nell'ultimo giorno, il grande giorno della festa, Gesù levatosi in piedi esclamò ad alta voce: "Chi ha sete venga a me e beva
chi crede in me; come dice la Scrittura: fiumi di acqua viva sgorgheranno dal suo seno".
Gv 7, 37-38

Vennero dunque i soldati e spezzarono le gambe al primo e poi all'altro che era stato crocifisso insieme con lui.
Venuti però da Gesù e vedendo che era già morto, non gli spezzarono le gambe,
ma uno dei soldati gli colpì il fianco con la lancia e subito ne uscì sangue e acqua.
Chi ha visto ne dà testimonianza e la sua testimonianza è vera e egli sa che dice il vero, perché anche voi crediate.
Questo infatti avvenne perché si adempisse la Scrittura: Non gli sarà spezzato alcun osso.
E ancora, più avanti: *Volgeranno lo sguardo a colui che hanno trafitto.*
Gv 19,32-37

Ora, caro Lettore, come ci rientra tutto questo nell'opera di Riccardo Grazzi? Semplice. Osserviamo le opere intitolate *Fontana*, *Tempio* e, ancora, *Paesaggio senese*. Lo spirito di queste opere è intimo, contraddistinto da un carattere riservato e contenuto nelle sue esternazioni. Oltretutto, si nota in alcune sue opere, come in *Paesaggio Senese*, la presenza di flussi di forma e materia che ci ricordano il flusso dell'acqua o, comunque, di una materia liquida e fluida. Ma è nell'insieme dell'opera di Riccardo, che io vedo l'evento e la manifestazione più vicini alle Nozze di Cana. È mio intendimento che Grazzi stia in relazione alla sua arte proprio come Gesù stette in relazione alle sue gesta e ai suoi doni, alla sua grazia; per quanto forte, massiccia e sicura di sé l'opera dello scultore toscano possa sembrarci, resta, e questo emerge chiaramente all'occhio e alla mente del cuore che lo sappiano cogliere, la loro delicatezza nell'esternazione gentile e accorta della propria forza l'aspetto che più le connota. Forza, questa, che potrebbe essere dirompente se liberata tutta in un ruggito, cosa che però non accade perché non se fa abuso. La misura, dunque. L'equilibrio, a volte apparentemente instabile dell'esistenza. La precarietà del nostro vivere cui noi, senza eccezione, siamo soggetti.

SAN FRANCESCO d'Assisi

Il passaggio dalle Nozze di Cana a San Francesco d'Assisi avviene nel più naturale dei modi, come conseguenza inevitabile, filiale. San Francesco è figlio di quell'esperienza che Gesù fece nel villaggio di Cana in Galilea. L'opera di Riccardo Grazzi è vicina a Francesco proprio per questa sua virtù, come abbiamo potuto vedere: *la delicatezza nell'esternazione gentile e accorta della propria forza*. Arte francescana, nel senso di arte che dell'umiltà ha fatto la sua forza e della forza ha fatto la sua umiltà. C'è un'opera, *Finestra*, che ben ci mostra lo stato d'animo che avrebbe potuto avere Francesco in uno dei momenti di poco precedenti alla sua decisione di sposare Cristo e la Croce. Momenti di chiarezza in cui il vedere oltre, il porre lo sguardo sul cuore della creazione, doveva riuscirgli semplicemente, senza sforzo, per grazia divina ricevuta e nutrita in sé, nel suo cuore. Così mi immagino io Francesco quando, sbirciando fuori dalle finestre della casa paterna e del suo pensiero più materiale, volgeva lo sguardo all'interiorità vasta e immensa dello spazio che Dio ha posto in noi, nel nostro corpo e nel corpo non sostanziale, ma ciò nonostante necessario, della nostra mente, del nostro pensiero. È chiaro che seppure l'opera scultoria di Riccardo Grazzi ci possa risultare massiccia, questa non è monolitica. Anzi, è un'arte che dalla pesantezza e durezza dei materiali prescelti ha saputo trarne leggerezza e soavità, garbo e delicatezza.
Un altro aspetto che mi sembra congiungere l'operato di Grazzi con quello di Francesco è l'edificazione di un tempio che non sia dedicato agli dei, bensì all'anima orientata al Logos unico, da cui tutto proviene e in cui tutto ritorna. Francesco si occupò, in San Damiano, di riedificare il "corpo di Cristo", prendendosi cura materiale della chiesetta diroccata non intendendo immediatamente l'invito che Dio gli aveva rivolto chie-

dendogli di "riparare" la sua Chiesa; ma Dio, probabilmente, pensò a entrambe le cose: che Francesco "riparasse" sia quella chiesetta, quale segno e corpo di un "inizio" sia la cristianità in sé, quale corpo unico del vangelo di Gesù tra gli esseri umani. Ora, io vedo nell'opera di Riccardo Grazzi una grande affinità con quanto ho esposto sinora. Anche Grazzi, mi sembra offra, con la sua opera, un riparo allo spirito e al corpo; anche Grazzi, a suo modo, coglie l'invito di Dio rivolto sì a Francesco ma in verità a tutti coloro che sappiano coglierlo: "riparare" il suo messaggio di pace e amore universali; di "riparare" l'arte, afflitta anche questa, dai moti deleteri e corrosivi della mondanità e della vanità presuntuosa degli esseri umani i quali troppo sovente si ritengono eletti, eccezionali, superiori alla media e che concedono troppo al loro desiderio di imporsi agli altri con le loro dottrine egocentriche e dimentiche di Dio quale Logos che a tutto presiede. L'opera di Riccardo Grazzi è l'opera di chi non ha dimenticato l'umiltà richiesta dal suo lavoro; non ha dimenticato di essere operaio nella vigna del Logos; non ha scordato che la voce più gentile e funesta, accorata e accorante, soave e terribile, risuona solo nelle corde dell'arpa divina del cosmo, e non ha smarrito il senso dell'amore quale bussola primaria all'orientamento nel percorso di vita terrestre. Quest'amore di cui parliamo, è cosa veramente particolare che possiamo scorgere in ciascun'opera di Grazzi. Non è necessario porre in essere una disamina storico-artistica e critica per cogliere questi aspetti salienti, e questo è anche il motivo che sta alla base della mia scelta di non narrare l'opera dello scultore toscano secondo i costumi e gli usi soliti della critica consolidatasi nelle metodologie strutturate nelle università, seppure, di tanto in tanto, si assista a delle osservazioni veramente interessanti e utili alla comprensione di alcuni di quegli aspetti di cui consta un'opera d'arte. Preferibile, in molti casi, allo studioso di Storia dell'Arte, a mio avviso, è il filosofo – in modo particolare se si sente coinvolto dal discorso dal linguaggio visivo –, questi può, effettivamente, contribuire alla comprensione di molti aspetti inerenti all'opera d'arte. È mio parere, però, che l'arte sia meglio compresa da chi, oltre a studiarla negli aspetti storici, la mette in opera, in cantiere, per dir così. È, pertanto, compito dell'artista che rechi in sé anche il dono della scrittura mettere mano a un discorso che tramite la bellezza e il significato profondo dell'arte dello scrivere, indaghi, manifesti e ponga in essere, tramite un linguaggio poetico e narrativo, l'arte visiva. Quest'ultima è dotata di un suo linguaggio (di forma, spazio e allusione), così come di una ricchezza semantica notevolissima ma non altrettanto di parola. La pratica della semantica, mediata dal linguaggio letterario, può evidenziare e schiarire il rapporto tra l'espressione e la realtà posta fuori del linguaggio stesso. Sono molte le cose che all'artista, del suo operato, restano ignote a livello conscio ed è un bene che sia così, perché l'artista agisce per chiamata: così come chi decide di abbracciare una fede dall'interno e di farsi frate, prete, anacoreta. L'artista capace di leggere nell'opera, quella altrui, di restituirla e comunicarla tramite il linguaggio, deve necessariamente, se chiamato, mettersi al servizio dell'arte e degli altri artisti; non dimenticando, però, di essere lui stesso artista; proprio questa sua duplice realtà, sia immanente sia trascendente, gli consentirà di portare il discorso sull'opera di altri artisti e di metterne in luce aspetti che non sono stati, sicuramente, tutti consciamente ponderati dall'artista prima di mettersi all'opera o nell'accadere stesso dell'opera ma che, se captabili, se visibili da altro occhio, comunque veri della verità più grande: la ponderazione sul Logos. Può, così, accadere che l'artista il quale legga le considerazioni scritte sulla sua opera da un altro artista (che sia anche versato nelle arti letterarie e nel pensiero speculativo filosofico, come precisato), possa meglio comprendere se stesso, trovare ispirazione e magari vedere significati e possibilità, insiti nella sua opera, di cui, distrattamente o perché concentratosi su altri aspetti nell'imminenza del lavoro più urgente di attenzione, aveva se non rimossi, posti su un piano di attenzione minore.

Essendo Riccardo Grazzi un artista di notevole dimensione spirituale e dalle competenze e abilità tecniche indiscutibili, è stato mio compito sollevare la leva a scoprire e mostrare quegli aspetti che il Lettore potrebbe trovare interessanti e che potrebbero consentirgli di guardare all'opera in questione da angolazioni e prospettive a lui sinora inedite.

Dobbiamo poterci immaginare l'artista all'opera, anche questo è importante. Che cosa fa Grazzi, quando si pone al lavoro di una sua scultura? Non abbiamo la sfera di cristallo e non possiamo fare previsioni né dare responsi da veggenti ma sicuramente possiamo asserire che Grazzi, ogni qualvolta si accinge a porre mano a una nuova opera, non agisce partendo da un vuoto, bensì da un pieno in cui, e con cui, struttura uno spazio in quello preesistente della materia e dell'ambiente. L'artista all'opera pone tutto il suo passato, i suoi trascorsi di vita in tutti i sensi, non solo in quelli artistici, al servizio della nuova opera, la quale altro non è se non il rinnovato gesto d'amore con cui lo scultore affronta, giorno per giorno, la vita. Così, caro Lettore, come San Francesco colse, fraintese e al contempo, inconsciamente prima, più chiaramente dopo, comprese la chiamata di Dio e si pose a riparare le crepe vistose che stavano rovinando il Logos, anche Grazzi, allo stesso modo, si pone da anni all'opera per sanare la sua, ma anche la nostra di osservatori ammirati, anima e quella del mondo intero. Eh sì! Caro Lettore, quando un'opera d'arte sorge in uno spirito che abbia saputo intravedere nel lavoro e nell'amore la regola prima della sua arte, questa ha un'influenza benefica su tutto ciò che è vivente e pervade di sé l'anima del creato stesso essendo da questo riconosciuta come tale, come opera d'arte figlia del primo comandamento divino: l'amore, che è poi anche la pace, la fratellanza: *Fratelli tutti* s'intitola un'enciclica di Papa Francesco sulla fraternità e l'amicizia sociale.

Come Francesco d'Assisi nel *Laudes Creaturarum*, conosciuto anche come *Cantico di Frate Sole*, l'artista Riccardo Grazzi, scultore, nella sua opera, se loda, loda il Creatore, e non il creato o la creatura; questi sono lodati quale espressione della volontà del Creatore, filosoficamente detto: del Logos. Tutta la sua opera è un'evidenza di questa mia asserzione. Non dobbiamo lasciarci ingannare dal fatto che Francesco d'Assisi, nel suo Cantico, canti la lode delle creature: il suo lodare passa attraverso le creature per giungere direttamente al creatore. Infatti, Francesco lo ringrazia per tutto ciò che gli ha donato e che rende gioiosa la sua vita terrena.

Altissimu, onnipotente, bon Signore,
tue so' le laude, la gloria e l'honore et onne benedictione.

Ad te solo, Altissimo, se konfano,
et nullu homo ène dignu te mentovare.

Laudato sie, mi' Signore, cum tucte le tue creature,
spetialmente messor lo frate sole,
lo qual' è iorno, et allumini noi per lui.
Et ellu è bellu e radiante cum grande splendore:
de te, Altissimo, porta significatione.

Laudato si', mi' Signore, per sora luna e le stelle,
in celu l'ai formate clarite et pretiose et belle.

Laudato si', mi' Signore, per frate vento
et per aere et nubilo et sereno et onne tempo,
per lo quale a le tue creature dai sustentamento.

Laudato si', mi' Signore, per sor' aqua,
la quale è multo utile et humile et pretiosa et casta.

Laudato si', mi' Signore, per frate focu,
per lo quale ennallumini la nocte,
ed ello è bello et iocundo et robustoso et forte.

Laudato si', mi' Signore, per sora nostra matre terra,
la quale ne sustenta et governa, et produce diversi fructi con coloriti flori et herba.

Laudato si', mi' Signore, per quelli ke perdonano per lo tuo amore,
et sostengo infirmitate et tribulatione.

Beati quelli ke' l sosterrano in pace,
ka da te, Altissimo, sirano incoronati.

Laudato si', mi Signore, per sora nostra morte corporale,
da la quale nullu homo vivente pò skappare.
Guai a quelli ke morrano ne le peccata mortali,
beati quelli ke trovarà ne le tue sanctissime voluntati,
ka la morte secunda no 'l farrà male.

Laudate et benedicete mi Signore et rengratiate
et serviateli cum grande humilitate.

CONCLUSIONE APERTA

Come Michelangelo Buonarroti fu architetto dell'anima e plasmatore dei desideri, delle aspirazioni e dei turbamenti umani, così Riccardo Grazzi pone mano con chiarezza e razionalità al vasto tessuto di quelle contraddizioni che compongono la sfera dell'umano.
La contrapposizione tra forze, elementi, "nature" (parola, quest'ultima, complessa di cui non possiamo spiegare a fondo i plurimi significati in questo breve saggio), materiali e percezioni cromatiche sono il terreno fertile su cui questo scultore sensibile e delicato costruisce i suoi cieli: cieli, questi, di una bellezza "presente"; non troviamo l'assente, nell'opera di Grazzi, bensì il "presente", quel Logos che più volte ho nominato. Grazzi non è scultore di nostalgie; non è giocoliere di virtuosismi inutili: come Michelangelo superò il primo rinascimento, compiendo un passo enorme che lo distanziò, dopo essersi appropriato del "meglio" di quella lezione, dai limiti di una ricerca artistica e scientifica basata sullo studio dell'antico, del mondo greco-romano. Non nel passato potrà trovare, Michelangelo, ciò che lo potrà appagare nel suo continuo anelare ai misteri della creazione, dell'universo; potrà appagare, o tentare di appagarlo, il suo spirito esclusivamente nel "suo" presente, nel presente della sua mente orientata non già alle delizie degli scavi archeologici e dei ritrovamenti, per quanto questi eccezionali potessero essere, bensì allo stupore continuo nei confronti di ciò che "è" in lui: "lui", essere umano tra gli umani nel momento eterno della sua vita. Il presente è l'eternità, sembra aver compreso Michelangelo e, essendo lui profondamente religioso, anche che il presente è Dio: il Logos.
Riccardo Grazzi, artista che non si cura delle tendenze, né delle mode, approfondisce il suo discorso interiore nel suo presente di vita, proprio come fece Michelangelo. Grazzi reca in sé la storia dell'umanità, le sue tracce, le sue conquiste, e di queste si nutre ma non copiandole, non imitandone pedissequamente le forme, non imbellendo le sue opere con aggettivi vezzeggiativi per lui del tutto inutili; si nutre di queste in quanto, come ciascun essere umano dovrebbe fare, prima di giungere al "suo

proprio" ha ripercorso tutto le conquiste della specie umana sino al suo presente e, da lì, da questo suo presente, Grazzi si è messo in cammino, proseguendolo per il tempo della sua vita terrena, al termine della quale passerà, darà in consegna, il suo bagaglio, il suo viatico, a colui che quel cammino vorrà e saprà continuarlo, nell'eterno presente.

RIDURRE LA SOSTANZA PER ACCRESCERE LA VISIONE
realtà e verità nell'opera di Riccardo Grazzi

L'opera di Riccardo Grazzi è spontanea, nel senso che la pietra e la sua lavorazione sembrano proprio essergli connaturali; quasi una reminiscenza di un passato in lui vivo e vitale. Questa spontaneità – che è anche un retaggio, un'eredità spirituale – è, però, coltivata, curata, e affinata dal lavoro e dall'esperienza sino a farne una consapevolezza di intenti e determinazione.

Dal *Bisonte* di Abri de la Madeleine nella Dordogne, in Francia – una figura di circa 10 cm di lunghezza, scolpita nell'avorio –, alla *Porta della sapienza* di Pietro Cascella, l'opera dello scultore toscano sembra aver accolto in sé quell'esperienza millenaria che gli artigiani, gli scultori e gli architetti di ogni tempo hanno tramandato, di generazione in generazione, affinché nulla andasse perduto.

È per me inevitabile, osservando alcune opere del Grazzi sul tema del "Portale", pensare alle antiche sculture egizie dedicate al faraone Chèfren (4a dinastia, circa 2600-2480 a. C., figlio di Cheope), così come alla statua cubica in granito grigio dedicata al re Hetep. Allo stesso modo, emerge alla memoria la statuaria della Mesopotamia antica (dal terzo millennio a.C.), come la scultura raffigurante presumibilmente una persona orante il dio Abu. Compiendo un passo avanti nel tempo, come non visualizzare nella mente l'immagine della micenèa *Porta dei leoni*? O il rigore formale di alcuni *Kouroi* del periodo greco arcaico? I portali e i capitelli romanici? Le *Storie della Genesi* (Porta Magna, basilica di San Petronio in Bologna), scolpite da Jacopo della Quercia? Talmente efficaci e importanti, queste ultime, per la loro plasticità inedita e la loro iconografia innovatrice, da influenzare persino Michelangelo Buonarroti; soprattutto nel caso della formella intitolata *Creazione di Adamo*. Procedendo con una carrellata sommaria e veloce nel vasto panorama dell'arte scultoria, segnaliamo ancora quella precolombiana e quella oceanica dei primordi e terminiamo con Constantin Brâncuși e il già rammentato Pietro Cascella. È evidente che Riccardo Grazzi, per via diretta o traversa, sia pregno di questo millenario procedere delle conoscenze umane nel campo della lavorazione della pietra.

L'imponenza del monòlito, accostato a figure o materiali di più delicata fattura o foggia, è un topos, un motivo ricorrente nella sua opera. La pietra, frequentemente il travertino ma anche la pietra serena e marmi di diversa composizione, si accompagna in un dialogo d'amore che è sia pulsione sia attrazione e repulsione. Un dialogo amoroso che indaga la sfera indicibile (se non dal solo poeta) dell'esistenza, ponendo in essere un discorso da intendersi quale narrazione continua di quella relazione che intercorre tra l'essere umano e il cosmo di cui è parte e in cui è ubicato senza possibilità di scelta alcuna. Non l'essere umano ha deciso, per predilezione o respingimento, il luogo suo di destinazione, dove trascorrere la missione della vita; questo, il luogo, gli è stato dato in sorte, assegnato da una realtà e "verità" più ampie e non visibili se non nel solo loro riflettersi nelle "cose", siano queste tangibili o unicamente percepibili nella loro inconsistenza.

Superfici lucide e specchianti lo spazio esterno alla scultura, dilatano il pensiero dello scultore così come quello dello spettatore ponendolo dinanzi a una riflessione importante sull'esistenza. L'opera di Riccardo Grazzi potrebbe essere definita alchimistica, misterica; ma anche esoterica (*esoterĭcus*, dal greco ἐσωτερικός, derivato di ἔσω "dentro") nel senso attribuitogli nel linguaggio filosofico con riferimento all'insegnamento che i filosofi dell'antica grecia (ad es. Aristotele) riservavano ai loro discepoli: un insegnamento che poteva rappresentare anche un'iniziazione ai misteri più riposti della sapienza e delle conoscenze del maestro. Le conoscenze acquisite nella lunga esperienza tramite la pratica del mestiere e la maestranza raggiunta nella lavorazione delle pietre, fanno di Grazzi un filosofo della scultura. È chiaro che per Grazzi la scultura non è necessariamente raffigurazione speculare del visibile, così come non è semplice costruzione funzionale; le sue opere sono un viatico da portarsi appresso o a cui traverso passare per inoltrarsi nella selva dell'esistenza. Portali, in questo senso: aperture che sostengono lo sforzo di comprensione e accettazione della realtà data, visibile, ma anche preludio a un ignoto che cesserà di essere tale inoltrandosi in esso. Cristoforo Colombo potè scoprire ciò che nella nostra società europea del suo tempo era ignoto, perché lui in quell'ignoto si inoltrò; non si fosse, Colombo, inoltrato, non avrebbe potuto allargare gli orizzonti delle sue conoscenze pratiche, di realtà, e concettuali. In questo senso, l'opera del Grazzi, è opera di conoscenza filosofica e scientifica perché offre gli strumenti "esoterici" e, se vogliamo, misterici per addentrarsi in una realtà che seppure, per solito, non ricognitiva, ciò nonostante esiste perché "avvertita", "sentita" per altro mezzo. È, quindi, quella dello scultore toscano, opera cognitivista perché privilegia lo studio di quei processi che consentono all'essere umano di acquisire e elaborare le informazioni che provengono dall'ambiente di vita; questi processi cognitivi sono, tra gli altri, il linguaggio, la percezione, il ragionamento e la memoria. È, quindi, opera filosofica nel senso proprio del termine "filosofia": dal latino *philosophĭa*, greco φιλοσοφία, composto di φιλο- (filo-) e σοφία "sapienza"; quindi: amore per la sapienza, per la conoscenza.

Le forme assemblate, scolpite e, comunque, poste in essere da Riccardo Grazzi non sono un compiacimento visivo, un vezzo, un'evocazione fuggitiva di un fenomeno sensoriale; non lo sono e non potrebbero esserlo, perché tutto ciò è in netta contrapposizione con la spiritualità e la concretezza della sua persona, della sua mentalità. Grazzi è pratico e effettivo, proprio per questo la sua opera è poetica, nel senso che estrae dalla vita ciò che le è essenziale ponendolo in un ambiente più vasto, che supera il mero percettivismo addentrandosi in un paesaggio che è, sì, nell'altrove ma che è, comunque, un paesaggio di "realtà". Ponendo questo mio assunto nella cesta della storia dell'arte, porgo un esempio di confrontazione e rapporto con il seguente ragionamento: l'opera di Riccardo Grazzi è, comparata a quella del suo maestro Pietro Cascella, tanto più visionaria quanto quella più è sostanziale. Sostanziale: dal latino tardo (ecclesiastico) *substantialis*, derivato di *substantia* "sostanza". Mentre Cascella dà "sostanza" alle cose, Grazzi, diversamente, conferisce alle stesse cose la loro realtà più profonda mediante la capacità di vedere oltre la materia e le sole possibilità evocatrici di questa. Cascella sostanzia e, sostanziando, evoca; Grazzi annulla la sostanza, non evoca direttamente tramite la materia ma la assume per allontanarla da (o farle dimenticare) se stessa attraverso la funzione del vedere, aprendo la vista a una dimensione altrimenti non visibile, evidenziando una realtà altra della stessa materia che, in ultimo, ritrova se stessa. L'osservatore delle opere di Cascella e di quelle del Grazzi farà due esperienze apparentemente simili dal punto di vista, grezzo, della realtà sostanziata in una forma materiale visibile, ma molto differenti se osservate nella loro più intima realtà; una realtà, questa, che si riversa anche nelle forme, sostituendo all'apparente parentela di immediata percezione i caratteri più autentici e peculiari delle opere. Quando osserviamo per un attimo due volti dai connotati simili, per un attimo tendiamo ad apparentarli; un'osservazione più attenta ci distoglierà da questa prima percezione consentendoci di addentrarci nella realtà profonda di quei volti. Lo stesso concetto potrei ridurlo in questo modo: due volti umani dello stesso gruppo etnico risultano, ad un primo sguardo sommario e fugace, molto simili tra loro; le cose cambiano non appena ci si sofferma un attimo più lungo su quegli stessi volti. La nostra percezione è, il più delle volte, erronea; la realtà non è percettiva, soltanto i fenomeni lo sono ma questi non sono enti, non sono cose in sé, non sono noumeni o, ancora, oggetti intelligibili così come non sono cause bensì, unicamente, effetti. L'arte di Riccardo Grazzi non è un effetto: supera i limiti della percezione, indicandoci la via che conduce alla comprensione delle cose in sé e del nostro "esserci".

L'ORTO DEI SENSI
Riflessioni sull'opera di Mauro Manetti

Volgendo lo sguardo su luoghi altri da quelli di consueto offerti alla vista, Mauro Manetti s'innalza ad altitudini, spirituali e immaginifiche, dove la rarefazione dell'aria consente il respiro unicamente a chi, nel corso della sua esistenza, abbia sviluppato, una percezione della realtà tale da cogliere ciò che ai più sfugge. Mauro Manetti, tra quei molti non figurando, vola alto sui misteri della creazione e coglie, in queste sue scorribande nei cieli azzurri della nitidezza, i frutti delicati di una natura altra: quella che si manifesta (o in lui si crea) solamente a chi sia dotato di un sentire, di un avvertire, di un percepire che non si esaurisca in ciò che è divulgato dalla materia. Accogliere in sé l'essenza delle cose, dunque, e quella medesima essenza ricrearla in sé, rinnovata, come se questa fosse restituita alla nascita mediante un processo di purificazione.
Una misteriosa religiosità traspare, sino a farsi evidenza, nelle opere di Manetti. Si tratta non di riverenza o di devozione dogmatica, non di adorazione né di venerazione; è la sacralità di un verbo universale fattosi parola interiore. È sacra, l'arte di Manetti, non è però necessariamente arte sacra; può esserlo, ma non è questo il suo rebus.
Io, caro Lettore, qui non porrò la questione di una singola opera, dello stile o del suo sviluppo; né porrò, a mio argomento, i riferimenti storico-culturali rintracciabili nelle singole opere – o nell'opera in sé, intesa questa quale un tutto organico – di Mauro Manetti. Ciò che più m'interessa è cogliere e proporre alcuni di quegli aspetti più rarefatti che la sua opera abitano, da cui si dipanano, o in cui entrano. Si tratta di comprendere che un artista il quale sia maturo, rigoroso, libero, perspicace e profondo, sempre reca in sé un bagaglio fatto di quella grammatica interiore che sia cresciuta in lui con la vita e con la sua arte. Uno dei ritratti possibili di Mauro Manetti, da tracciarsi con una parola, potrebbe essere (o lo è senz'altro) quello che emerge in metafora sin da un primo fugace sguardo alla sua persona: fiore. Questa è quell'unica parola; lo è, perché del fiore l'arte di Manetti ha la delicatezza e la fragilità, così come la fierezza e l'allegria. Inoltre, di un fiore ha – la sua arte – l'eleganza. Tutto ciò prescinde da qualsiasi preconcetto storico-culturale: perché l'arte, seppure si trovi immersa nella storia, la trapassa, la sublima o,addirittura, in certi casi tra i più alti, la elude. Troppo siamo noi educati al concetto (o preconcetto) storico. La storia è un accadere che, di fatto, potrebbe essere inteso come una prigionia temporanea; un periodo di subordinazione in cui ciò che veramente "è", è costretto a indugiare. Tranne chi già "è", tra gli uomini: l'artista (non però, intendo io qui, chi semplicemente la nomea o l'etichetta dell'artista sul suo abito cuce). L'arte di Manetti È filigrana del pensiero che trova una sua forma visibile all'occhio avvezzo alla materia. È un'arte, la sua, che seppur di materia sia fatta, con questa ha solo una

mera parentela di comodo: come a dire che la necessità dell'incarnazione mostra le sue evidenze. È una frase sibillina, questa mia ultima; e io, caro Lettore, in buona pace me ne rendo conto: eppure, non la ritratto; così l'ho vergata, così resta. Ti sia, questa mia immagine, pasto all'attitudine alla riflessione e, forse, momento di meditazione. È, l'arte di Mauro Manetti, metastorica? In un certo senso, sì! Perché non tutto ciò che la compone o di cui si nutre, è storico; ma anche perché non interamente dalla storia è suscitata, anzi! Lo è in minima parte. Perché il luogo della sua arte è un orto: l'orto dei sensi.

L'orto è un luogo di primizie, di attitudini, di semine e di crescite; è luogo di parola in metafora, ed è luogo di riposo; è luogo di attesa di quell'idea sepolta nel caldo della terra; un calore divino che la protegge e la germina. Un'arte germinale, che dipana la sua essenza sugli orti incolti della terra e la schiude – la terra – volgendola a nuovi respiri. È, quindi, il poeta, qui, l'artefice. È la parola, la cifra dell'arte di Manetti in cui ritrovare la domanda prima ancora della risposta. Non vi è risposta, là dove non sia stata prima una domanda. E come il poeta è vagante anima, anima errante e fantasticante lo è anche la sua arte che di sé rifiuta l'immanenza materiale; perché più consona le sarebbe l'immanenza dei luoghi eterni, dell'eterno presente. Un presente fuori della storia.

Animula vagula blandula
Hospes comesque corporis
Quae nunc abibis in loca
Pallidula rigida nudula
Nec ut soles dabis ioco

Dalla "Historia Augusta": Publius Aelius Hadrianus (Imperator Caesar Traianus Hadrianus Augustus)

SOSTANZE SOSPESE
come un racconto
Incontro con Luciano Massari

L'arte è un'idea che germoglia e si ramifica all'interno del suo artefice: come un albero, come le vene del corpo umano. La radice è il pensiero: da lì, la linfa scorre attraverso le ramificazioni fuoriuscendo dall'artefice in un processo simile alla fotosintesi clorofilliana delle piante. L'opera di Luciano Massari è, in questo senso, di origine fotosintetica: Luciano assorbe, cioè, energia luminosa dall'ambiente che converte, poi, in energia chimica potenziale; cominciando da composti eterei, le idee, l'artista pone in essere essenze (realtà organiche) che costituiscono i composti della sua opera. La sua opera è, quindi, "vivente" sia in senso organico sia concettuale.

PREAMBOLO

Incontro Luciano Massari in una calda giornata di fine luglio. L'artista, prima di recarsi sul luogo del nostro appuntamento, ha trascorso alcune ore nel suo ufficio a Palazzo Cybo Malaspina, l'*Accademia delle Belle Arti di Carrara* di cui lui è il Direttore. In quei giorni, Carrara era tornata al centro della mia esistenza, dopo anni di assenza. Prima di incontrare Luciano, trascorsi alcune ore con un vecchio amico che non vedevo ormai da molti anni, ma con cui ero in contatto virtuale (un tempo ancora non lontano si sarebbe detto in contatto "epistolare"); andammo a pranzare in una trattoria ad Avenza e parlammo di tante cose, tra cui ciò che io definisco, forse eufemisticamente, "lo stato delle cose". Usciti dal locale, entrambi satolli (sazî o, altrimenti detto: con le pance piene) ci recammo a Carrara attraversando in automobile (guidava lui, chiaramente: io, non ho nemmeno la patente di guida; mai avuta e posso assicurarti, caro Lettore, che è bene così) quell'imponente vialone (Viale XX Settembre) che congiunge Marina di Carrara e Avenza alla Città Madre, la quale dalle sue vestigia di antico splendore, dopo un'epoca di transizione, sembra ora tornare a brillare come stella dell'oggi; forse, e penso di non errare nella mia percezione, anche per merito del Direttore dell'Accademia delle Belle Arti (Luciano Massari): uno spirito tanto pratico quanto poetico, dal piglio sicuro nella gestione e dallo sguardo lungimirante che non si smarrisce, però, mai in un vacuo futuro; badando bene che sia il presente, il futuro cui mirare.
Si guidava, dunque, verso Carrara e si chiacchierava e, chiacchierando, il mio amico ed io giungemmo in centro, posteggiammo l'auto e scendemmo a mirare quei luoghi ameni; tanto piacevoli dal vero così come nei ricordi vaghi degli anni che ci videro adolescenti e che, inevitabilmente,

ora riaffioravano, pur se taciuti, alle nostri menti. Approssimandosi l'orario dell'appuntamento, ci avvicinammo all'Accademia e ci sedemmo nell'unico posto fresco nelle vicinanze che fosse anche all'aperto: sedemmo a un tavolino del *Gramsci Caffè* (nell'omonima piazza), a pochi passi dal turrito Palazzo con la sua gaia merlatura ad alleggerirne la sostanziosa mole, protetti dall'ombra ampia delle folte chiome degli ippocastani e degli altri alberi, e allietati da una brezza tanto fresca quanto insperata in quell'ora di calura tenace. Sedemmo, lo sguardo rivolto alla Fontana della fu "Piazza d'Armi": la nota "palla", la *Pietra galleggiante* (1979), opera di Kenneth Davis (1918 – 1992) con la collaborazione di Mario Fruendi.

Avviso Luciano, con un messaggio, di trovarmi lì: ci raggiunge poco dopo; io prendo congedo dal mio vecchio amico, Stefano Menconi, che, da questo nuovo "Quaderno di arti e culture" in avanti, terrà una sua rubrica di viaggi che si annuncia molto interessante sin dalla prima puntata (potrete leggerla, sfogliando alcune pagine, più avanti: ma solo dopo aver terminato la lettura di questo articolo, chiaramente).

UN FUTURO CHE È GIÀ PRESENTE
l'arte come determinazione di intenti: tra evanescenza e concretezza

L'opera di Luciano Massari è contraddistinta dalla ricerca della leggerezza; una levità che definirei, nel suo caso sia evanescente e impalpabile sia tangibile e concreta. Il connotato saliente è la "narrazione": Massari è un artista di poche parole, perché quello che ha da raccontarci lo scrive nel vasto libro della sua arte; questo accade non solo in metafora: notevoli sono, infatti, i suoi libri marmorei sulle cui pagine le parole sono tracciate da un solco leggero e dinamico che sembra quasi sorvolare la superficie marmorea e non di esservi scolpita.

Intendessimo noi il lavoro dello scultore, oggi, quale l'agire dell'artista sulla pietra, non staremmo certamente errando: Luciano Massari è scultore, in questo senso, al colmo della percentuale. Massari, che pure ha sempre vissuto nella *Città del Marmo*, Carrara e le sue cave storiche, ha saputo volgere il suo sguardo in quell'altrove dove la materia sa essere tale pur quando immateriale. Chiariamoci con un esempio: a Luciano Massari, per fare un'opera plastica, basta un fascio di luce proiettato in una notte fonda nel vasto oltre dello spazio atmosferico, il cielo.

Luciano Massari è un figlio del cielo e delle stelle, in senso proprio: la sua mente è sempre tesa alla sperimentazione di forme inedite con i materiali più diversi. Lo scultore, oggi come nel rinascimento, non è più da intendersi come lo scalpellino: ricordiamoci di Filippo Brunelleschi, che seppe porre mano al concreto legno e alla concreta così come seppe porla nello spazio "vuoto" sovrastante Santa Maria del Fiore in Firenze. E proprio quella, fu la sua opera maggiore: la cupola del Duomo. Proprio in quel "luogo delle possibilità", così piace a me chiamarlo, Filippo pose una mano speciale: quella della mente, dell'immaginazione, del progresso più vero e autentico. Filippo Brunelleschi è forse la figura che più si presta, forse ancor più di quella del Vinci, a rappresentare con il suo transito terrestre, con la sua comparsa in terra di Toscana, l'uomo moderno per eccellenza. Brunelleschi è l'avverarsi dell'ambizione umana forse più folle: avvicinarsi il più possibile alla scienza divina, al pensiero che ha cogitato l'universo e alle cui leggi e dinamiche tutto, ma proprio tutto, ubbidisce. Questo temperamento intraprendente, tenace, rivolto a un futuro inteso come un presente *in fieri*, mi sembra sia la cifra più alta, e il segno più distintivo, sia dell'uomo sia dell'artista Luciano Massari.

In questo testo, io cercherò di restituire le impressioni che ho ricevuto dalla sua persona; non cercherò di fare un resoconto della sua arte, questa, però, sarà lo stesso intelligibile nello specchio del mio discorso: perché non vi è gesto, non parola, non atto (azione) di Luciano che non corrisponda alla sua opera. Pensiero, azione, lungimiranza non come proiezione di un futuro lontano, bensì come presente in divenire il cui unico destino possibile, secondo Massari, è quello di realizzarsi. Un uomo del fare che è, al contempo, un uomo di pensiero, di riflessione: sempre connesse, queste sue qualità, all'azione. Perché non c'è arte senza azione del pensiero, sembra volerci dire Luciano, così come non c'è futuro che non sia già in atto. Luciano Massari è un uomo del presente, proprio perché è capace di immaginare ciò che ancora non è.

La determinazione del pensiero, cioè quella comunione di intenti tra desiderio e volontà d'azione, è il maglio con cui Luciano batte i nuovi percorsi, le nuove vie della sua arte.

La società umana ha bisogno di personalità come quella di Massari; ne ha bisogno per non restare inchiodata su posizioni ormai abusate, consumate e inutili al progresso dell'umanità; ne ha bisogno per coordinare con slancio di iniziativa e capacità di approdare ai porti mirati, le attività culturali, tecniche e scientifiche che sono il sale delle arti. Un uomo di grande apertura mentale, che sa comprendere e distinguere tra ciò che ha in sé un potenziale e ciò che non lo ha. Questa sua capacità ne ha fatto un promotore instancabile delle ragioni dell'Accademia delle Belle Arti di Carrara, così come delle ragioni culturali tutte della stessa città. Non si diventa ciò che non si era già in principio: è dalla sua gioventù che Massari ha dato chiari segnali di intraprendenza e di visionarietà. Per lui, così mi sembra, ciò che è pensabile, ipotizzabile, deve essere anche possibile. In questo io vedo il temperamento più autentico della cultura italiana dal Petrarca ai nostri giorni, cioè dalla "nascita", dal fiorire dell'Umanesimo a Guglielmo Marconi a Renzo Piano.

Luciano Massari è un artista aperto al presente: cioè aperto a quell'unica realtà possibile che disponga dell'idea di futuro, nella nostra dimensione.

PETRARCA, TASSO, SANNAZZARO e altri
escursione e vaticinio poetici

Madonna e Poesia, nella mente del Petrarca attorniato da una realtà devastatrice e devastata; guerre, intrighi, decadenza dei costumi, delle lettere, delle arti tutte: lui solo sembra, naufrago avvinghiato a mozzato tronco in balia delle onde, partecipe di quei moti che, di tanto in tanto, portano la *storia* della civiltà umana a registrare un balzo, un'elevazione – nel caso di Petrarca tanto improvviso quanto altissimo – nelle sorti dell'umanità tutta, racchiusa per paradosso, questa umanità, nelle mani di pochi; a volte in quelle di *uno* solo.

Da poi che sotto 'l ciel cosa non vidi
stabile e ferma, tutto sbigottito
mi volsi al cor, e dissi: - In che ti fidi? -
Rispose: - Nel Signor, che mai fallito
non ha promessa a chi si fida in lui:
ma ben veggio che 'l mondo m'ha schernito,
e sento quel ch'i' sono e quel ch'i' fui,
e veggio andar, anzi volare, il tempo,
e doler mi vorrei, né so di cui;

Così, il Petrarca nei versi del suo *Triumphus Eternitatis*. Così, nondimeno, scrive, arditissimo, Torquato Tasso, nella sua *Gerusalemme liberata*:
Tanti di qua, tanti di là fur mossi
e sassi e dardi ch'oscuronne il cielo.
S'urtar duo nembi in aria, e là tornossi
talor respinto, onde partiva, il telo.
Torquato Tasso – poeta capace di cogliere gli *affetti* pertinenti e quelli contingenti al vivere quotidiano e a quello suo proprio, drammatico, connaturato a un suo privatissimo concepire (gestazione) e scrivere poesia gravida di consolazione – è parimenti poeta di quegli affetti che solo l'animo privilegiato, direi eletto, può, prima ancora di cogliere, suscitare.

Tasso è poeta che eccita verbo poetico anche da materia scostumata e consunta dallo strofinio del vivere quotidiano, assurgendola a nuovo idioma: una lingua degli affetti presente allorché il *verbo poetico*, incarnato nel poeta, si fa esso stesso, in lui, nel poeta, poetante. Cagione di poesia è qui il mondo tutto, nella sua sostanza e nella sua forma. È, quella sua, una *poesia degli affetti*; nella meditazione dell'eterno. L'eternità è, in Tasso, Dogma; Dogma meraviglioso, principio fondamentale e indiscutibile d'ogni cosa visibile e percepibile da un qualsivoglia dei nostri, umani, sensi. Una – non poesia, bensì – *poetica degli affetti* si ritrova nelle *visioni* musicali del Monteverdi.
L'Orfeo, meditata offerta, consonanza di riflessione musiva sull'amore

che dall'arte nasce e in lei trova riposo e comprensione, è l'opera d'arte prima creata in assenza di sinopia; fuor di *lei*, così come si dà, di là del sembiante, non vi è possibilità alcuna di traccia a *lei* soggiacente.
Una Arcadia che si disgiunge dal mito, prima ancora che questi possa affondare radice o germogliare foglia. Non la bellezza campestre, bucolica, quella degli elementi e delle loro espressioni, bensì quella di un sentimento, che è affetto, al massimo dei suoi gradi d'ascendenza.
Nella musica e nel canto composti da Claudio Monteverdi è selva e paese, Luna, astri, tramonto e alba; ma sono questi non quelli ameni e deliziosi del Sannazzaro, né quelli che ci ha dato di conoscere Omero, nei suoi canti senza notti né giorni; sono questi del Monteverdi *summa vitae* degli affetti in tutta la loro *realtà*, epidermide profonda, sensibile anelito di vita all'immensità della vita stessa di luminosità prodiga degli astri; e il pianeta nostro, la Terra, è subito cosmo.

L'artefice, l'artista quindi, può solo se stesso al soglio dei sogli ardire per innata facoltà, e non altro può con la sua arte intraprendere, affinché lui questa al mondo da sé dilati. Luce di giorni che è innesto all'anca più riposta, il segreto dei segreti, custodito nel sibilo del poeta a sé assente nel labirinto di una memoria accolta al suo sembiante. Perché non sembiante e non sinopia ma solo altra *realtà*, a sé medesima e consona di vita nell'atto presciente che dai mondi la esorbita. Ed è il pensiero che commette gesto plastico, figlio dell'evidenza e a lui stesso frutto.
Tito Lucrezio Caro concerne la selva dell'Alighieri, più di quanto la interessi il Virgilio. Enèade è forse il corso della vita, bensì! con accordo; ma gli è il Caro l'orbita a lei più propinqua. Orfeo è in ogni riguardo congiunto del poeta musico che non conosce sinopia. Mistero è l'arte a chi non le aderisce. Mistero degli affetti cui gravità e materia appellano rifiuto di assenza. Canto d'asino, raglio glauco del nostro divenire *in situ veritatis*.
Suggestione propizia è il canto a taluno, a tal altro è condizione; ad altro ancora è confidenza, ad alcuni è comunità... al poeta è il cosmo che nel corso breve di una parola, tra sillaba e sillaba, di mistero la chiave a nuova luce schiude. Santo mistero, segno e virtù al palpitare di vita universale. È roccia, è scoglio; navigatori dello spazio incommensurabile d'un solo verso nell'annessione della vita terrestre. Galileo Galilei, profeta massimo, poeta altissimo, ti porgo corona; sii tu, tribuno laureato degli affetti.

ORIZZONTI POSSIBILI
L'arte informale di Fabio Sciortino

Fabio Sciortino propone una pittura informale evocatrice di paesaggi, da intendersi questi ultimi sia reali sia evocativi. La cifra più autentica della sua pittura mi sembra sia ravvisabile nella composizione dei colori che, seppure evocano una condizione di ebbrezza dionisiaca, non sono lasciati al caso. Come tutte le definizioni, anche quella di "arte informale" è un contenitore vasto, forse troppo, e così non soddisfa le esigenze proprie di un discorso artistico che è sempre "altro", da individuo a individuo. Così, è per pura convenzione e per rendere il discorso comprensibile al Lettore, che io mi servo di questo termine. Comunque sia, l'arte di Sciortino ci riconduce nella pratica e nell'evidenza estetica a certe "linee guida" di quella che notoriamente è nota con il nome di arte informale, e su questo non ci sono dubbi; sempre tenendo presente la chiarificazione di cui sopra.

Qual è, dunque, la peculiarità dell'opera di Fabio Sciortino? Ciò che la distingue dal generico assunto dell'arte cosiddetta informale? Io direi che è la sua capacità di trarre ciò che è esteticamente informale dalla realtà sia terrestre sia cosmica: è inevitabile, infatti, per l'osservatore sottrarsi alla suggestione di alcuni dipinti evocatori di tempeste solari, galassie e panorami che potremmo definire astronomici. A questo aspetto, si aggiunge la tecnica: questa è, infatti, molto controllata e diversificata; si va dagli olii su tela ai lavori su carta a tecnica mista. Non mi sembra opportuno ricercare valori filosofici o fare speculazioni letterarie su un'opera che trova la sua ragione d'essere proprio nella prassi, nel fare. È il procedimento stesso la chiave di lettura più idonea per avvicinarsi all'arte di Sciortino, lasciando ampio spazio alla suggestione e alle libere associazioni in relazione alle luci, alle zone d'ombra e ai contrasti cui l'osservatore può aggiungere, di suo, tutto ciò che queste gli evocano in un continuo giro di giostra che sembra non volersi fermare mai. Assenza di quiete, di riposo; tensione mirata allo scoprire sempre nuove associazioni cromatico-luminose in un tessere e ritessere incessante la trama delle proprie immaginazioni "figurali".

SULLO STILE E ALTRE AMENITÀ

Stile è parola gravida di fraintendimenti e di scempiaggini culturali. Lo stile non esiste e, se esiste allora non lo dovrebbe. La prova ne sono anche questi miei appunti che tu adesso stai leggendo. Quello che noi per solito chiamiamo stile è in queste mie pagine talmente incongruente e finalizzato al concetto da esprimersi e alla forma che meglio gli si accosta o che meglio lo esprime/espone, da non poter essere etichettato nemmeno con la pretenziosa formula dell'eclettismo culturale. Io sono, per inciso, eclettico ma, credetemi, l'eclettismo culturale è un'altra cosa, tanto più che non esiste.

Non sono pochi gli artisti o presunti tali, che dello stile hanno fatto la loro bandiera. In questo caso con stile intendono loro il ripetere di un modo, di una "maniera" quindi, di fare le cose dell'arte. Fesseria più grande non c'era da aspettarsela nemmeno dai professionisti della risata e noi siamo grati a queste centinaia d'anni che ci hanno regalato un bel mucchio di barzellette fantastiche (nel vero senso della parola). Infatti, lo dico subito, fantastico è tutto ciò che è escogitato al solo fine di poter dire di essere originali. Io non credo in questo genere di originalità e la rifiuto.

Lo stile, l'unico che riconosco, è quello del fare, e per meglio precisare aggiungo: del fare secondo lo sviluppo del proprio essere nell'attimo stesso in cui questo "fa" (opera), in cui crea, per usare una parola forse un po' troppo grossa. Io non credo che l'artista sia un creatore. L'artista è un divulgatore delle bellezze (infinite) del creato ed è lui stesso creato, facente parte della creazione che lui divulga e ammira. Chiaramente, l'artista contribuisce con la sua opera alla creazione, nel senso che contribuisce allo sviluppo di questa e alla sua comprensione. La comprensione avviene tramite aggiunte alla creazione che, pur essendo aggiunte, ne sono anche derivanti.

Io non ho mai premeditato niente dei gesti e delle azioni che compio, come anche di ciò che dico e che scrivo e che dipingo, nel senso in cui lo si intende per solito, intendo qui la vulgata.
Tutto ciò che faccio (opero), è frutto dell'insieme della mia vita fino al momento in cui compio quell'atto che noi chiamiamo creativo. Quell'atto però in sé non è altro che l'eruzione; e appunto l'eruzione è quella che noi vediamo e percepiamo dell'attività di un vulcano, restando sensorialmente all'oscuro di tutte le tribolazioni che quel magma ha vissuto nel substrato terrestre prima di rendersi visibile con il gesto finale.

TRA EROS, BAROCCO E ROCOCÒ
Le sculture di Beatrice Taponecco

Prima di iniziare questo mio breve racconto, ho letto un testo scritto da Beatrice Taponecco, per rendermi conto di come lei stessa interpreti la sua opera scultoria: sensualità, levigatezza delle forme, trasparenza e leggerezza; osservazione delle foglie, la foglia come metafora di vita. Questi, in breve elencati, i punti essenziali.
Io, non ne terrò conto se non nell'assunto ultimo, e navigherò su altri mari. Comincio subito con un riconoscimento inevitabile a un Maestro della scultura contemporanea: Pier Giorgio Balocchi. È utile affrontare subito quest'aspetto fondante e dai risvolti importanti per l'estetica della scultrice ligure. Il Lettore che conosca, o che la ricercherà dopo aver lette queste mie parole, l'opera scultoria di Pier Giorgio Balocchi, si renderà subito conto di chi la Taponecco è discepola: per affinità spirituali e, in parte, di temperamento.
Il contributo più originale della scultrice alla via aperta dal Balocchi, e da questi profondamente segnata nel corso del suo operato, consiste, mi sembra, nella accentuazione di alcuni aspetti formali presenti nell'opera dell'artista toscano, sapientemente estrapolati, che assurgono a elemento fondante nell'opera della discepola; quasi che un dettaglio formale ed estetico del Balocchi sia stato elaborato sino a farne un unico plastico. Questo è evidente in alcune sculture di Beatrice Taponecco; nelle sue opere più originali, però, la "piega" (l'insenatura, il cavo, il vuoto plastico) non è più elemento strutturale e sintetico della "natura" trasfigurata, bensì oggetto, esteso e dilatato sino a farne il tema stesso dell'opera: quindi, un'astrazione. Altro elemento che mi pare essere di un certo rilievo nella disamina delle opere della Taponecco, è il suo rielaborare quelle forme in chiave barocca; in certe opere, quasi rococò. Mi sembra evidente, in questi paralleli, la diversità sostanziale tra le due anime: da una parte, il Balocchi, imbevuto di toscanità, attento alla soavità del racconto, sì, ma con un occhio sempre vigile alla robustezza ed esattezza della composizione, ai valori plastici da questa imprescindibili; in Balocchi la piega, il vuoto plastico e l'armonia sono sempre ben sorvegliati e non rinunciano mai a una composizione di matrice "quattrocentesca" (ma, anche, romanica e gotica), tra linearità e plasticità senesi (Simone Martini, Tino da Camaino, i Lorenzetti, Jacopo della Quercia) e solidità compositiva toscana (Niccolò Pisano, di origini pugliesi e suo figlio Giovanni Pisano, Piero della Francesca, Masaccio, Brunelleschi); inoltre, nell'opera del Balocchi il "vero" è sempre presente come "consigliere" primo e ultimo a cui l'artista appella la sua coscienza e a cui si rivolge "a consiglio". A questa natura, temperamento e attitudine artistica si accosta e, al contempo, discosta, quella di Beatrice Taponecco: là dove noi in Balocchi troviamo il romanico, il gotico e il quattrocento più puri, combinati in un'unica

natura artistica, nella Taponecco abbiamo Gian Lorenzo Bernini, Francesco Mochi, Stefano Maderno, Alessandro Algardi. Come non pensare subito alla scultura in marmo e bronzo dorato del Bernini, l'*Estasi di Santa Teresa d'Avila* custodita nel luogo di collocazione originario, nella *Cappella Cornaro* presso la chiesa di *Santa Maria della Vittoria* in Roma? Il richiamo è tanto attraente quanto evidente. Il riferimento al rococò è, invece, più diffuso nella generalità dell'opera, non direttamente proposto ma di cui si avverte, comunque, l'influenza o, altrimenti detto, l'affinità; è, ciò nonostante, possibile ravvisare vicinanze, tra le altre, all'opera degli scultori Étienne Maurice Falconet, Edmé Bouchardon, i fratelli Nicolas e Guillaume Coustou, Antonio Corradini e François Duquesnoy.

La Taponecco, per incidere una parola nel solco della cifra stilistico-interiore, quella più legata al "sentire" emozionale, assurge alla sua più autentica osservazione e restituzione sia del dato interiore sia di quello concernente la realtà a lei circostante, quando evoca, nelle sue forme marmoree, le forme di una femminilità pura che sembra sia stata osservata, amata, conosciuta e conservata nel proprio corpo; sulla superficie epidermica dell'artista stessa; una geografia sensuale ermafrodita che chiama l'amore nelle sue ascendenze più carnali, per farle assurgere alla spiritualità materiale ed estatica del "culmine"... Eros è una presenza vivace che carica di tensione l'opera di Beatrice Taponecco, così come Eros tende la corda del suo arco prima di schioccare la freccia; abbiamo un bell'esempio nella copia Romana dell'*Eros che incorda l'arco* conservato presso i Musei Capitolini in Roma: è la preparazione all'opera, al lancio del dardo, all'atto d'amore.

VATICINIO

Il poeta è cascata d'acqua al limitare d'un dirupo innanzi la verità creatrice dell'universo.
Smarrito il bandolo della creazione, da alcuni secoli assopito, il poeta ridesta in sé, con la forza di Teseo nel colpire il Centauro, e flette in sé, la volontà che in lui giace e che lo rese Adamo, primo umano adiacente al divino ora ma prima da lui discendente. Quindi, l'ascesa si pone ora al poeta quale compito gagliardo, estasi d'un permanere d'energia vitale nel suo essere. Non più, pertanto, guizzo; non più, dunque, lampo creativo, fulmine che scaglia violento la sua forza indicibile frutto di natura cosmica; non più fiotto, non più flutto, bensì contenuta forza nel naturale rifluire di essa tra l'essere (nell'essere e di lui a traverso) e ciò che lo attornia (la nominata "natura", quel complesso di vita assoluta).

Io mi tento nell'impossibile – chissà – gesto di summare ciò che "sono"; il verbo poetico del cantore; poeta oltre l'abisso del guado umano. Teologica è ogni scienza e a non capire questo semplice assunto assorto in ogni cosa e assurto a ogni spirito vivificante, è pericolo ignoto in cui ciascuno occorre.
Scienza è *teologica* per impossibilità di essere altro che se stessa. Ponessi io il mio volto nella possibilità d'essere altro da sé, sarei io foriero di menzogna e acquitrino. Mare limpido è la mia mente che non mai soggiace. Non vergogna provo nello sviscerare verità di carne e interiora; di niente l'anima che pro-cinge al compimento si schifa. Non malessere in lui, poeta, può disornarne il capo della foglia di Lauro a lui dalle muse in forma accolita donato. Accolito è l'essere smarrito al suo universo. Io mi cingo i fianchi della conviviale scienza che eterna né discende né ascende ma sempre e ovunque (e oltre l'*unque*) di sé tutto pregna. Come potersi il poeta che è essere ed umano accingersi alla sua mostra? Non vi è curva nell'universo che precluda allo sguardo verità senza ombre. Questo è il primo "sapere" di colui che d'alloro è cinto. L'uomo si pone contro "Io sono colui che sono"; miserabile è la sua disdetta alla vita. Lui stesso, l'*impoetico*, recede da sé. Quale sorte può essere più arguta nella disfatta completa e nell'annullamento di sé? Lacrime come rivoli carezzano le mie guance solleticandole; eppure ovunque io mi rivolga non posso sottrarmi alla vista di quello scempio che l'essere su di sé compie, inetto a qualsiasi arbitrio.
Allora mi risolvo nello sguardo della sua alienazione scorgendolo con serenità e amorevolezza; lo guardo dissolversi ad altra materia pronto; non più materia umana, quindi divina. È questo che il poeta ha sempre colto, presciente, in sé. Quanto ha cercato, quanto ha voluto, quanto ha desiderato che la sua voce giungesse a lui dal destino ormai marcato dall'impronta fonda di "Io sono colui che sono"? Tanto, assai il poeta, io,

ho cercato, mi sono prodigato alla sua salvezza, futilmente giacché futile è la mente di questo essere a sé in diniego perpetuo, prigioniero di un'ottusità che è torpidezza inestinguibile. Ho subíto le accuse, gli attacchi violenti della sua cattiva coscienza, gli attacchi di quei che son morti a se stessi. Non errore è nel poeta che nel suo sentire accorge la loro miseria; futile è però il suo impegno poiché chi ha fatto caverna di sé e del suo pensiero è diventato scoria della creazione utile solo al rimpasto nella melma madre di tutte le scorie. Non "Io sono colui che sono" è madre e padre delle scorie; quegli sono se stessi a sé padri e madri, come l'escremento è resto del nutrimento; pur parte del creato, nell'evidenza, anche in quella più attonita.

Le scienze naturali, quelle dello spirito e le arti sole, possono condurre l'umano alle soglie del mistero della creazione di cui essi sono parte, ma unico lo Spirito Santo può consentirci di varcarle. Il poeta è già molte volte giunto alle soglie dell'indicibile e là sta, scaldato dallo Spirito che ne consola l'attesa.

Mai fu epoca più spicciola di questa, dice il poeta ispirato. Lo Spirito gli conferma e a lui il sorriso delicato e come evanescente propone.

βάρβαρος
il sogno classicista è romantico, non classico

Caro Lettore,
dovessi io figurare il mio pensiero – cioè quelle idee e quelle emozioni fondanti che si formano, muovono e vivono in me – per i *Quaderni di arti e culture,* cioè dovessi io trovargli una concretizzazione figurativa che gli fosse analoga in spirito e carne, sceglierei la cantorìa che Donatello scolpì per Santa Maria del Fiore, la cattedrale di Firenze, che ora è conservata nel *Museo dell'Opera del Duomo* nella stessa città.
Perché, quella cantorìa? La domanda è legittima tanto quanto semplice la risposta: nel fluire delle forme danzanti che fregiano quel pulpito, vedo lo scorrere di un pensiero che riconosco come mio parente; Donatello ci mostra come la classicità, cioè ciò che ha una durata e possiede una struttura e una costituzione, entrambe chiare e robuste, non sia legata al gusto di un'epoca né a un *ismo* qualsiasi: definizioni quali "classicismo", sono di per sé squalificanti e non rendono l'autenticità del contesto né del "fatto". Quando io intendo "classico", non intendo mai "classicismo". Il classicismo è un fenomeno legato al gusto di una o più epoche: infatti, i classicismi sono innumerevoli nel corso delle vicende storico-artistiche. Questi *ismi,* che si legano suffissi al concetto di "classico", sono poco più di una aberrazione e poco meno di una "inutilità": un fraintendimento, insomma.
Donatello mette in luce un fatto semplice ma non ovvio, fondamentale ma non immobile: ciò che può dirsi classico e che ha in sé una intrinseca classicità, è vivace, aperto alle vaghezze del pensiero e alle sue sortite in territori altri; non è qualcosa di chiuso, serrato, rigidamente fermo sulle sue posizioni dottrinali, strutturali, canoniche: ciò che è veramente classico, è anche spurio.
"Classico" potrebbe essere sinonimo di chiarezza, di equilibrio, di duraturo – perché "fondante", "attinente" – progresso umano; paradossalmente, noi, oggi, intendiamo con "classico" proprio l'opposto: ciò che è tradizionale, fermo, che non progredisce. Un fraintendimento grossolano, come da me già inteso. Un fraintendimento che ci porta a regredire in nuce tutto ciò che di più grande l'intelletto umano abbia mai cogitato.
Il Neoclassicismo (e la sua definizione) è uno dei migliori esempi per poter comprendere questa aberrazione. Questo movimento o, altrimenti detto, indicatore del gusto di un'epoca, colse di quell'età della Grecia antica cosiddetta Classica prevalentemente gli aspetti più esteriori: una gestualità retorica, goffa di eroismi; un gusto per un "frivolo spartanizzato", un'anima Rococò forzata negli apparenti rigori di una squadra e di un compasso. Johann Joachim Winckelmann (1717-1768) fu l'iniziatore (in nuona fede) di una delle più vaste operazioni di mistificazione dalla conta del tempo cristiano, cioè dal primo secolo avanti Cristo a oggi. I

suoi concetti di armonia, semplicità e "grandezza", fondavano su un ideale storico che, se può essere a ragione detto "ideale", non può assolutamente essere considerato "storico". Tutta una serie di equivoci indussero alla "geniale" creazione di un gusto che imperò in una buona parte del Mondo per molte decine d'anni e che ebbe un'influenza sul nostro intendere la classicità ancora oggi riscontrabile. Nel campo delle arti visive, un unico artista raggiunse vette sublimi in quel clima di sbandamento che fu il Neoclassicismo: Antonio Canova. Perché? Semplice! Perché Canova colse di quel clima culturale che si era instaurato nel tempo della sua vita, unicamente ciò che corrispondeva alla sua più verace natura. Di classico, in Canova, vi è unicamente l'arte della composizione scultoria. Tutto il resto, in Canova, è chiaramente anticlassico (se intendiamo con classico ciò che intendevano il Winckelmann e gli altri esegeti a lui dintorno), addirittura, Canova, fu "barbarico", virulento, eccedente ogni norma e misura: Canova fu Romantico ante litteram. Giovò, alla sua arte, un grande malinteso, e cioè che la scultura antica, in pietra, fosse prevalentemente bianca: di una purezza nivea. La lavorazione del marmo (bianco), diventa in Canova il tramite con il quale trasporre in concreto le sue visioni di bellezza gentile e fragile e di forza mitica o divina. Tre opere bastino a chiarirci quanto affermo: *Amore e Psiche* (1787-1793 ca.); la *Maddalena penitente* (1793-1796); la *Maddalena giacente* (1819-1822). Queste tre opere coprono un arco di circa 35 anni: è evidente che un romanticismo privato, innato, dimorasse in Canova sin dalla sua giovinezza. Fosse pur vero che Canova si entusiasmasse delle teorie sulla classicità greca elaborate dal Winckelmann e compagnia (e, di fatto, lo fece), questo non avvalorerebbe la "giustezza" di quelle teorie né la classicità di Canova: insomma, il Winckelmann influenzò la cultura del suo tempo come pochi altri, questo è un fatto; fatto è, però, anche che ciò che il Winckelmann intendeva per classico o classicità, classico non era. Quindi, se pure Canova si sforzasse di seguire i princìpi guida delle teorie del Winckelmann, questo non vuol dire che, così facendo, Canova fosse classico: semmai, Canova fu winckelmanniano... ma questa, caro Lettore, è un'altra vicenda. A tal guisa viziati e corrotti dai preconcetti e dagli assunti neoclassicisti, è per noi, ancora oggi, molto difficile accertare e accettare cosa fu veramente l'epoca Classica nell'antica Grecia: perché la realtà di quel periodo storico, in quella realtà culturale e geografica, per quel che noi oggi possiamo saperne, non corrisponde a ciò che fu teorizzato dall'intellettuale sassone. Per contro, Donatello fu veramente classico: non lo fu necessariamente perché guardò all'antica Grecia (di cui poco e con vaghezza si sapeva; semmai, aveva a disposizione esempi sontuosi di statuaria romana e greo-romana) o perché s'infarcì di sperticate teorie; lo fu, classico, perché intese che ciò che fece grandi alcune civiltà ormai "sepolte", quali la Grecia e la Roma antiche, furono la capacità di misurare la tragedia, la virtù, la "fortuna", la commedia e l'aspirazione umana,

senza mai perdere di vista ciò che più conta: la realtà umana, la sua condizione di spirito e corpo non discinti nel tempo della loro vita. A Donatello, probabilmente, non avrebbe nemmeno interessato ciò che alcuni filosofi greci ritenevano dell'anima: cioè che quest'ultima sia prigioniera del corpo. Per Donatello, Dio, il divino e la spiritualità, sono nelle "cose": perché le "cose" sono la vita, l'esistenza stessa. Essendo "barbarico", potè Donatello essere classico. Io pure, caro Lettore, sono barbarico, perché βάρβαρος significa "straniero". Questo che ora ti sto proponendo è un paradosso, caro Lettore; lo è, perché βάρβαρος, per i Greci e i Romani, lo era chiunque non fosse greco o romano; e lo è, perché nel cosiddetto Rinascimento (o basso medioevo), cioè quel periodo storico in cui si trovava a vivere Donatello, si considerava βάρβαρος tutto ciò che non fosse Romano o "classico". È proprio questa contraddizione a fare di Donatello, che fu lui stesso un grande βάρβαρος, un classico per eccellenza; ed è per questo che il βάρβαρος Canova fu più Romano di quanto sia mai stato Greco; si entusiasmava per la Grecia e per la classicità proposte dal Winckelmann, ma ciò che operava, con la sua arte, era "non Greco", bensì βάρβαρος e Romano, in spirito e pietra. Solo la Roma antica era sufficientemente capiente (strutturalmente, legislativamente, intellettualmente e socialmente) per poter accogliere in sé sia la realtà barbara sia quella romana.
Spingendoci oltre, in questo abisso teoretico-intuitivo, affermerei, senza titubanze, quanto segue: Il sogno classicista è romantico, non classico.

È l'arte, questa *imaginifica* musa che sorvola i nostri cuori e le nostri menti, entrandovi di sfuggita e furtiva, a illuminare le epoche buie della storia: eppure, per quanto buia, in nessuna epoca e mancata la fiaccola dell'amore.

PS Una breve aggiunta, caro Lettore: Il requisito primo di ciò che è "classico", risiede nella costituzione sociale: è la qualità della società e delle sue strutture ciò che determina se un'epoca potrà assurgere a classica grandezza. La società del Quattrocento fiorentino, o del cosiddetto Rinascimento, recava in sé questi requisiti.

Tutti i diritti riservati. È assolutamente vietata la riproduzione totale o parziale di questo libro, così come l'inserimento in circuiti informatici, la trasmissione sotto qualsiasi forma o con qualsiasi mezzo elettronico, meccanico o altro, mediante fotocopie, registrazione o altri metodi, senza l'autorizzazione scritta dei titolari dei diritti d'autore (titolari del copyright) e del curatore del presente volume.

facebook.com/ilnuovoponderaverborum

www.ingramcontent.com/pod-product-compliance
Lightning Source LLC
Chambersburg PA
CBHW031629210526
45464CB00004B/1817